新编21世纪高等职业教育精品教材 ◆ 金融类

金融科技

JINRONG KEJI

主 编 吕 勇 张 蓓 单 俊
参 编 魏 曼 杨萌萌 高 娜 梁 剑
张玲萍 刘 馨 张 朗

中国人民大学出版社
·北京·

图书在版编目（CIP）数据

金融科技/吕勇，张蓓，单俊主编．--北京：中国人民大学出版社，2021.7
新编21世纪高等职业教育精品教材．金融类
ISBN 978-7-300-29639-5

Ⅰ．①金… Ⅱ．①吕… ②张… ③单… Ⅲ．①金融-科学技术-高等职业教育-教材 Ⅳ．①F830

中国版本图书馆CIP数据核字（2021）第137522号

新编21世纪高等职业教育精品教材·金融类
金融科技
主编　吕　勇　张　蓓　单　俊
参编　魏　曼　杨萌萌　高　娜　梁　剑
　　　张玲萍　刘　馨　张　朗
Jinrong Keji

出版发行	中国人民大学出版社		
社　　址	北京中关村大街31号	**邮政编码**	100080
电　　话	010－62511242（总编室）		010－62511770（质管部）
	010－82501766（邮购部）		010－62514148（门市部）
	010－62515195（发行公司）		010－62515275（盗版举报）
网　　址	http://www.crup.com.cn		
经　　销	新华书店		
印　　刷	北京宏伟双华印刷有限公司		
规　　格	185 mm×260 mm　16开本	**版　　次**	2021年7月第1版
印　　张	15.25	**印　　次**	2022年10月第2次印刷
字　　数	371 000	**定　　价**	45.00元

前 言

近年来，人工智能、区块链、云计算和大数据（学界简称 A、B、C、D）等技术创新成果全面应用于金融行业，形成了一个全新的领域——金融科技（FinTech）。“金融科技”这一名词是由“Financial Technology”合成而来的。金融科技推动金融形态演进日新月异，金融科技方面的知识和技能储备成为时代发展对金融从业者素养提出的新要求。当前，我国适逢万众创新的新时代，是全球金融科技最有活力的区域之一。科技创新成为国家发展战略的核心，从顶层政策设计对创新的激励，到各界对 A、B、C、D 等金融科技在金融行业落地的高度共识，都使得金融产品迭代、行业重构、生态演进，乃至环境改变成为大概率事件。在此背景下，我们联合国内多家高职院校金融专业的骨干教师和上海逸景网络科技有限公司的专家共同开发了本教材，力求校企通力合作，开发出产教融合、校企合作的实用新型教材。

与同类教材相比，本教材具有以下特色：

1. 从宏观与微观多种角度审视全球金融科技变革

在金融科技快速发展的背景下，我们从以下四个层面审视金融科技带来的影响和变革：从国家层面，深入分析金融科技在科技实力、经济发展和法律制度方面给我国带来的新机遇；从行业层面，分析金融科技如何创新性地解决传统金融痛点问题，特别是在解决普惠制金融“不可能三角”问题中所起的作用；从企业层面，分析企业家在金融新形态背景下如何抓住金融科技带来的创业创新的机会，分析不同资源类型企业的金融科技创业路径、发展前景；从个人层面，阐述金融行业从业者如何调整金融职业发展思维，做好知识储备，迎接金融科技时代的来临。

2. 校企合作，多维度探究金融科技的应用与发展前景

本书从以下四个维度探究了当今世界金融科技的发展演变情况：

一是提供并分析国家支持金融科技发展的政策文件，厘清国家对于金融科技发展的战略定位，调整个体的努力方向，使其与金融科技的整体发展规划一致，从而形成正向的推动力。

二是从金融科技的基础技术层面，探讨支撑金融科技发展的核心技术的演进过程，探讨科技与金融相融合的逻辑。

三是对金融科技的具体行业应用进行解构和探讨。我们与参编企业合作，深入实践，分析金融科技在证券、保险、银行、第三方支付等领

域的具体应用，探讨新兴科技如何为传统金融业务发展提供技术支持，以及如何推进金融行业的变革。

四是深入分析国内外典型成功案例。我们通过深度剖析具体案例，探讨金融科技对经济、金融、大众生活带来的深刻影响，使学生系统了解金融科技、看懂金融科技，为将来在金融科技行业从业或创新创业奠定基础。

3. 编写体例、形式和内容体现高等职业教育特点

本教材设计的基本理念就是改革以“学科”为标准的课程体系，建立以“任务”为驱动的知识学习体系，把课程按项目、任务组织起来，建立实践型课程，并结合案例教学法，以实践教学为抓手，以职业能力为培养重点，培养学生的金融科技能力。本教材按照理实一体化教学模式来设计，每项任务都配有企业专家参与设计的“做中学”等实训操作，使学生真正理解金融科技的内涵和应用方式。另外，为了帮助学生更好地掌握核心知识点，本教材有配套习题1 000余道，涵盖单选、多选、判断等类型，便于教师考查教学效果。

4. 创新建设立体化教材，配套丰富资源支持学习和教学

本教材结合在线学习的发展趋势，开发了微课、法律法规汇编、课件、课程标准等配套资源，为学生自主性学习提供了丰富的学习资源，为教师开展教学活动提供了多样化的优质教学资源。

5. “互联网+教材”实现优质教学资源共享

本教材充分发挥“互联网+”的优势，学生通过手机扫描教材中的二维码，即可获得数字课程资源支持，可直接观看精品微课，获取法律法规、习题答案等资源，有助于学生的个性化自主学习，有助于教师的教学模式创新，实现翻转课堂。

本教材除了可作为高职院校金融科技专业的教材之外，还适合对金融科技创新模式及应用案例感兴趣的朋友，以及想了解金融科技对金融行业发展趋势影响的金融从业者阅读。

本书编写组由来自高职院校的金融专业骨干教师以及金融科技企业专家共同组成，他们是：来自高职院校的吕勇、张蓓、魏曼、杨萌萌、高娜、梁剑、张玲萍等七位老师，以及来自上海逸景网络科技有限公司的单俊总经理、刘馨经理和张朗经理。

限于编者水平，教材中的不足及错漏之处在所难免，恳请广大读者朋友批评指正。

编写组

2021年5月

目 录

项目一

云金融

云计算是一朵
什么样的云?

学习目标

知识目标：

1. 认识云计算的概念、特点、服务模式和基本结构。
2. 了解云计算在金融领域的运用情况。
3. 掌握云计算带来的金融变革和发展趋势。

能力目标：

1. 能够分析云平台与信息系统的资源层、平台层、应用层、管理层、用户访问层五个基本组成部分的设计结构。
2. 能够熟练分析云计算服务的三种基本模式：SaaS 模式、PaaS 模式和 IaaS 模式。
3. 能够阐述云计算带来的金融变革，分析云计算革新金融服务的发展趋势。

导入案例

阿里金融云服务平台

【案例介绍】

阿里金融云服务以云计算为支撑，在杭州、上海、深圳都有金融云数据中心，帮助金融机构的 IT 系统整合入云，实现快速交付，降低业务启动门槛。同时，阿里金融云通过标准化的异地灾备、专线接入等增值服务，满足金融业务在安全方面的建设标准，进而帮助金融客户不再关注硬件设备的运维，真正回归到业务价值本身。

阿里金融云具有成本低、使用便捷、安全性高、客户体验佳和数据积累价值高等诸多特点，可帮助金融客户实现从传统IT向云计算的转型。阿里金融云能够更为便捷地让客户实现与支付宝、淘宝、天猫的直接对接。阿里金融云在提供高性能、高可靠、高可用、高弹性的计算能力之外，还能助力金融客户进行业务创新，提升业务竞争力。阿里金融云可以为金融客户提供优质网络带宽资源，提升互联网用户覆盖范围和用户体验，为金融客户提供大规模离线数据处理服务，让客户深入挖掘数据价值。

下面以新开保险公司核心上云为例，详细介绍保险服务应用云金融的具体方案：

新开保险公司麻雀虽小但五脏俱全，其人员少、事情多、时间紧、变化快。通过云计算方式，新开保险公司可以节省IT投入，快速开业，并通过互联网方式开展保险业务。阿里金融云向新开保险公司提出了如图1-1所示的使用金融云产品的业务架构。

图1-1 新开保险公司使用金融云产品的业务架构

图片来源：https://help.aliyun.com/document_detail/85633.html?spm=a2c4g.11186623.6.558.5b195721OG2a2m.(2019-01-23)[2020-11-18].

新开保险公司可将业务划分为：客户服务、内部行政系统、保单管理、财务和资金管理四个模块。新开保险公司可将相关业务模块部署于阿里金融云，通过合理的网络和部署规划，在云平台上实现高安全和高可用的规划方案；确定面向互联网业务的应用体系，明确互联网应用在应用架构内的位置和边界；规划非保险相关业务系统的应用架构和部署架构，如OA、邮件、资产管理等。新开保险公司的关键系统是业务系统和财务系统，阿里金融云上有大量的部署参考案例。

阿里金融云架构的优势在于提供开业系统架构参考；按需规划网络部署方案；确定云计算的使用范围；规划安全体系。

阿里金融云技术架构如图 1-2 所示。

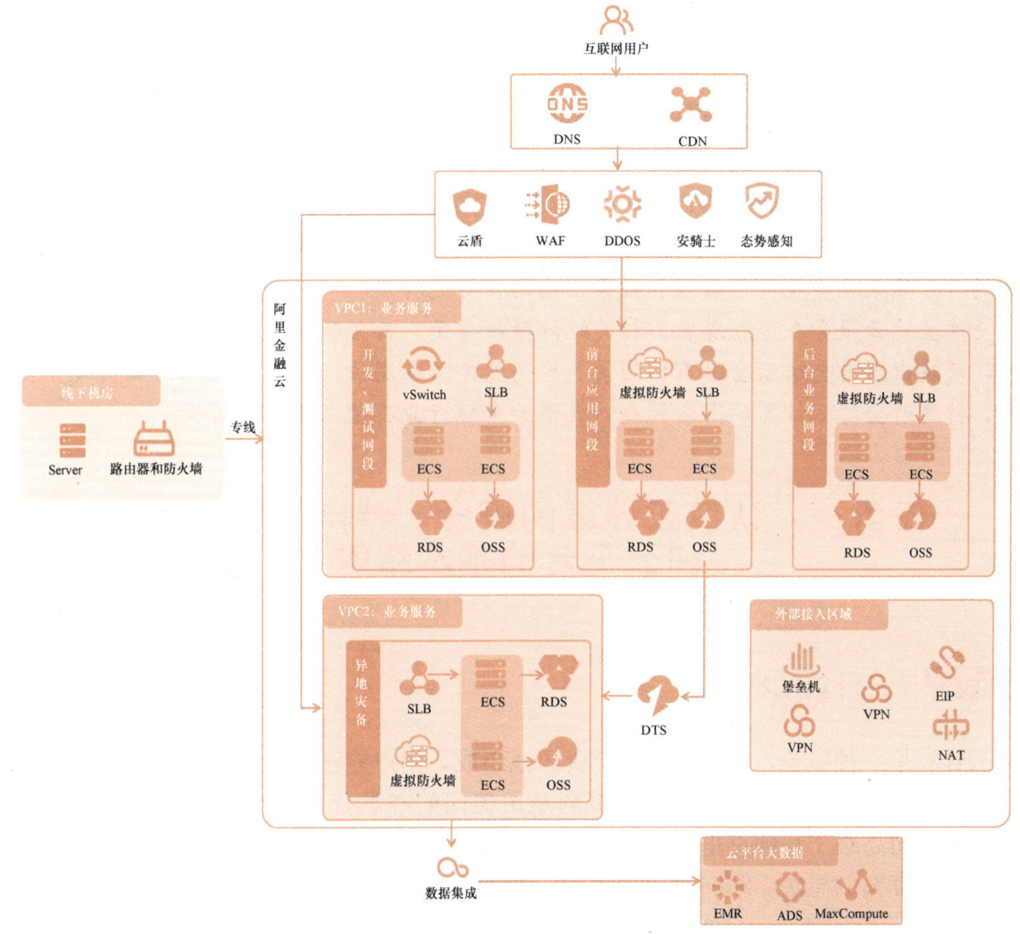

图 1-2 阿里金融云技术架构

图片来源：https://help. aliyun. com/document _ detail/85633. html? spm = a2c4g. 11186623. 6. 558. 5b195721OG2a2m. (2019-01-23) [2020-11-18].

阿里金融云具有全系统的安全机制。通过前端的安全机制，可部署云盾等安全产品，保障互联网环境下整体系统的安全。通过内部的安全防护机制，可保障系统间的隔离，并在授权的情况下支持相互访问。通过 VPN、堡垒机等进行运维操作，操作过程中同步记录操作行为，可用于审计、检查。

阿里金融云具备同城双活与异地灾备设计。阿里金融云通过 SLB 和阿里金融云的多个可用区，可实现同城双活的系统架构，保障高可用性。通过 DNS、DTS 等产品构建异地灾备环境（VPC1 与 VPC2），可实现异地灾备的系统架构，并满足系统快速灾备切换、保障业务连续性的可靠性要求。

云上云下混合联通。通过各类网络解决方案，与云下 IDC 中的系统进行互访，与周边其他系统进行基于互联网的互访。

大数据分析应用。通过数据集成方案，将业务数据转入大数据平台进行数据分析、应用。

【案例分析】

当前金融行业面临着互联网业务迅速崛起、用户行为发生巨大转变、业务增速难以预测的情况。互联网金融要求金融机构的 IT 架构快速、弹性、安全、可靠。金融机构为了满足用户对网上查询、交易等行为带来的与日俱增的访问，不得不在整体 IT 建设上投入更高的成本，而随着设备的增加，交付周期变长，运维难度也不断增大。阿里金融云正是为应对金融行业面临的新挑战而设计的。

金融云给传统金融的运营带来新的商业模式，也给客户带来更多使用的灵活性和便利性。未来云服务生态化，金融服务将主要借助便捷的网络服务优势，并依托于云计算服务企业的云金融架构实现价值落地和服务生态的良好运转。

全球金融云服务在蓬勃发展。相关统计数据显示，云金融在欧美国家的普及率在快速提升，反映出当前全球云金融市场的景气度仍然维持在高位。我国云金融行业仍处于发展初期，伴随着全球云计算的高景气度，我国云金融行业有望保持快速增长。

任务一　认识云计算的概念、特点、服务模式和云平台的基本结构

一、云计算的概念

云计算是一种服务，它由一个共享资源池组成，用户能够按照需求使用资源池中的存储、服务器、应用等资源。云计算的概念是由美国的谷歌公司较早提出的。2006 年，27 岁的谷歌公司高级工程师克里斯托夫·比希利亚第一次向谷歌公司董事长兼 CEO 施密特提出“云计算”的想法。2006 年 8 月 9 日，施密特在搜索引擎大会上首次公开表达了“云计算”（Cloud Computing）这一概念，由此拉开了计算技术以及商业模式的时代变革。

云架构在原有的计算存储网络硬件的基础上增加了虚拟化层和云层，利用虚拟化技术的云基础架构，有效解决传统架构的问题。云计算包含两个层次的含义：一是商业层面，即“云”，这是一种比喻说法，即互联网与建立互联网所需要的底层基础设施的抽象体；二是技术层面，即“计算”，当然这不是指一般的数值计算，而是指一台足够强大的计算机提供的计算服务（包括各种功能、资源、存储）。“云计算”可以理解为：网络上足够强大的计算机为客户提供的服务，只是这种服务客户要按使用量进行付费。

云计算是由分布式计算（Distributed Computing）、并行计算（Parallel Computing）、网格计算（Grid Computing）发展而来的，是一种新兴的商业计算模型。目前，鉴于人们对云计算的认识还在不断发展变化，云计算没有一个公认的定义，下面仅介绍比较流行的两种：

（1）中国云计算网将云计算定义为：云计算是分布式计算、并行计算和网格计算的发展，或者说是这些科学概念的商业实现。

（2）美国国家标准与技术研究院（NIST）将云计算定义为：云计算是一种按使用量

付费的模式，提供可用的、便捷的、按需的网络访问，进入可配置的计算资源共享池（资源包括网络、服务器、存储、应用软件、服务），这些资源能够被快速地提供，只需投入很少的管理工作，或与服务供应商进行很少的交互。

云计算是一种基于互联网的超级计算模式，它将计算机资源汇集起来，进行统一的管理和协同合作，以便提供更好的数据存储和网络计算服务。

二、云计算的特点

基于云基础架构的云计算，能够按照用户需求提供个性化资源配置，通过把计算分布在大量的分布式计算机上而非本地计算机或远程服务器中，使得企业数据中心的运行更加顺畅。引入云计算，企业就能够将资源切换到需要的应用上，根据需求访问计算机和存储系统。它意味着计算能力也可以作为一种商品进行流通，就像天然气、水、电一样，取用方便，费用低廉，但云计算能力是通过互联网而不是有形的管道进行传输的。

云计算有以下八个特点。

（一）基于互联网

云计算是通过把一台台的服务器连接起来，使服务器之间可以相互进行数据传输，数据就像网络上的“云”一样在不同服务器之间“飘”。同时，云计算是通过网络向用户提供服务的。

云计算可以彻底改变人们未来的生活，但同时也要重视使用环境问题，这样云计算才能真正为人类进步做贡献，而不是简单的技术提升。云计算促进 IT 系统进化示意图如图 1-3 所示。

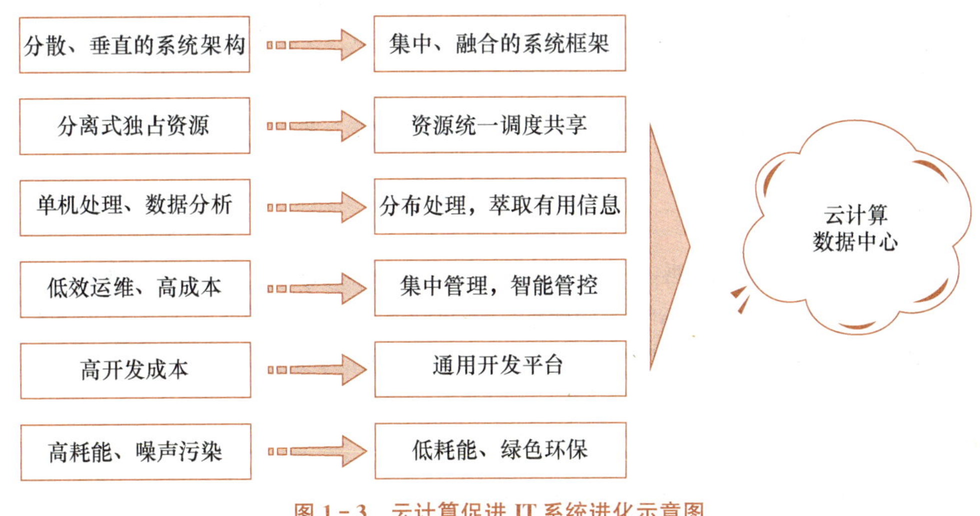

图 1-3　云计算促进 IT 系统进化示意图

图片来源：于斌，陈晓华. 金融科技概论［M］. 北京：中国工信出版集团，人民邮电出版社，2017.

（二）虚拟化技术

虚拟化突破了时间、空间的界限，是云计算最为显著的特点。虚拟化技术包括应用虚拟和资源虚拟两种。云计算支持用户在任意位置、使用各种终端获取应用服务。用户所请求的资源来自“云”，而不是固定的有形的实体。应用在“云”的某处运行，用户无须了解也不用担心其具体位置，只需要一台笔记本电脑或者一部手机，就可以通过网络服务来实现自己所需要的一切，甚至包括超级计算任务。

（三）可靠性高

服务器故障也不影响计算与应用的正常运行。云计算必须要保证服务的可持续性、安全性、高效性和灵活性。对于提供商来说，必须采用各种冗余机制、备份机制、足够安全的管理机制和保证存取海量数据的灵活机制等，从而保证用户的数据和服务安全可靠。对于用户来说，其只要支付一笔费用，即可得到提供商提供的专业级安全防护，节省大量时间与精力。

（四）超大规模

云计算具有数以万计的服务器，可以提供超大规模计算。如谷歌云计算已经拥有 100 多万台服务器，亚马逊、IBM、微软雅虎等的“云”均拥有几十万台服务器。企业的私有“云”一般拥有数百或上千台服务器。大规模的计算机共同赋予用户前所未有的超级计算能力。

（五）通用性

云计算不针对特定的应用，在“云”的支撑下可以构造出千变万化的应用，同一个“云”可以同时支撑不同的应用运行。

（六）可扩展性

用户可以利用应用软件的快速部署条件来更为简单快捷地将自身所需的业务进行扩展。如计算机云计算系统中出现设备故障，对于用户来说，无论是在计算机层面上还是在具体运用上，均不会受到阻碍，可以利用云计算具有的动态扩展功能来对其他服务器进行有效扩展，确保任务得以有序完成。“云”的规模可以动态伸缩，满足应用和用户规模增长的需要。

（七）个性化服务

“云”是一个庞大的资源池，用户可以按个性化需求购买；“云”可以像水、电、煤气那样计费；“云”的规模是可以动态伸缩的。在使用云计算服务的时候，用户所获得的计算机资源是按用户个性化需求增加或减少的，并在此基础上对自己使用的服务进行付费。

（八）成本低

“云”的通用性使资源的利用率较之传统系统大幅提升，计算机的特殊容错措施可以采用极其廉价的节点来构成，“云”的自动化、集中式管理使大量企业无须负担高昂的数据中心管理成本，因此用户可以充分享受“云”的低成本优势。

三、云计算的服务模式

云计算的服务模式可分为三种形式：基础设施即服务（Infrastructure as a Service,

IaaS)、平台即服务（Platform as a Service，PaaS）和软件即服务（Software as a Service，SaaS）。

（一）IaaS

IaaS 类似于从超市买回的速冻饺子，能省去前期准备食材、包饺子的工作，它提供给用户的是出租计算能力、存储、网络和其他基本的计算资源；用户能够部署和运行任意软件，包括操作系统和应用程序。用户不管理或不控制底层的云计算基础设施，但能控制操作系统、储存、部署的应用，也有可能选择网络组件（例如防火墙、负载均衡器）。用户可以通过互联网从完善的计算机基础设施之中获得服务，这类服务称为基础设施服务。基于互联网的服务（如存储和数据库）是 IaaS 的一部分。

IaaS 模式的典型案例包括五种：云主机、云存储、云容灾备份、虚拟防火墙、弹性计算平台。国内的知名 IaaS 服务提供商有阿里云、盛大云和万网云等。

（二）PaaS

PaaS 类似于叫外卖，省去购买食材、加工成熟食的工作，它是一种无须下载或安装，由第三方提供硬件和应用软件平台的云计算形式。PaaS 主要面向开发人员和程序员，它允许用户开发、运行和管理自己的应用，而无须构建和维护通常与该流程相关联的基础架构或平台。由于平台即服务能够将私人电脑中的资源转移至云上，因此有时它也被称为“云件”，是软件即服务的延伸。PaaS 是把服务器平台、开发环境或者业务基础平台作为一种服务，以 SaaS 模式提交给用户的一种商业模式。因此，PaaS 模式也是 SaaS 模式的一种应用，但是 PaaS 的出现可以加快 SaaS 的开发速度。

PaaS 模式的典型案例有三种，分别是：应用程序开发/运行平台，如 Google App Engine（简称 GAE）；在线数据库服务，如 Amazon Web Services（简称 AWS）；云操作系统，如 Windows Azure。

（三）SaaS

SaaS 类似于去饭店吃饭，省去加工和餐后收拾餐桌的工作，它是通过互联网向用户提供软件服务的应用模式。SaaS 平台供应商将应用软件统一部署在自己的服务器上，用户可根据实际需求，通过互联网向厂商订购所需的应用软件服务，按订购的服务数量、时间长短等因素向厂商支付费用，并通过互联网获得 SaaS 平台供应商提供的服务。SaaS 能够支持不同租户之间数据和配置的隔离，从而保证每个租户数据的安全与隐私，以及用户对诸如界面、业务逻辑、数据结构等的个性化需求。由于 SaaS 同时支持多个租户，每个租户又有很多用户，这对支撑软件的基础设施平台的性能、稳定性、可扩展性提出了很大挑战。

最早的 SaaS 模式当属在线电子邮箱，它改变了人与人之间的沟通方式。目前，SaaS 的种类与产品十分丰富，如面向个人用户的服务包括账务管理、文件管理、表格制作、日程表管理等；面向企业用户的服务包括办公自动化（OA）、在线存储管理、网上会议、客户关系管理（CRM）、企业资源管理（ERP）、人力资源管理（HRM）、销售管理（STS）、供应链管理（SCM）以及针对特定行业和领域的应用服务等。国内的 SaaS 产品众多，比如有道云笔记、百度网盘、钉钉、问卷星、在线游戏等。

（四）IaaS、PaaS、SaaS 三者之间的关系

从用户角度来说，这三层服务是独立的，它们提供的服务、面向的用户也不尽相同。但是，从技术角度来说，云计算服务架构的这三个层次是有一定依赖关系的。比如，一个 SaaS 层的产品和服务，不仅需要用到 SaaS 层本身的技术，而且还依赖 PaaS 层所提供的开发和部署平台，或者直接部署于 IaaS 层所提供的计算资源上。而 PaaS 层的产品和服务，也很有可能构建于 IaaS 层服务之上。

四、云平台的基本结构

典型的云平台一般由资源层、平台层、应用层、用户访问层和管理层组成。

（一）资源层

IaaS 层是资源层，位于云平台架构的底层，主要由服务器、存储设备和网络设备组成，为上层的平台层提供计算、网络通信和数据存储服务。

（二）平台层

PaaS 层是平台层，位于资源层之上、应用层之下，对资源层的各种计算、存储和网络资源进行封装和抽象化，为上层直接提供计算平台和解决方案服务，以方便应用程序部署，从而节省购买和管理底层硬件和软件的成本。具体应用如谷歌应用程序引擎（Google App Engine），这种服务可以让开发人员编译基于 Python 的应用程序，并可免费使用谷歌的基础设施来进行托管。

（三）应用层

SaaS 层是应用层，云应用利用云软件架构，不再需要客户在电脑上安装和运行该应用程序，从而减轻软件维护、操作和售后支持的负担。具体应用如 Facebook 的网络应用程序、谷歌企业应用套件 Google Apps。

（四）用户访问层

用户访问层是方便用户使用云计算服务所需的各种支撑服务，针对每个层次的云计算服务都需要提供相应的访问接口。服务目录是一个服务列表，用户可以从中选择需要使用的云计算服务。订阅管理是提供给用户的管理功能，用户可以查阅自己订阅的服务或者终止订阅的服务，服务访问是针对每种层次的云计算服务提供的访问接口，针对资源层的访问提供的接口可能是远程桌面或者虚拟化管理工具，针对应用层的访问提供的接口可能是 Web 服务。

（五）管理层

管理层对所有层次云计算服务提供管理功能：服务监控提供对服务的授权控制、用户认证、审计、一致性检查等功能；服务组合提供对已有云计算服务进行组合的功能，使得新的服务可以基于已有服务创建；服务目录管理提供服务目录和对服务本身进行管理的功能，管理员可以增加新的服务或者从服务目录中除去服务；服务使用计量对用户的使用情况进行统计，并以此为依据对用户进行计费；服务质量管理提供对服务的性能、可靠性、

可扩展性进行管理的功能；部署管理提供对服务实例的自动化部署和配置功能，当用户通过订阅管理增加新的服务订阅后，部署管理模块自动为用户准备服务实例。

做中学

4～6 名同学为一组，各组从 IaaS 层、PaaS 层或 SaaS 层中选取一个，收集国内外企业提供给客户的此类产品或服务实例，在学习小组中分享。

思考：云计算给金融业带来了哪些业务便利？未来在哪些金融服务领域会引起革命性创新？

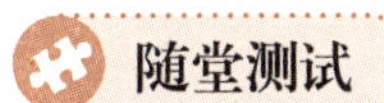

随堂测试

一、单项选择题

1. “云计算”的概念是由（　　）公司较早提出的。

A. 微软　　B. 谷歌　　C. 苹果　　D. 阿里巴巴

2. 下列不是由 SaaS 提供软件服务的应用模式或产品的是（　　）。

A. 邮箱　　B. 企业资源管理

C. 人力资源管理　　D. 营销设计

3. 下列属于 PaaS 模式典型案例的是（　　）。

A. 云存储　　B. 云容灾备份

C. 云操作系统　　D. 虚拟防火墙

4. 下列属于 IaaS 模式典型案例的是（　　）。

A. 云容灾备份　　B. 应用程序开发/运行平台

C. 在线数据库服务　　D. 云操作系统

5. 云计算使用（　　）、计算节点同构可互换等措施来保障服务的高可靠性，使用云计算比使用本地计算机可靠。

A. 超大规模　　B. 规模动态伸缩

C. 数据多副本容错　　D. 远程服务

6. 云平台与信息系统基本结构中，位于架构底层的是（　　）。

A. PaaS 层　　B. SaaS 层

C. 用户访问层　　D. IaaS 层

7. （　　）对资源层的各种计算、存储和网络资源进行封装和抽象化，为上层直接提供计算平台和解决方案服务。

A. IaaS 层　　B. SaaS 层

C. PaaS 层　　D. 用户访问层

8. （　　）是将 IT 相关的能力以服务的方式提供给用户，没有相关知识的用户可通过互联网获取所需服务。

A. 区块链　　B. 人工智能

C. 大数据　　D. 云计算

9. 云计算是对（　　）技术的发展与运用。

A. 并行计算　　B. 网格计算
C. 分布式计算　　D. 以上三个选项都对

10. 将平台作为服务的云计算服务类型是（　　）。
A. IaaS　　B. PaaS
C. SaaS　　D. 以上三个选项都不对

11. IaaS 计算实现机制中，系统管理模块的核心功能是（　　）。
A. 负载均衡　　B. 监视节点的运行状态
C. 应用 API　　D. 节点环境配置

12.（　　）在整个体系里的定位，实际上就是数据的集中化存储、计算、分析，展现主要是大数据。
A. 云计算　　B. 大数据
C. 人工智能　　D. 物联网

13. 云计算的一大特征是（　　），没有高效的网络，就没有云计算，就不能提供很好的使用体验。
A. 按需自助服务　　B. 无处不在的网络接入
C. 资源优化　　D. 快弹性伸缩

二、多项选择题

1. 以下属于云计算服务基本模式的有（　　）。
A. UaaS 模式　　B. SaaS 模式
C. PaaS 模式　　D. IaaS 模式

2. 云计算是一种新兴的商业计算模型，它是由（　　）等计算技术发展而来的。
A. 分布式计算　　B. 大数据计算
C. 并行处理　　D. 网格计算

3. PaaS 模式的典型案例有（　　）。
A. 应用程序开发　　B. 在线数据库服务
C. 云操作系统　　D. 运行平台

4. 云计算的特点包括（　　）。
A. 超大规模　　B. 实体化
C. 高可靠性　　D. 通用性

5. NIST 云计算参考架构中的主要参与者包括（　　）。
A. 云计算消费者　　B. 云计算提供者
C. 云计算审计者　　D. 云计算代理

6. 云计算带来的解决方案，其核心思想就是 IT 要走向（　　）。
A. 简单化　　B. 平台化　　C. 服务化　　D. 专业化

三、判断题

1. SaaS 是提供软件服务的应用模式，要求能够支持不同租户之间数据和配置的隔离，从而保证每个租户数据的安全与隐私。（　　）

2. PaaS 是把服务器平台、开发环境或者业务基础平台作为一种服务，以 SaaS 模式提交给用户的一种商业模式。（　　）

3. IaaS 模式的典型案例包括云主机、云存储、云容灾备份等。（　　）

4. 云计算是由区块链、分布式计算、并行处理、网格计算发展而来的，是一种新兴的商业计算模型。（　　）

5. 一个典型的云计算平台一般由资源层、平台层、应用层、用户访问层和管理层组成。（　　）

6. 云计算是一种按使用量免费的模式，提供可用的、便捷的、按需的网络访问，进入可配置的计算资源共享池，与服务供应商进行很少的交互。（　　）

7. 云计算是分布式计算、并行计算和网格计算的发展，或者说是这些科学概念的商业实现。（　　）

8. 云计算将计算机资源汇集统一管理、协同合作，以便提供更好的数据存储和网络计算服务。（　　）

9. 云计算服务只提供计算服务，不提供存储服务。（　　）

10. 云计算管理层的服务组合是对已有云计算服务进行组合的功能，使得新的服务可以基于已有服务创建。（　　）

任务二　了解云计算在金融领域的运用情况

一、云计算平台

云计算平台也称云平台，是基于硬件资源和软件资源的服务，是服务器端数据存储和处理中心，它提供计算、网络和存储，可以通过客户端进行操作，发出指令，在服务器端进行数据处理，然后将结果反馈给用户，云端平台数据可以共享。云计算平台可以分为三类：以数据存储为主的存储型云平台、以数据处理为主的计算型云平台和计算与数据存储处理兼顾的综合云计算平台。云计算平台是一个云端，可以在任意地点对其进行操作，这样不但可以节省大量资源，还有以下两大好处：第一，云端可以同时对多个对象组成的网络进行控制和协调；第二，云端各种数据可以同时被多个用户使用。

下面介绍一些典型的云计算平台的情况。

（一）阿里云计算平台

阿里云(www. aliyun. com)创立于 2009 年，在全球各地部署了高效节能的绿色数据中心，利用清洁计算支持不同的互联网应用。阿里云是我国最大的云计算平台，服务范围覆盖全球 200 多个国家和地区。目前，阿里云在杭州、北京、青岛、深圳、上海、香港等地和新加坡、美国、俄罗斯、日本等国家设有数据中心，未来还将在欧洲、中东等地设立新的数据中心。阿里云致力于为企业、政府等组织机构提供安全、可靠的计算和数据处理能力，让计算成为普惠科技和公共服务。

阿里云的服务群体中，活跃着微博、知乎、魅族、锤子科技、小咖秀等一大批明星互联网公司。在天猫“双 11 全球狂欢节”、12306 春运购票等极富挑战的应用场景中，阿里云保持着良好的运行记录。此外，阿里云广泛在金融、交通、基因、医疗、气象等领域输出一站式的大数据解决方案。

（二）IBM 的“蓝云”计算平台

“蓝云”解决方案是由 IBM 云计算中心开发的企业级云计算解决方案。该解决方案可以对企业现有的基础架构进行整合，通过虚拟化技术和自动化技术构建企业自己的云计算中心，实现企业硬件资源和软件资源的统一管理、统一分配、统一部署、统一监控和备份，打破了应用对资源的独占，从而帮助企业实现云计算。

IBM 的“蓝云”计算平台是一套软、硬件平台，它将互联网上使用的技术扩展到企业平台上，使得数据中心使用类似于互联网的计算环境。“蓝云”大量使用了 IBM 先进的大规模计算技术，结合了 IBM 自身的软件、硬件系统以及服务技术，支持开放标准与开放源代码软件。

（三）亚马逊的弹性计算云

亚马逊是全球最大的在线零售商。为了应对交易高峰，亚马逊不得不购买大量的服务器。但在大多数时间里，大部分服务器是闲置的，这造成了很大的浪费。为了合理利用空闲服务器，亚马逊建立了自己的弹性计算云（Elastic Compute Cloud，EC2），并成为第一家将基础设施作为服务出售的公司。

亚马逊将自己的弹性计算云建立在公司内部的大规模集群计算的平台上，用户可以通过弹性计算云的网络界面去操作在云计算平台上运行的各个实例（Instance），用户使用实例的付费方式由用户的使用状况决定，即用户只需为自己所使用的计算平台实例付费，运行结束后计费也随之结束。这里所说的实例，是指由用户控制的完整的虚拟机运行实例。通过这种方式，用户不必自己去建立云计算平台，节省了设备购买与维护的费用。

（四）微软的 Windows Azure 云平台

Windows Azure 是微软基于云计算的操作系统，和 Azure Services Platform 一样，是微软“软件和服务”技术的名称，Windows Azure 的主要目标是为开发者提供一个平台，帮助其开发可运行在云服务器、数据中心、Web 和 PC 上的应用程序。云计算的开发者能使用微软全球数据中心的储存、计算能力和网络基础服务。

Windows Azure 以云技术为核心，提供了“软件＋服务”的计算方法，是 Azure 服务平台的基础。Windows Azure 用于帮助开发者开发可以跨越云端和专业数据中心的下一代应用程序，在 PC、Web 和手机等各种终端间创造完美的用户体验。Windows Azure 能够将处于云端的开发者个人能力同微软全球数据中心网络托管的服务（比如存储、计算和网络基础设施服务）紧密结合起来。这样，开发者就可以在“云端”和“客户端”同时部署应用，使得企业与用户都能共享资源。

（五）谷歌云计算平台

谷歌的硬件条件优势、大型的数据中心、搜索引擎的支柱应用，促进了谷歌云计算的迅速发展。谷歌的云计算主要由 MapReduce、GFS、BigTable 组成。它们是谷歌内部云计算基础平台的三个主要部分。谷歌还构建了其他云计算组件，包括一个领域描述语言 Sawzall 以及分布式数据锁服务机制 Chubby 等。Sawzall 是一种建立在 MapReduce 基础上的领域语言，专门用于大规模的信息处理。Chubby 是一个高可用、分布式数据锁服务，当有机器失效时，Chubby 使用 Paxos 算法来保证备份。

二、云计算关键技术

云计算是分布式处理、并行计算和网格计算等概念的发展和商业实现，其技术实质是计算、存储、服务器、应用软件等 IT 软硬件资源的虚拟化，云计算在虚拟化、数据存储、数据管理、编程模式等方面具有自身独特的技术。云计算的关键技术包括以下几个方面。

（一）虚拟化技术

服务器虚拟化是云计算底层架构的重要基石。在服务器虚拟化中，虚拟化软件需要实现对硬件的抽象，资源的分配、调度和管理，虚拟机与宿主操作系统及多个虚拟机间的隔离等功能。虚拟化是指计算机元件在虚拟的基础上而不是在真实的基础上运行。虚拟化技术可以扩大硬件的容量，简化软件的重新配置过程。CPU 的虚拟化技术可以单 CPU 模拟多 CPU 并行，允许一个平台同时运行多个操作系统，并且应用程序可以在相互独立的空间内运行而互不影响，从而显著提高计算机的工作效率。

虚拟化也是一个广义的术语，是一个为了简化管理、优化资源设计的解决方案。例如，在空旷、通透的写字楼里，整个楼层几乎看不到墙壁，用户可以根据自己的需要构建出更加自主适用的办公空间，进而节省成本，将空间利用率提高到最大。这种把有限的固定资源根据不同需求进行重新规划以达到最大利用率的思路，在 IT 领域被称作虚拟化技术。

1. 虚拟化技术分类

（1）平台虚拟化（Platform Virtualization），这是针对计算机和操作系统的虚拟化。

（2）资源虚拟化（Resource Virtualization），这是针对特定的系统资源的虚拟化，如内存、存储、网络资源等。

（3）应用程序虚拟化（Application Virtualization），包括仿真、模拟、解释技术等。

2. 硬件虚拟化

CPU 的虚拟化技术是一种硬件方案，支持虚拟技术的 CPU 带有经过特别优化过的指令集来控制虚拟过程，通过这些指令集，虚拟机可以很容易地提高性能，相比纯软件的虚拟化技术，会在更大程度上提高 CPU 的性能。

3. 纯软件的虚拟化技术

在纯软件虚拟化解决方案中，虚拟机中的操作系统其实是真实操作系统下的一个应用程序，因此，从虚拟操作系统上的应用程序到实际操作系统就要比通常的应用程序多经过一个通信层。虚拟化软件主要有以下几种：

（1）RedHat KVM。其虚拟化方式为完全虚拟化。

（2）VMWare ESX。其虚拟化方式为完全虚拟化。

（3）Citrix Xen Server。其虚拟化方式为半虚拟化（Linux 安装 Linux）、全虚拟化（Linux 安装 Windows）、硬件辅助虚拟化。

（4）Microsoft Hyper-V。虚拟化方式：半虚拟化。

未来的虚拟化发展将会是多元化的，包括服务器、存储、网络等更多的元素，用户将无法分辨哪些是虚、哪些是实。虚拟化将改变传统的 IT 架构，将互联网中的所有资源全部连在一起，形成一个大的计算中心，而用户却不用关心所有这一切，只需关心提供给自己的服务是否正常。虽然虚拟化技术前景看好，但是这一过程还有很长的路要走，因为还没有哪种技术是不存在潜在缺陷甚至“陷阱”的。尽管如此，虚拟化技术仍是未来的主要发展方向。

（二）海量数据分布存储技术

云计算系统需要同时满足大量用户的需求，并行地为大量用户提供服务，它采用分布式存储的方式存储数据，用冗余存储的方式保证数据的可靠性。云计算系统中广泛使用的数据存储系统是基于谷歌的 GFS 和 Hadoop 团队开发的 GFS 的开源系统 HDFS。GFS 即谷歌文件系统（Google File System），它是一个可扩展的分布式文件系统，是对大型的、分布式的、大量数据进行访问的应用。GFS 的设计思想不同于传统的文件系统，它是针对大规模数据处理和谷歌应用特性而设计的。它虽然运行于廉价的普通硬件上，但可以提供容错功能，可以给大量的用户提供总体性能较高的服务。一个 GFS 集群由一个主服务器（master）和大量的块服务器（hunks-server）构成，并被许多客户（client）访问。主服务器存储文件系统中所有的元数据，包括名字空间、访问控制信息、从文件到块的映射以及块的当前位置。它还控制系统活动范围，如块租约管理、鼓励块的垃圾收集、块服务器间的块迁移。主服务器定期通过“心跳消息”（heartbeat）与每一个块服务器通信，并收集它们的状态信息。

（三）海量数据管理技术

云计算的特点是对海量的数据存储、读取后进行大量的分析。如何提高数据的更新速率以及进一步提高随机读速率是未来的数据管理技术必须解决的问题。海量数据管理技术是指对大规模数据的计算、分析和处理的技术，如各种搜索引擎，以互联网为计算平台的云计算能够对分布的、海量的数据进行有效可靠的处理和分析。因此，数据管理技术必须能够高效地管理大量的数据，通常数据规模达 TB 甚至 PB 级。云计算系统中的数据管理技术主要是谷歌的 BT（BigTable）数据管理技术，以及 Hadoop 团队开发的开源数据管理模块 HBase 和 Hive。作为基于 Hadoop 的开源数据工具，HBase 和 Hive 主要用于存储和处理海量结构化数据。BT 是建立在 GFS、Scheduler、LockService 和 MapReduce 上的一个大型的分布式数据库。有别于传统的关系数据库，它把所有数据都作为对象来处理，形成一个巨大的表格，用来分布存储大规模结构化数据。

谷歌的很多项目都使用 BT 来存储数据，包括网页查询谷歌地球和谷歌金融。这些应用程序对 BT 的要求各不相同，数据大小（从 URL 到网页到卫星图像）不同，反应速度也不同（从后端的大批处理到实时数据服务）。

（四）并行计算技术

并行计算技术是指同时使用多种计算资源解决计算问题的过程，是提高计算机系统计算速度和处理能力的一种有效手段。并行计算是相对于串行计算而言的。它是一种一次可执行多个指令的算法，目的是提高计算速度及通过扩大问题求解规模，解决大型而复杂的计算问题。其基本思想是用多个处理器来协同求解同一问题，即将被求解的问题分解成若干个部分，各部分均由一个独立的处理器来并行计算。并行计算系统既可以是专门设计的、含有多个处理器的超级计算机，也可以是以某种方式互连的若干台独立计算机构成的集群。通过并行计算集群完成数据的处理后，系统再将处理的结果返回给用户。

并行计算可分为时间上的并行和空间上的并行。时间上的并行是指流水线技术；空间上的并行是指用多个处理器并发地执行计算。

（五）云计算平台管理技术

云计算资源规模庞大，是一个系统服务器数量众多、结构不同并且分布在不同物理地点的数据中心，同时它还运行着成千上万种应用。如何有效地管理云环境中的这些服务器，保证整个系统提供不间断服务是一个巨大的挑战。云计算平台管理系统可以被看作是云计算的“指挥中心”，通过云计算系统的平台管理技术能够使大量的服务器协同工作，方便地进行业务部署和开通，快速发现问题并恢复系统正常工作，通过自动化、智能化的手段实现大规模系统的可靠运营和管理。

1. 云终端

在云计算技术中，运行、计算、存储都在云端进行，充分利用了服务器资源，对于终端性能的要求很低，用户只需要有一台能上网的设备，通过互联网就能实现文档处理和资料存储。因此，本书把能使用云应用的设备都称为云终端，而不局限于仅能运行云应用的终端，它的基本要求就是有稳定的网络连接和基本的计算能力，必须适应不同用户群和云计算发展的要求。

云计算是未来的趋势，而最终要把云计算带给用户还得通过终端，因此云终端也必须能够适应和满足云计算的要求和用户不同的应用场景需求。云计算带来了 4C 融合，即计算机（Computer）、通信（Communication）、消费电子（Consumer Electronics）、内容（Content）之间的融合；4C 的融合也带动了终端之间的融合，意味着各种便携网络设备、PC、手机、家电之间的界限越来越模糊。手机发展到一定程度，除可以便携通话、上网、控制家电外，还可以外接屏幕和输入设备，用户相当于拥有了一台高清播放设备或办公电脑，而且内容方面可以和所有的终端共享。可以预见，具有强大便携、移动和娱乐性及利用云计算办公的云终端产品将会成为市场的主流。

2. 云安全

云安全（Cloud Security）是一个由云计算演变而来的新名词。云安全的策略构想是：使用者越多，每个使用者就越安全，因为庞大的用户群足以覆盖互联网的每个角落，只要某个网站被袭击或某个新木马病毒出现，就会立刻被截获。

云安全通过网状的大量客户端对网络中的软件行为异常进行监测，获取互联网恶意程序的最新信息，并推送到 Server 端进行自动分析和处理，再把病毒和木马的解决方案分发到每一个客户端。

三、云计算在金融领域的应用

云金融是指基于云计算商业模式应用的金融产品、信息、服务、用户、各类机构，以及金融云服务平台的总称。云平台有利于提高金融机构迅速发现并解决问题的能力，提升金融机构的整体工作效率，改善流程，降低运营成本。从技术上讲，云金融就是利用云计算机系统模型，将金融机构的数据中心与客户端分散到云里，从而达到提高自身系统的运算能力和数据处理能力、改善客户体验评价、降低运营成本的目的。

（一）云金融的特性

金融行业对业务连续性有着非常严格的要求，它的实现涉及管理制度、技术方案和物理设施等多个层次，要确保这些关键职能在任何环境下都能持续发挥作用。这就使得金融机构对 IT 系统的稳定性、可用性、网络时延性以及数据安全性具有更高的要求。银行、券商等金融机构的关键业务系统如果停机 10 分钟以上，就属于极度严重的金融事故，会造成巨大的经济损失。

大型金融机构经过数十年的信息化建设，拥有非常复杂的 IT 基础设施体系，包括 X86 服务器、小型机、大型机、SAN 存储、NAS 存储、OSD 存储和网络等。上述不同的设备拥有各自的虚拟化软件，各类设备组成多个资源池。因此，金融机构需要一个云管理平台来统一管理这些 IT 资源，以实现内部系统的打通和数据的整合。

为满足业务连续性的要求，金融企业还要建立完善的灾难备份和灾难恢复体系。灾难备份主要有三种模式，分别为同城灾备、异地灾备和两地三中心模式。通过业务和数据的备份可以减少系统停机时间，保证业务的连续运行。

（二）云计算在金融领域的应用情况

1. 银行领域

在银行领域，云计算主要应用于 IT 运营管理和开放型底层平台等方面。应用云计算技术搭建开放云平台，可以借助 API 方式构建全面金融服务生态圈，提供生活缴费、资讯查询、网上购物等“金融＋非金融”服务，依托金融服务与生活场景的结合提升金融账户价值。这样做的目的在于：（1）增强数据安全性，推进零售业务、网上服务运作模式的发展以及客户需求个性化服务；（2）增强银行数据的存储能力和可靠性；（3）降低银行成本，提高银行运营效率。

2. 证券基金领域

在证券基金领域，云计算主要应用于客户端行情查询和交易量峰值分配等方面。通过业务系统整体上云，在数据库分库、分表的部署模式下，可实现相当于上千套清算系统和实时交易系统的并行运算。

3. 保险领域

在保险领域，云计算主要应用于个性化定价和产品上线销售等方面。定制化云软件能够快速分析客户实时数据，提供个性化定价，还能够通过社交媒体为目标客户提供专门的保险服务。

（三）云计算在金融领域的应用价值

1. 有效降低金融机构 IT 成本

在性能上，云计算通过虚拟化技术将物理 IT 设备虚拟成 IT 能力资源池，以整个资源池的能力来满足金融机构对算力和存储的需求。在物理设备上，云计算采用 X86 服务器和磁盘阵列作为基础设施。此外，通过云操作系统可以实现 IT 设备的负载均衡，提高单位 IT 设备的使用效率，降低单位信息化成本。因此，在 IT 性能相同的情况下，云计算架构的性价比远高于以大型机和小型机作为基础设施的传统金融架构。

2. 具有高可靠性和高可扩展性

传统金融架构强调稳定性，扩展能力相对较差。在基础资源方面，大型机或小型机只能纵向扩展提升能力，不能实现更加灵活的横向扩展。随着业务需求的增加，服务器越来越大，且交付时间越来越长。传统应用架构强调单体应用，数据库强调数据强一致性，可扩展性差。在可靠性上，云计算可以通过数据多副本容错、计算节点同构可互换等措施，有效保障金融企业服务的可靠性。在可扩展性上，云计算支持通过添加服务器和存储等 IT 设备实现性能提升，快速满足金融企业应用规模上升和用户数量高速增长的需求。

3. 运维自动化程度较高

目前，主流的云计算操作系统都设有监控模块。云计算操作系统通过统一的平台管理金融企业内的服务器、存储和网络设备。通过设备的集中管控，可以显著提升企业对 IT 设备的管理能力，有助于实现精益管理。通过标签技术，企业可以精准定位出现故障的物理设备，并通过现场设备更换可以快速实现故障排除。在传统金融架构下，若设备发生故障，需要联系厂家进行维修，金融企业缺乏自主维护能力。

4. 大数据和人工智能的支撑技术

云计算技术可以帮助金融机构通过统一平台，承载或管理内部所有的信息系统，消除信息孤岛。此外，信息系统的联通可以将保存在各系统的数据集中到一起，形成“数据仓库”，从而实现内部数据的集中化管理。如果说大数据是金矿，金融云则可被看作矿井。矿井的安全性、可靠性直接决定了金矿的开采效率。此外，云计算还为大数据和人工智能技术提供便利且可扩展的算力和存储能力。

（四）云计算在金融领域应用存在的问题

虽然云计算效率高、成本低，有其难以替代的应用价值，已成为金融行业发展的助推器，但目前其在金融领域并没有得到大规模、深度应用，主要原因有以下几点。

1. 存在数据安全风险

由于金融行业面向客户提供服务，金融行业的数据中涉及大量有关客户的敏感信息，对信息安全及隐私保护方面的要求非常高。目前，大部分金融数据都是由各个机构保存在自己的系统之中，而将业务数据迁移至云上，就意味着云服务商需要对数据的安全性负责。

从主观方面来看，由于云服务提供者具有访问用户数据的特权，当它是独立于金融机构的第三方时，存在云服务提供者利用特权收集、使用用户数据的风险。

从客观方面来看，作为信息科技公司的云服务提供者有倒闭的可能性，一旦“云”公司倒闭，使用其服务的金融机构将直接面临业务中断和数据丢失的风险。

IT 系统的安全性和可靠性对金融行业而言至关重要，也正是出于安全性和可靠性方面的考虑，现阶段对于云服务的发展，金融企业普遍持谨慎态度。

2. 迁移成本高昂

金融行业是较早应用 IT 技术服务于自身业务、管理、决策的行业，现有的设备一般都是大型机，除设备以外，相应的软硬件的投资成本也非常高。如果将这些能继续平稳使用的资源全部迁移到“云”上，成本高昂且看起来并不是那么紧迫。因此，目前金融行业在云计算方面的操作都较为谨慎。

3. 云计算相关政策和标准不完善

金融行业监管机构出台了相关政策，支持金融机构 IT 系统使用云计算技术，但具体落地实施的监管合规要求仍不够明确，传统的金融行业 IT 系统也无法适应现有云的计算架构。

同时，云计算服务经常会涉及国家层面的数据安全存储问题，也就是说，某一方提供的数据是否是跨国界进行存储和传输的。数据提供者完全可以找一个成本低的地方作为存储中心，然后向全世界所有国家提供存储服务，但是每个国家对于数据的安全流入和流出有着不同的规定。任何国家都不可能让关乎国家利益的关键数据流出国界，也不可能随便让任何数据都能流入国内，这就造成了云计算法律界定方面的问题。

做中学

4～6 名同学为一组，各组从云计算在银行领域、证券基金领域、保险领域的具体应用中选取一个，收集国内外实例，在学习小组中分享。

思考：云计算在金融领域的应用价值有哪些？ 未来在这一领域中应用会带来哪些服务质量方面的提升？

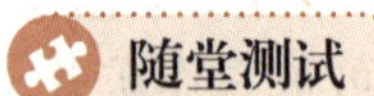

随堂测试

一、单项选择题

1.（　　）是指计算机元件在虚拟的基础上而不是在真实的基础上运行。

A. 并行计算　　B. 平台管理

C. 虚拟化　　D. 海量数据管理

2. 将被求解的问题分解成若干个部分，各部分均由一个独立的处理器来并行计算称为（　　）。

A. 串行计算　　B. 并行计算

C. 平台管理技术　　D. 数据管理技术

3. 亚马逊 AWS 提供的云计算服务类型是（　　）。

A. IaaS　　B. PaaS

C. SaaS　　D. 三个选项都是

4. Windows Azure 属于云服务类型中的（　　）。

A. SaaS　　B. PaaS

C. IaaS　　D. 以上三项都不是

5. IBM 在 2007 年 11 月退出了“改进游戏规则”的（　　）计算平台，为客户带来即买即用的云计算平台。

A. 蓝云　　B. 蓝天　　C. Azure　　D. EC2

6. 亚马逊 AWS 提供的云计算服务类型是（　　）。

A. IaaS　　B. PaaS

C. SaaS　　D. 三个选项都是

7. 在线开发平台 Google App Engine 属于（　　）。

A. 公有云　　B. 私有云

C. 混合云　　D. 以上都不是

8.（　　）不是云计算的关键技术。

A. 虚拟机技术　　B. 物联网技术

C. 数据存储技术　　D. 数据管理技术

9. 云安全基础服务属于云基础软件服务层，为各类应用提供信息安全服务，是支撑云应用满足用户安全的重要手段。以下各项中不属于云安全基础服务的是（　　）。

A. 云用户身份管理服务　　B. 云访问控制服务

C. 云审计服务　　D. 云应用程序服务

10. 以下各项中，不是云计算的核心价值的是（　　）。

A. 降低建设和运维成本　　B. 提高 IT 系统和业务的弹性

C. 拓展新的服务和业务模式　　D. 节能减排和提高效率

二、多项选择题

1. 云端平台数据可以共享，可以在任意地点对其进行操作。下列关于云端的说法中，正确的有（　　）。

A. 云端不能同时对多个对象组成的网络进行控制和协调

B. 云端可以同时对多个对象组成的网络进行控制和协调

C. 云端各种数据不能同时被多个用户使用

D. 云端各种数据可以同时被多个用户使用

2. 谷歌的云计算主要由（　　）组成，它们是谷歌内部云计算基础平台的三个主要部分。

A. MapReduce　　B. SaaS　　C. BigTable　　D. GFS

3. 云计算关键技术包括（　　）。

A. 虚拟化技术　　B. 海量数据分布存储技术

C. 海量数据管理技术　　D. 并行计算技术

4. 在 IT 领域，把有限的固定资源根据不同需求进行重新规划以达到最大利用率的虚拟化技术有（　　）。

A. 计算机虚拟化　　B. 平台虚拟化

C. 大数据虚拟化　　D. 资源虚拟化

5. 阿里云数据中心部分主要由（　　）模块组成。

A. 大规模分布式计算系统　　B. 开放存储服务

C. 全节点区块　　D. 开放数据处理服务

三、判断题

1. 亚马逊建立了弹性计算云，是第一家将基础设施作为服务出售的公司。（　　）

2. 微软的 Windows Azure 以云技术为核心，只提供“软件”的计算方法，是 Azure 服务平台的基础。（　　）

3. 云计算平台是一个云端，是服务器端数据存储和处理中心，通过客户端发出指令，数据处理会在服务器中进行，然后将结果反馈给用户。（ ）

4. 对大规模数据的计算、分析和处理的技术是海量数据管理技术。（ ）

5. 将被求解的问题分解成若干个部分，各部分均由一个独立的处理器来并行计算是云计算平台管理技术。（ ）

6. 云安全的策略构想是使用者越多，每个使用者就越不安全。（ ）

7. 搜索引擎采用云计算的海量数据管理技术，对大规模数据进行计算、分析和处理。（ ）

8. 虚拟化技术能把无限的固定资源根据不同需求进行重新规划以达到最大利用率。（ ）

9. “云”计算是一种计算平台或者应用模式。（ ）

10. 云计算产业链中的“造云者”是指云服务提供商。（ ）

任务三　掌握云计算带来的金融变革和发展趋势

一、云计算带来的金融变革

云计算技术的发展给各行各业带来了颠覆性变革，按需交付成为主流的 IT 服务于应用的交付模式，它可以极大地降低 IT 资源成本，为企业减负；小企业与大企业同台竞争的门槛显著降低，为广大中小企业提供了与大企业同台竞争的机会；用户更加关注服务本身的质量和优势，而不是技术细节；云计算出现后，企业信息化系统的安全防御体系变得更加复杂，企业信息系统的安全风险大大增加；SaaS 作为一种新的软件应用模式，受到越来越多企业用户的青睐。在 SaaS 软件模式的巨大冲击下，传统软件市场空间正在逐渐缩小。同样，云计算也促进了金融行业的变革。

（一）革新 IT 基础建设，满足弹性发展需求

在金融行业信息化转型进程中，受互联网大数据的冲击，作为信息化的核心载体，早期的 IT 设备架构部署已经跟不上业务发展的需要，而云服务器可快速部署、弹性扩容的特征可以从时间和空间两个维度实现按需部署。在时间维度上，金融行业可以根据不同阶段业务需求快速完成设备升级扩容，实现按需付费的投资模式。比如，当网站访问量与在线用户激增，对带宽、服务器形成压力时，金融企业可以在不中断业务的前提下根据负载情况对 CPU、内存、带宽等及时调整。在空间维度上，金融行业分支覆盖地域广，在业务扩展时不需要重新部署机房，只需将终端接入云主机，进行简单配置，就能快速启动业务上线。云主机完全摆脱了传统服务器升级、维护成本过高等不稳定因素，能为金融业务提供更专业的技术支撑，满足其弹性发展需求。

云计算让企业级用户实现从 IT 架构管理到 IT 服务自动化交付，同时让服务使用者实现 IT 服务自我选择和管理。目前，互联网金融的服务类型大致可分为第三方支付、P2P、

第三方理财、众筹、金融信息化以及互联网金融门户等各种互联网服务，不同的服务类型需求对云计算能力提出了极大的挑战。服务于金融行业的技术应该具备相当高的可靠性，以及针对业务和数据的安全性。因此，互联网金融对于云平台的要求非常苛刻。同时，云计算平台在互联网金融行业的应用，可以充分发挥出它本身的巨大优势，为互联网金融行业带来以下便利。

1. 云计算加速系统资源整合、降低成本

通过云计算的数据集中存储，可以实现绿色节能、服务器整合，机房规模化，利用虚拟化技术则可大大降低维护成本和提高资源的利用率。云计算具有高可靠性及动态可扩展性。

2. 云计算服务器端提供了可靠的数据存储中心

用户数据在服务器端存储，应用程序也在服务器端运行，计算由服务器端来处理，所有的服务分布在不同的服务器上。在云计算体系中，可以将服务器实时加入现有服务器群中，提高云处理能力。如果某计算节点出现故障，则通过相应策略抛弃该计算节点，并将其任务交给别的计算节点，待故障节点的故障消除后再将其实时加入现有集群中。

3. 云计算提高了系统的计算和存储能力

金融信息系统用户可以在任何时间、任意地点，采用任何设备登录到云计算系统中，之后就可以享受云计算服务；云端是由成千上万台甚至更多的服务器组成的集群，具有大量存储空间和非常快的处理速度。

4. 云计算提高了应对安全威胁和安全事件的能力

云安全体系的安全威胁发现和响应覆盖了从网络层到应用层的各个层次，防护阵线也贯穿了云端、网关、终端等多个不同的位置和区域；云安全体系可以提供更加及时有效的威胁识别能力、关联分析能力，可以把监控范围扩展到全球，更好地发现安全威胁和定位安全威胁位置，更准确地了解异常事件所带来的风险。

（二）变革金融业务营销模式，实现精准营销

金融行业每天都会产生海量的交易数据，如何将这些海量的交易数据转化为商业价值，成为金融企业能否成功的关键因素。基于 Hadoop 框架的弹性大数据技术可以帮助金融企业从海量信息中识别和提取有价值的数据，整合包括地域分布等属性数据，购物行为、浏览行为等行为数据，以及兴趣爱好、人脉关系等社交数据，建立立体的客户数据模型，以个体客户为单位进行精细化分析，及时获知客户行为，预测出客户的潜在需求，并向客户推送相关产品，提供个性化服务，快速响应客户需求，真正实现精准营销推广。例如，金融企业根据客户的年龄、资产规模、理财偏好等，对客户群进行精准定位，分析出其潜在金融服务需求，推送相关产品和服务，真正做到以客户为中心开发设计产品，并实现精准营销，而不是以银行、投资中介为中心制造、推销产品。

（三）促进新的行业秩序和规则形成，构建互联网金融风控体系

贯穿互联网金融业务的核心命题是风险控制，金融企业需要全面整合客户的多渠道交易数据，突破传统上单纯以财务信息作为评价要素的做法，引入交易行为、客户评价、公用事业缴费记录等多维度的关联数据，以大数据思维，通过弹性大数据、对象存储服务、关系型数据库等云技术帮助企业决策，对海量数据进行高效处理，构建互联网信用评价模

型，更精确、更有效地评估客户风险状况并进行授信，有效提升贷前风险判断和贷后风险预警能力。

（四）制订合理的资源分配方案，降低安全风险

金融行业每天都会产生大量的信息数据，包括业务数据、客户信息等。随着金融行业对互联网的依赖越来越大，安全风险对金融市场的影响也逐渐攀升，只有从多个层面夯实安全防护工作，才能保证金融业的稳健发展。金融企业要通过严格执行统一身份认证体系，对“云端”各层子系统进行签名校验和信息传递保护，形成整体的平台安全体系，从而为金融企业安全提供全方位保护。

二、云计算未来发展的趋势

《2020中国云计算行业研究报告》指出，我国云计算市场规模呈稳定增长态势。2019年，我国云计算市场规模达到1 334亿元。其中，公有云市场规模达到689亿元，较2018年增长57.6%，预计到2023年市场规模将超过2 300亿元；私有云市场规模达645亿元，较2018年增长22.8%，预计到2023年市场规模将达到1 502亿元。

国内云计算市场规模与发达国家仍有一些差距，但整体增速更快，蕴含巨大的发展潜力和市场空间。

我国云计算将结束培育期，步入快速成长的新阶段，技术创新步伐不断加快，产业结构不断优化，市场需求不断扩大，产业规模快速增长，新的产业格局正在形成。

云计算的发展趋势如下。

（一）云计算扩展投资价值

云计算简化软件、业务流程和访问服务，比以往传统模式改变得更多，这能够帮助企业通过降低成本、应用更有效的商业模式来优化企业的投资规模。很多企业通过云计算优化其投资。

（二）混合云计算出现

企业使用云计算来补充它们的内部基础设施和应用程序，这些服务将优化业务流程的性能，采用云服务是一个新开发的业务功能。

（三）以云为中心的设计

越来越多的组织会将云计算作为设计元素。那些优先采用云技术的企业将具有竞争优势。

（四）移动云服务

未来一定是移动的。移动设备的数量上升显著——平板电脑、智能手机更是在移动中发挥了重要作用。许多这样的设备被用来规范业务流程，让云计算应用在所有的方面。

（五）云分析将无处不在

云分析几乎影响着每位消费者和每个商业领域。消费者通常不会注意到云，这是因为云是在不同的应用程序的背后提供支持，但云分析正变得越来越普遍。

从零售建议到基于基因学的产品开发、从金融风险管理到初创企业衡量其新产品的效果、从数字营销到快速处理临床试验数据，这些领域都将借助云分析而达到新的水平。

（六）云将实现自助分析

在帮助业务部门变得更加敏捷、更快速地响应业务需求并开发客户真正需要的产品方面，分析发挥着至关重要的作用。集中式、不够灵活的旧式数据仓库模式往往使企业用户陷入困境。基于云的分析完全改变了这种情况。业务部门现在借助云服务的资源，在云中迅速创建自己的数据仓库，并可根据其需求和预算选择数据仓库的规模和速度。它可以是一个在白天运行、拥有 2 个节点的小型数据仓库，也可以是一个仅在星期四下午运行几个小时、拥有 100 个节点的大型数据仓库，或是一个在夜间运行、以在第二天向工作人员提供所需数据的数据仓库。

（七）云让一切变得智能化

将来，一切都可以变得“智能化”——智能手表、智能衣服、智能家居和智能汽车，绝大多数智能设备的软件都是在云端运行的。无论是家里的温控器、手腕上的活动跟踪器，还是漂亮的超高清电视上的智能电影推荐，都由在云上运行的分析引擎驱动。由于这些智能产品的“智能”存在于云中，这也催生了新一代设备。

（八）云分析将改善城市生活

云分析能够利用城市环境信息来改善城市居民的生活条件。芝加哥在全市范围内安装了传感器，用来测量空气质量、光强度、音量、热量、降水、风和交通。来自这些传感器的数据流入云中进行分析，用于发掘改善居民生活的方式。芝加哥的“Array of Things”项目收集的数据集在云上公开，以供研究人员寻找分析数据的创新方法。例如，人们可以把犯罪数据和天气情况关联起来，了解在炎热天气下是否会发生更多的入室盗窃案，以便更好地分配当地警力；人们可以把就医数据与天气情况关联起来，发现其中的趋势和模式。

（九）云将实现工业物联网

当想到物联网时，我们通常会重点关注物联网对消费者的影响。然而，工业机械将与互联网连接，把数据传输到云中，以获得有关使用情况，提高效率，避免停机。

（十）云将实现视容分析

长期以来，视频仅用于存档、回放和观看。借助于云强大的处理能力，一个新的趋势出现了：把视频当作数据流来进行分析。这一技术被称为视容分析（VCA），它适用于零售、运输等多个领域。在装有摄像头的地方，如商场和大型零售商店，视容分析可以帮助商场了解人流模式，提供人流量、停留时间以及其他统计信息。这使商场能够改善其商场布局和店内营销效果。

视容分析另一种常见的应用领域是音乐会等大型活动的实时人群分析，以了解整个场地的人流情况，预防拥堵，从而改善参与者的体验。交通部门也利用类似的方式疏导交通、监测高速公路上的停滞车辆以及其他运输问题。

视容分析也成为体育管理的一个重要工具，球队可利用视容分析来从不同的角度分析球员。例如，在一场足球比赛中，球队利用许多记录下来的视频流的分析数据来改进球员的表现，并推动具体的教练计划。

（十一）云支持创新的医疗解决方案

例如，飞利浦 HealthSuite 是一个管理医疗数据，并为医生和患者提供支持的平台。飞利浦 HealthSuite 数字化平台分析并存储着从 3.9 亿份影像检查、病历和患者人群中收集的 15PB 的数据，为医务人员提供可操作数据，这些数据可以直接影响病患照护。这正在彻底变革着世界各地几十亿人的医疗现状。在未来，云在推动患者诊断和治疗方面将发挥更大的作用。

（十二）云将实现安全的分析

从网购到医疗，再到家庭自动化，云分析在如此多的新领域得到应用，而分析数据的安全性和私密性变得至关重要。在存储和分析引擎中深度集成加密功能，并让用户能够拥有密钥，确保只有这些服务的使用者才有权访问数据。

做中学

4~6 名同学为一组，各组围绕云计算支持金融创新的解决方案，收集国内外企业提供给客户的此类解决方案的实例，在学习小组中分享。

思考：云计算带来的金融变革和发展趋势是怎样的?

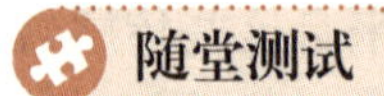

一、单项选择题

1. （　　）提供云用户请求服务的交互界面，也是用户使用云的入口，用户通过 Web 浏览器可以注册、登录及定制服务、配置和管理用户。

A. 云用户端　　B. 服务目录

C. 管理系统和部署工具　　D. 监控端

2. 云计算的资源共享池中的资源能够快速被提供，并使管理的工作量和服务提供商的交互（　　）。

A. 最大化　　B. 变得没有必要

C. 减小到最低程度　　D. 调整到最优程度

3. 以下项目中，（　　）属于云计算对金融业务营销模式的变革影响（　　）。

A. 精准营销　　B. 降低成本

C. 高可靠性及动态可扩展性　　D. 提高计算和存储能力

4. 下列关于云计算未来的发展趋势，说法错误的是（　　）。

A. 云计算的分工将会更加细化

B. IaaS 将迎来更大的降价风潮

C. 容器技术将成为云计算的标配

D. 私有云将更深入关键业务应用

5. 以下属于混合云优点的是（　　）。

A. 陡峭的学习曲线　　B. 安全和合规风险
C. 兼容性问题　　D. 节约成本

二、多项选择题

1. 云计算平台在互联网金融行业应用，可发挥出它本身的优势，为互联网金融行业带来的便利有（　　）。

A. 加速系统资源整合，降低成本
B. 具有高可靠性及动态可扩展性
C. 提高系统的计算和存储能力
D. 方便金融信息系统用户访问和使用

2. 云计算技术给金融行业带来的变革包括（　　）。

A. 仅实现空间扩容，时间扩容尚未实现
B. 构建互联网金融风控体系
C. 制订合理的资源分配方案
D. 提高金融数据精度，降低安全风险

3. 云计算通过数据集中存储，可以实现（　　），这可大大降低维护成本和提高资源的利用率。

A. 绿色节能　　B. 风险分散化
C. 服务器整合　　D. 机房规模化

4. 云计算产业规模快速增长，新的产业格局正在形成，其发展趋势有（　　）。

A. 云计算扩展投资价值　　B. 混合云计算出现
C. 云将实现自助分析　　D. 移动云服务

5. 云计算使得信息的存储采用（　　），它会大大节约网络的成本，使网络将来越来越普及，成本越来越低。

A. 分布式　　B. 密闭式　　C. 密集式　　D. 共享式

6. 未来云计算服务面向的客户有（　　）。

A. 个人　　B. 企业　　C. 政府　　D. 教育

7. 云计算作为一种新兴的 IT 运用模式，带来了 IT 产业调整和升级，同时也催生了一条全新的产业链。这条产业链中包含（　　）等不同角色。

A. 硬件、软件供应商　　B. 云平台提供商
C. 云服务提供商　　D. 应用提供商

8. 在云计算与大数据的影响下，金融的新形态有（　　）。

A. 行业边界逐渐消解　　B. 服务对象向小客户渗透
C. 加强监管与垄断　　D. 风险控制成本降低

9. 大数据和云计算对金融行业的推动主要体现在（　　）等方面。

A. 市场营销　　B. 信贷
C. 风险评估　　D. 预测与估价

三、判断题

1. 云安全体系的安全威胁发现和响应覆盖了从网络层到应用层的各个层次，从而能更准确地防止异常事件所带来的风险态。（　　）

2. 计算服务尚不能满足客户在任何时间、任意地点，采用任何设备登录到云计算系统。（ ）

3. 云计算体系中，可以将服务器实时加入现有服务器群中，提高云处理能力。（ ）

4. 云计算云端是由成千上万台甚至更多服务器组成的集群，具有大量存储空间和非常快的处理速度。（ ）

5. 云计算由服务器端来处理，所有的服务分布在不同的服务器上，如果某计算节点出现故障，就很容易出现服务故障。（ ）

6. 随着云计算的发展和推动，云桌面一定会代替传统本地桌面。（ ）

7. 云计算可以把普通的服务器或者 PC 连接起来以获得超级计算机的计算和存储等功能，但是成本更低。（ ）

8. 在云计算模式下，用户不需要了解服务器在哪里，不用关心内部如何运作，通过高速互联网就可以透明地使用各种资源。（ ）

9. 云计算真正实现了按需计算，从而有效地提高了人们对软硬件资源的利用效率。（ ）

10. 各国政府都非常重视云计算产业的发展，但并未在政府内部广泛推行云计算应用。（ ）

项目二
大数据金融

数据挖掘
“挖”什么?

学习目标

知识目标：

1. 了解大数据的基本概念。
2. 认识大数据的处理流程。
3. 理解大数据技术在金融领域的应用。
4. 掌握大数据技术的发展趋势及应用前景。

能力目标：

1. 能够利用大数据技术手段为客户提供金融服务。
2. 理解大数据技术对金融业带来的影响并能够积极予以运用。

导入案例

京东利用大数据技术生成用户画像，提升用户体验

【案例介绍】

京东利用大数据技术生成用户画像，并提供统一的数据服务接口，供网站其他功能调用，提高与用户之间的沟通效率、提升用户体验。比如：将用户画像提供给“推荐搜索”调用，针对不同用户属性特征、性格特点或行为习惯，在用户搜索商品时展示符合该用户特点和偏好的商品，给用户以友好舒适的购买体验，有效提升了用户的购买转化率，提高了用户忠诚度和用户黏性。正是基于用户画像的应用，每个人在打开京东 App 时，首页推荐的商品都不尽相同：男大学生的推荐商品首页通常有时尚球鞋、数字产品、游戏装备等，而女大学生的推荐商品首页通常是服装、化妆品等。再如：将数据接口提供给网站智

能机器人JIMI，可以基于用户画像，为用户量身定制咨询应答策略，如快速理解用户意图，有针对性地进行商品评测、推荐商品及个性化关怀等，提升了智能客服JIMI的智能水平和服务质量，赢得用户好评。

【案例分析】

大数据技术可以帮助电商更准确、更全面地了解消费者对商品颜色、款式和功能的偏好，了解消费者的购买习惯，并能知道什么价位的产品更容易被接受，从而更有效地向消费者推荐适合的商品，提升购买转化率。大数据技术离我们的生活并不远，我们身边的超市、银行、网购平台，都在运用大数据技术分析人们的消费行为和服务需求，用以促进销售，改进服务，提高服务品质和效率。

任务一　了解大数据的基本概念

一、大数据的定义

麦肯锡全球研究所对大数据的定义是：一种规模大到在获取、存储、管理、分析方面大大超出了传统数据库软件工具能力范围的数据集合，具有海量的数据规模（Volume）、快速的数据流转（Velocity）、多样的数据类型（Variety）和应用价值高（Value）四大特征。

2015年9月，国务院印发《促进大数据发展行动纲要》，其中提到“大数据是以容量大、类型多、存取速度快、应用价值高为主要特征的数据集合”。

虽然大数据并没有一个权威和统一的定义，但关于大数据的特征，人们已经基本形成了共识，通常用“5V”来描述，即：数据规模大（Volume）、数据处理速度快（Velocity）、数据类型多样（Variety）、数据真实（Veracity）和应用价值高（Value）。在大数据时代，数据成为一种生产要素，并产生了多种多样的应用场景。大数据技术被广泛应用于医疗、农业、商业、金融、公安等各个领域或部门。

二、大数据的分类

依据不同的维度，大数据有不同的分类方法。

按照数据结构，大数据可以分为结构化数据、半结构化数据和无结构数据。结构化数据是指有严谨结构逻辑的数据，一般指存储在MySQL、Oracle等关系数据库中的数据；无结构数据与结构化数据恰恰相反，它一般没有固定的结构，比如文本、图片、视频都属于这一类；半结构化数据是指介于以上两种数据之间的数据，比如XML文档、HTML文档、JSON数据等。

按照处理方式，大数据可以分为实时数据和离线数据。实时数据一般指由系统实时产生或采集的数据，它有一个重要维度就是时间，比如股票的实时交易数据、实时天气数据等；离线数据指存储在数据库或者文件系统中的数据，比如股票的历史交易数据、天气的历史数据等。

按照数据来源和行业，大数据可以分为网络数据、社交媒体数据、医疗数据、农业数据、身体健康状况数据、设备监测数据等。

三、大数据的基本原理

大数据是伴随着物联网和云计算的发展而不断发展的。物联网和云计算可以看作大数据的基础设施。其中，物联网可看作大数据的采集端，云计算可看作大数据的核心技术处理端。

（一）物联网

物联网作为互联网应用的拓展，在各个领域都有应用。物联网为大数据提供了广泛的信息来源。物联网通过射频识别各类传感装置，通过全球定位系统、激光扫描等把各类物品联系起来后，利用互联网进行交换，最终能让人与物、物与物实现互相连接，达到智能化的识别和定位。以食品安全系统为例，食物从产生到摆上餐桌的全过程可追溯就是借助物联网技术实现的。

物联网产生海量数据，是大数据来源的基础设施。日常生活中，大数据主要来自以下三方面：

（1）以微博、微信为代表的社交网络，可以产生海量数据。对这类数据的分析和应用可以了解人与人之间的关系，预测社区存在的形态，也为细分市场和精准营销提供了数据分析基础。

（2）电子商务平台上产生的流量数据。阿里巴巴集团曾表示，在阿里数据平台事业部的服务器上，有超过 100PB 已处理过的数据，相当于 580 亿本藏书的数据量。类似阿里巴巴集团这类电商平台每天都在产生海量数据，借助这些数据，商家可以准确预测消费者的消费行为，把握商机。

（3）摄像头收集的视频和图片等信息。比如，商场里随处可见的安保摄像头、散落在各个城市街道的人流和车流信息，都可以生成海量数据，对这些数据进行处理和分析，可为商场布局、缓解交通拥堵等提供有力支持。

（二）云计算

云计算为大数据的计算和分析提供了可行的方法。云计算的数据在云端，任何时间、任何设备，只要登录后就可以享受计算服务。通过云计算对数据进行处理后，数据可作为一种基础的公共物品，被人们所利用。

Google、IBM、亚马逊都提供云计算服务。腾讯和阿里也投入巨资建立云计算数据中心。2010 年正式投入运营的天津数据中心已成为腾讯在亚洲建立的首屈一指的数据中心，该中心共计 8 万平方米，有约 20 万台服务器。该中心负责微信、腾讯即时通信等数据的处理。阿里云则依靠阿里生态，提供大量的大数据产品，包括大数据基础服务、数据分析及展现、数据应用和人工智能等，可以帮助企业或组织迅速搭建自身的大数据应用平台。

做中学 **生活中的大数据**

4~6 名同学为一组，各组选择一个行业，收集该行业大数据应用的一个典型案例，并进行分析，写出案例分析报告。

思考：大数据的应用是否可能误导决策？ 如果要保证数据分析的准确性，防止被误导，需要满足什么前提条件？

随堂测试

一、单项选择题

1. 下面各项科技中，属于大数据的核心技术处理端的是（　　）。

A. 区块链　　B. 云计算

C. 物联网　　D. 5G 通信

2. 下面各项科技中，属于大数据的采集端的是（　　）。

A. 区块链　　B. 云计算

C. 物联网　　D. 5G 通信

二、多项选择题

1. 关于大数据的特征，人们已经基本形成了共识，通常用“5V”来描述，即（　　）。

A. 数据规模大（Volume）　　B. 数据处理速度快（Velocity）

C. 数据类型多样（Variety）　　D. 数据真实（Veracity）

E. 应用价值低（Value）

2. 按照数据结构，大数据可以分为（　　）。

A. 结构化数据　　B. 半结构化数据

C. 无结构数据　　D. 多结构数据

3. 按照处理方式，大数据可以分为（　　）。

A. 实时数据　　B. 离线数据

C. 即时数据　　D. 历史数据

4. 以下大数据中，按照数据来源分类的是（　　）

A. 农业数据　　B. 社交媒体数据

C. 身体健康数据　　D. 医疗数据

三、判断题

1. 云计算的数据在云端，任何时间、任何设备，只要登录后就可以享受计算服务。（　　）

2. 物联网产生海量数据，是大数据来源的基础设施。（　　）

3. 大数据是伴随着人工智能和云计算的发展而不断发展的，人工智能和云计算可看作大数据的基础设施。（　　）

4. 以微博、微信为代表的社交网络，可以产生海量数据，分析这类数据可以了解人与人之间的关系，预测社区存在的形态，也为细分市场和精准营销提供了数据分析基础。（　　）

任务二 认识大数据的处理流程

大数据的处理流程是指利用合适的工具对海量数据源进行抽取和集成，然后按照某一标准统一存储，再对存储的数据进行分析，从中提取有益的信息并将结果展现给终端客户。具体来说，大数据的处理流程包括：数据采集、数据存储、数据处理和数据挖掘。

一、数据采集

数据采集是进行大数据应用的第一步，是指利用多个数据库接收来自客户端（包括传感器、网站网页、移动应用程序）的数据。数据采集技术可以分成基于硬件的数据采集技术和基于软件的数据采集技术。基于硬件的数据采集技术包括传感器技术、条码技术和RFID 技术等；基于软件的数据采集技术包括网络爬虫、ERP 系统等。

具体来看，大数据的数据源主要来自以下三方面。

（一）各种智能设备中的运行数据

在智能制造、可穿戴设备、物联网越来越普及的今天，智能设备的数据采集变得十分重要。例如，通过汽车内置的传感器和黑盒能收集车速、行驶里程等数据；通过可穿戴设备可收集、监测使用者的身体健康状况数据。通过智能设备采集的数据包括结构化、半结构化、非结构化等多种类型，这与以往纯粹结构化数据采集有很大的不同，因此存在不少需要克服的技术难题。

（二）互联网网页数据

社交网络、电商或官方网站、App 应用中的用户数据是商家获取用户消费、交易、产品评价信息以及社交信息的重要渠道。这类数据可通过网络爬虫或网站公开 API 等方式获取，将结构化和半结构化数据从网页中提取出来，并以结构化的方式将其存储为统一的本地数据文件。

网页数据采集应用最广泛的技术就是网络爬虫。网络爬虫的工作原理如下：第一，甄选一些种子 URL，一般可以筛选一些内容丰富、访问流量大的 URL 作为种子；第二，将种子 URL 存入待处理的 URL 队列；第三，依次处理 URL 队列中的 URL，并下载对应网页内容，对网页内容进行分析处理，提取网页内 URL 地址；第四，对提取的 URL 地址进行过滤，将未处理的 URL 地址加入 URL 队列；第五，从网页中抽取需要的内容存入内容数据库。网络爬虫工作原理如图 2－1 所示。

（三）RFID 数据

无线射频（RFID）标签安装在装运托盘或产品外包装上。在制造和零售业中，有了RFID 标签，就不再需要人工记录和盘点每个商品，提高了商家清点商品的效率。在物流领域，有了 RFID 标签，司机通过高速公路收费站时不需要停车，提高了道路的通行效率，有助于缓解交通拥堵。

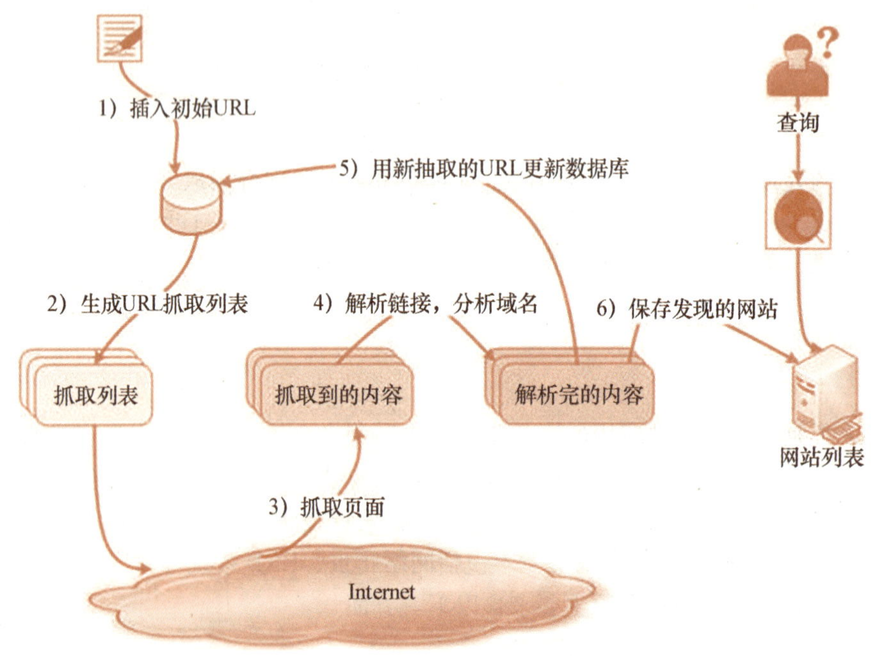

图 2-1 网络爬虫工作原理

图片来源：向远金．未备案网站发现的技术手段探讨［EB/OL］．（2020-01-06）［2020-04-05］．http://www.cww.net.cn/article? from=timeline&id=463937&isappinstalled=02007-2017.

二、数据存储

大数据的来源不同，其格式也多种多样。大数据按照不同的分类标准，既可分为结构化数据、半结构化数据、非结构化数据，也可分为元数据、主数据、业务数据，还可分为文本、视频、音频、地理位置信息等。因此，大数据的存储系统必须对多种数据及软硬件平台有较好的兼容性，以适应各种应用算法或者数据提取、转换与加载。

现阶段常用的大数据存储技术包括以下几类：

第一类，采用大规模并行处理系统（MPP）架构的新型数据库集群，重点面向行业大数据，采用无共享（Shared Nothing）架构，通过列存储、粗粒度索引等大数据处理技术，再结合 MPP 架构高效的分布式计算模式，完成对分析类应用的支撑。这类存储技术的运行环境多为低成本电脑服务器，具有高性能和高扩展性的特点，在企业分析类应用领域应用广泛。

第二类，基于 Hadoop 技术扩展和封装，围绕 Hadoop 衍生出相关的大数据技术，应对传统关系型数据库较难处理的数据和场景，充分利用 Hadoop 开源的优势。伴随着技术进步，该类数据存储的应用场景也逐步扩大。目前最为典型的应用场景是通过扩展和封装 Hadoop 来实现对互联网大数据存储和分析的支撑。

第三类，大数据一体机。这是一种专为大数据分析处理而设计的软件、硬件结合的产品，由一组集成的服务器、存储设备、操作系统、数据库管理系统以及为数据查询、处理、分析而特别预先安装及优化的软件组成。高性能大数据一体机具有良好的稳定性和纵向扩展性。

就存储大数据的数据库而言，最流行的两种数据库就是传统的关系型数据库和新兴的 NoSQL 数据库。例如，微软的 SQL Server 数据库、IBM 的 DB2 数据库、甲骨文的 Oracle 数据库、开源的 MySQL 数据库都是关系型数据库的典型。NoSQL 数据库是近年来随着大数据技术发展而兴起的一种数据库技术，它依据存储对象和存储方法的不同又可以分成键值型数据库、文档型数据库、列存储数据库、图存储数据库。表 2－1 梳理了不同类型 NoSQL 数据库的特点。

表 2－1 不同类型 NoSQL 数据库的特点

序号	类型	部分代表	特点
1	键值型	Oracle BDB Google BigTable Amazon DynamoDB	键值型数据库会使用到一个哈希表，这个表中有一个特定的键和一个指针指向特定的数据。键值型数据库的优势在于简单、易部署，但如果只对部分值进行查询或更新，则效率相对低下
2	文档型	Mongo DB Couch DB	文档型数据库可存放并获取文档，其格式可以是 XML、JSON、BSON 等，这些文档具备可述性（self-describing），呈现分层的树状结构（hierarchical tree data structure），可以包含映射表、集合和纯量值。文档型数据库可视为其值可查的键值数据库，可以对某些字段建立索引，实现关系数据库某些功能
3	列存储	HBase Cassandra HyperTable	列存储数据库通常是用来应对分布式存储的海量数据。键仍然存在，但是它们的特点是指向了多个列。这些列是由列家族来安排，以方便存储结构化和半结构化数据，方便数据压缩，对基于列的查询有很大优势
4	图存储	Neo4J InfiniteGraph	图存储数据库使用灵活的图形模型，并且能够扩展到多个服务器上。将数据存储在图状网络的节点上及它们之间的关系中，这里的图不是指图形图像，而是指一种数据存储结构

在金融科技应用中，我们应如何选择合适的数据存储技术呢？一般来讲，有严谨的数据结构，对数据的可靠性要求高，经常需要对数据进行商业智能分析，这类数据库适合存储在关系数据库中，一般可以选择开源的 MySQL 数据库；相反，那些数据量特别大，对数据的扩展性要求高，对数据库的可用性要求高，对存储效率和恢复响应要求高的数据则适用于 NoSQL 数据库。有如此多类型的 NoSQL 数据库，而每种类型的 NoSQL 数据库又有很多不同产品，到底选择什么类型的 NoSQL 数据库来作为我们的存储工具呢？这并不是个很好回答的问题，我们常常需要根据以下情况来综合考虑：

第一，数据结构特点，包括数据是结构化的还是半结构化的、字段是否可以变更、是否有大文本字段、数据字段是否可能变化。

第二，写入更新特点，包括插入操作所占比例、更新操作所占比例、是否经常更新数据的某一个小字段等。

第三，查询特点，包括查询的条件、查询热点的范围，比如用户信息的查询可能就是随机的，而新闻的查询则需要按照时间的先后顺序来进行。

其实，NoSQL 数据库仅仅是关系数据库在某些方面（性能、扩展）的一个补充，单从功能上讲，NoSQL 的几乎所有功能在关系数据库上都能够实现。因此，在实践中，人们通常会将 NoSQL 和关系数据库结合使用，各取所长，需要使用关系特性的时候使用关系数据库，需要使用 NoSQL 特性的时候使用 NoSQL 数据库。关系数据库和 NoSQL 数据库结合使用可以分为以下两种模式：

第一种：NoSQL 数据库作为辅助存储。在这种模式下，所有的数据都被存放在关系数据库中，可能被经常频繁读取的数据再存放在 NoSQL 数据库中一份，其目的是提高数据的查询速度，减少关系数据库的访问负载。

第二种：NoSQL 数据库作为主存储。在这种模式下，把所有的数据存储在 NoSQL 数据库中，为了一些特殊业务或功能的需要，在将数据存入 NoSQL 的时候，同时存储到关系数据库一份。数据存储和查询主要是由 NoSQL 数据库完成，少量的数据从关系数据库中读取。

三、数据处理

在数据处理环节，主要完成对已采集数据的抽取、清洗和脱敏等操作。

（一）数据抽取

由于采集的数据具有多种结构，数据抽取可帮助我们将多种类型复杂的数据转化为单一、便于处理的类型，以达到快速分析处理的目的。从数据库中抽取数据，一般有两种方式：全量抽取和增量抽取。全量抽取类似于数据迁移或数据复制，即将数据源中的表格或视图的数据原封不动地从数据库中抽取出来，并转换成自己的 ETL（Extraction-Transformation-Loading，数据提取、转换和加载）工具可以识别的格式。增量提取是指抽取自上次抽取以来数据库中要抽取的表中新增、修改、删除的数据。在使用 ETL 过程中，增量抽取较全量抽取应用得更广。

（二）数据清洗

在采集数据时，会存在大量的“脏”数据。这些数据或与我们的需求无关，或数据本身就是错误数据，或数据之间互相冲突，因此要通过“去噪”过滤掉这些不符合要求的数据，提取出有效数据，这一过程被称为“数据清洗”（Data Cleaning）。数据清洗不仅有利于提高搜索处理效率，还能对用户信息多一层保护。

（三）数据脱敏

数据脱敏是指对一些涉及个人隐私的敏感信息，如身份证号、电话号码、银行账户等进行数据的变形处理，达到保护隐私的目的。

现阶段常用的数据处理技术有 Ab Initio（大数据处理软件平台技术）、Hadoop（开源分布系统的基础架构，适合处理超大量的数据）。

Hadoop 是由 Apache 软件基金会发起的一个分布式计算平台，也是目前最为流行的大数据处理平台。用户可以在该平台上开发和运行处理海量数据的应用程序。Hadoop 在数据提取、转换和加载方面具有优势，擅长存储大量的半结构化数据集，也非常擅长分布式计算——快速地跨多台机器处理大型数据集合。

四、数据挖掘

数据挖掘（Data Mining）的前身是数据库中的知识发现技术（KDD），是指运用计算机技术从大量数据中将隐藏的有价值的信息提取出来的过程。数据挖掘具有以下特点：一是基于海量数据；二是具有非平凡性，即挖掘出来的知识应该是不简单的；三是隐藏性，即数据挖掘是要发现深藏在数据内部而非浮现在数据表面的知识；四是价值性，即挖掘的知识能给企业带来直接或间接效益。数据挖掘有很多技术方法，归纳起来主要涉及统计学、机器学习和数据库等领域的研究成果。

（一）统计分析

统计分析是指利用统计学对大数据进行分析，包括统计学中的回归分析、差异分析、判别分析、因子分析等，主要用来处理结构化数据。统计分析反映了数据库中数据的属性值特性，通过函数表达数据映射关系来发现属性值之间的依赖关系。它可以应用到对数据序列的预测及相关关系的研究中去。例如，通过对本季度销售数据的回归分析，可以对下一季度的销售趋势进行预测并采取有针对性的营销措施。

（二）聚类分析

聚类分析是一种重要的数据挖掘方法，它是指根据事物的特征对事物进行分类，以期从中发现一定的规律。聚类类似于分类，但与分类的目的不同，聚类是针对数据的相似性和差异性将一组数据分为几个类别。其原则是使同一类事物尽可能相似、不同类事物尽可能差异大。属于同一类别的数据间的相似性大，但不同类别之间数据的相似性很小，跨类的数据关联性很低。聚类分析又可细分为划分聚类法、层次聚类法、基于网格和模型的聚类法。

（三）决策树

决策树是机器学习中最基础、应用最广泛的算法模型。其原理是，在一批已知数据的基础上建立一棵决策树，利用决策树对数据进行分析和预测。常见的算法包括分类回归树（CART）、ID3、C4.5、随机森林等。

以下用一个例子来解释决策树的运行模式。

如图 2-2 所示，决策树可用于预测贷款人是否具有偿还贷款的能力。借款人通过三个核心指标来判断：是否拥有房产、是否结婚、月收入金额。决策树的每一个内部节点都分别代表一个指标，树叶节点则表示贷款人是否具备还款能力。例如，客户甲没有房产、未婚、月收入 8 000 元。通过决策树的节点判断，该客户最终落在“可以偿还”的树叶节点上。因此预测该客户具备还款能力。

（四）人工神经网络

人工神经网络（ANN）作为一种先进的人工智能技术，因其具有自行处理、分布存储和高度容错等特性，非常适合处理非线性的以及那些模糊、不完整、不严密的数据，因此在数据挖掘领域得到广泛应用。典型的神经网络模型分为三大类：第一类是用于分类预

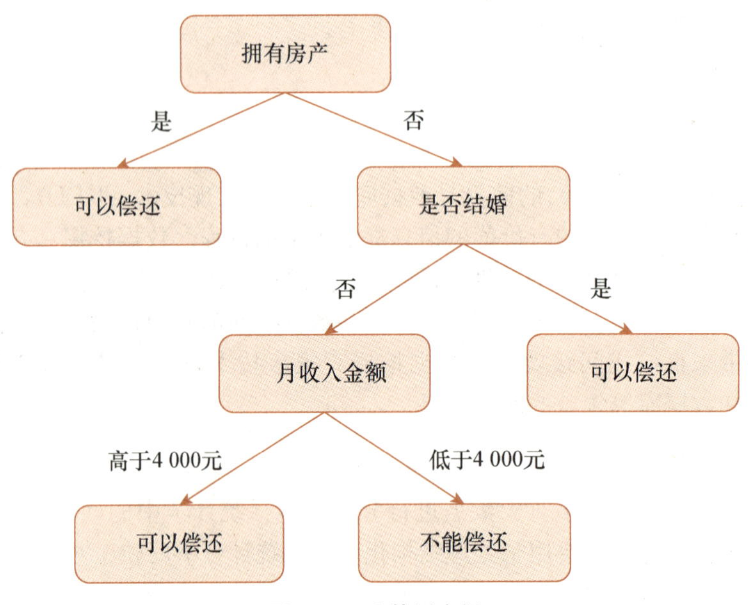

图 2-2 决策树案例

测和模式识别的前馈式神经网络模型，其主要代表为函数型网络、感知机；第二类是用于联想记忆和优化算法的反馈式神经网络模型，以 Hopfield 的离散模型和连续模型为代表；第三类是用于聚类的自组织映射方法，以 ART 模型为代表。

（五）关联规则

关联规则是数据挖掘领域特有的技术，由一连串的“如果……则……”的逻辑规则对数据进行细分，以期在数据库中搜索和挖掘以往不知道的规则。关联规则是找出隐藏在数据项之间的关联或相互关系，根据一个数据项的出现推导出其他数据项的出现。关联规则的挖掘过程主要包括两个阶段：第一阶段为从海量原始数据中找出所有的高频项目组；第二阶段为从这些高频项目组产生关联规则。关联规则挖掘技术已经被广泛应用于金融企业中，用以预测用户需求和偏好，从而改善自身的营销。

（六）Web 数据挖掘

Web 数据挖掘是一项综合性技术，指 Web 从文档结构和使用的集合 C 中发现隐含的模式 P，如果将 C 看作输入、P 看作输出，那么 Web 挖掘过程就可以看作从输入到输出的一个映射过程。当前，越来越多的 Web 数据都是以数据流的形式出现的，因此对 Web 数据流进行挖掘就具有非常重要的意义。目前常用的 Web 数据挖掘算法有：PageRank 算法、HITS 算法以及 LOGSOM 算法。这三种算法提到的用户都是笼统的用户，并没有区分用户的个体。

（七）数据可视化技术

数据可视化技术是以图表、图形、报表等方式将大数据分析处理的结果直观地、可视地展示给用户的过程。数据可视化技术可以将有价值的信息展示出来，同时还能将其出现的原因、背景以及其他相关价值信息列示出来，使隐藏在大数据资源背后的真相呈现在众人面前。可视化数据无须任何编程基础，只需要上传数据，就能创建和发布图表。

数据可视化源于计算机图形学，人们使用计算机创建图形图表，将数据的各种属性和变量直观地呈现出来。我们熟悉的饼图、直方图、散点图、柱状图等，就是最原始的统计图表，它们是数据可视化最基础、最常见的应用。作为一种统计学工具，统计图形技术可用于创建一条快速认识数据集的捷径，并成为一种令人信服的沟通手段，传达存在于数据中的基本信息。正因如此，我们可以在大量 PPT、报表、方案中见到统计图形。

但上述统计图表只能呈现基本的信息，随着信息技术的发展，需要更高级的计算机图形学技术及方法来处理规模庞大的数据库。数据可视化技术需要根据不同用户需求来加以筛选。同一份数据能够可视化成多种截然不同的形式。如果可视化目标是观测、跟踪数据，那么就要强调实时性、变化和运算能力，此时就需要生成一份不停变化、可读性强的图表；如果可视化的目标是分析数据，那么就要强调数据的准确性，此时就需要生成一份可以检索、交互式的图表；如果可视化的目标是发现数据之间的潜在关联，那么就要生成分布式的多维图表。为了帮助用户快速理解数据的含义或变化，可视化技术会利用漂亮的颜色和生动的动画创建生动明了并具有吸引力的图表，并使用对比、置换等手段，使这类图表具有强大的说服力和冲击力。

常见的数据可视化分析工具如表 2-2 所示。

表 2-2 常见的数据可视化分析工具

数据可视化分析工具	简介
Excel	Excel 作为一个入门级工具，是快速分析数据的理想工具，能创建供内部使用的数据图，但 Excel 在颜色、线条和样式上可选择的范围有限
D3	D3（Date Driven Document）是支持 SVG 渲染的一种 JavaScript 库，能够提供大量线性图和条形图之外的复杂图表样式，例如 Voronoi 图、树形图、圆形集群和单词云等
Visual. ly	Visual. ly 的主要定位是“信息图设计师的在线集市”，同时也提供了大量信息图模板
R	R 作为分析大数据集的统计组件包，拥有强大的社区和组件库，是一个相对复杂的开源工具
Gepi Dephi	Gepi Dephi 是进行社交图谱数据可视化分析的工具，它不但能处理大规模数据集并生成漂亮的可视化图形，还能对数据进行清洗和分类
Tableau	Tableau 更适合企业和部门进行日常数据报表和数据可视化分析工作，产品涵盖 Tableau Desktop，Tableau Server 以及 Tableau Public

做中学　**数据可视化分析工具**

4~6 名同学为一组，各组选择一个数据可视化分析工具（软件），对该工具（软件）的功能进行研究，并制作一份 PPT 来展示该工具（软件）的功能和效果。

思考：有哪些数据分析问题是无法借助数据可视化分析工具来实现的?

随堂测试

一、单项选择题

1. 数据采集是进行大数据应用的第（　　）步。

A. 一　B. 二　C. 三　D. 四

2. 统计分析是指利用（　　）对大数据进行分析，包括回归分析、差异分析、判别分析、因子分析等，主要用来处理（　　）数据。

A. 会计学　非结构化　B. 统计学　非结构化

C. 统计学　结构化　D. 会计学　非结构化

3.（　　）反映了数据库中数据的属性值特性，通过函数表达数据映射关系来发现属性值之间的依赖关系。

A. 聚类分析　B. 统计分析

C. 神经网络分析　D. 关联规则分析

4. 采集数据时，会存在一些数据，这些数据或与我们的需求无关，或是错误数据，或是相互之间有冲突，因此要通过“去噪”过滤掉这些不符合要求的数据，提取出有效数据，这一过程被称为（　　）。

A. 数据挖掘　B. 数据清洗

C. 数据脱敏　D. 数据整顿

5. 对一些涉及个人隐私的敏感信息，如身份证号、电话号码、银行账户等，进行数据的变形处理，达到隐私保护的目的。这一过程被称为（　　）。

A. 数据挖掘　B. 数据清洗

C. 数据脱敏　D. 数据整顿

6. 网页数据采集应用最广泛的技术是（　　）。

A. 传感器技术　B. 条码技术

C. RFID 技术　D. 网络爬虫

二、多项选择题

1. 大数据的数据源主要来自（　　）。

A. 各种智能设备中的运行数据　B. 互联网网页数据

C. RFID 射频数据　D. 举报者提供的数据

2. 大数据的处理流程包括（　　）等环节。

A. 数据采集　B. 数据存储

C. 数据处理　D. 数据挖掘

3. 属于数据挖掘方法的有（　　）。

A. 人工神经网络　B. 统计分析

C. 聚类分析　D. 即时分析

4. 典型的神经网络模型主要分为（　　）等几大类。

A. 用于分类预测和模式识别的前馈式神经网络模型

B. 用于联想记忆和优化算法的反馈式神经网络模型

C. 用于聚类的自组织映射方法
D. 用于画像分析的可视化输出型模型

5. 数据挖掘具有（　　）等特点。
A. 基于海量数据　　B. 非平凡性
C. 隐藏性　　D. 价值性

6. 在数据处理环节，主要包括（　　）等操作。
A. 数据抽取　　B. 数据清洗
C. 数据脱敏　　D. 数据储存

7. 从数据库中抽取数据，一般包括（　　）等方式。
A. 全量抽取　　B. 增量抽取
C. 择机抽取　　D. 随机抽取

8. NoSQL 数据库依据存储对象和存储方法的不同可以分成很多种，包括（　　）。
A. 键值型数据库　　B. 文档型数据库
C. 列存储数据库　　D. 图存储数据库

9. 基于硬件的数据采集技术包括（　　）。
A. 传感器技术　　B. 条码技术
C. RFID 技术　　D. 网络爬虫

三、判断题

1. 数据采集技术可以分成基于硬件的数据采集技术和基于软件的数据采集技术。（　　）

2. 社交网络、电商、App 应用中的用户数据是商家获取用户消费、交易、产品评价信息以及社交信息的重要渠道，这类数据可通过网络爬虫或网站公开 API 等方式获取。（　　）

3. 数据可视化技术需要根据不同用户需求来加以筛选，同一份数据能够可视化成多种截然不同的形式。（　　）

4. 关联规则挖掘技术已经被广泛应用于金融企业中，用以预测客户需求和偏好来改善自身的营销。（　　）

5. 人工神经网络作为一种先进的人工智能技术，因其具有自行处理、分布存储和高度容错等特性，非常适合处理线性的数据以及那些完整、严密的数据。（　　）

6. 决策树是机器学习中最基础、应用最广泛的算法模型。（　　）

7. 聚类与分类的目的完全相同，是针对数据的相似性和差异性将一组数据分为几个类别。其原则是使同一类事物尽可能不同、不同类事物尽可能差异小。（　　）

8. 现阶段常用的数据处理技术有 Ab Initio（大数据处理软件平台技术）、Hadoop（开源分布系统的基础架构，适合处理超大量的数据）以及 Netezza（IBM 基于数据仓库的分析技术）。（　　）

9. 就存储大数据的数据库而言，最流行的两种数据库就是传统的关系型数据库和新兴的 NoSQL 数据库。新兴的 NoSQL 数据库在各方面都优于传统的关系型数据库。（　　）

10. 基于软件的数据采集技术包括传感器技术、条码技术和 RFID 技术等。（　　）

任务三　理解大数据技术在金融领域的应用

随着大数据技术的快速发展，大数据技术在金融行业的应用相当广泛，涵盖征信、反洗钱、商业银行、证券投资、保险等多个领域，具体介绍如下。

一、征信领域

利用网络上的海量客户数据，可从财富、安全、守约、消费、社交等几个维度来评判客户的还款意愿和还款能力，为用户建立信用报告，形成以大数据为基础的海量数据库。大数据征信具有以下四个特征。

（一）聚合多类数据

大数据征信不仅数据规模庞大，而且更多依靠技术能力聚合有关企业或个人有效信用数据，录入基础数据库，纳入相关企业或个人的信用档案中。大数据征信聚合的数据类别包括客户身份信息、银行欠款及还贷信息、财富信息、社交网络信息、网上购物信息、生活缴费信息等，包罗万象，来自不同渠道，都要通过特定的技术来抓取和整合，一些关键数据的采集还需要获得授权。

（二）信用动态评估

大数据技术能对及时捕捉来的数据进行实时分析，由基础数据库纳入数据评估系统。例如，一家企业的信用评级良好，一旦质监部门或新闻媒体发布了这家企业的负面报道，大数据征信可实时捕捉到此类信息，并通过系统内置的数据计算模型，对企业的信用状况进行重新评估，使公众能够及时了解到企业最新的信用信息。

（三）运用数学模型

大数据征信面对的是企业或个人的海量信用数据，依靠人工来分析评级很不现实。大数据征信下的信用评级通过系统内置的数学计算模型，对企业或个人的信用信息进行计算，并得出相关企业或个人的信用分值和信用等级。

（四）实时出具报告

大数据征信通过系统广泛采集企业的信用信息，可以做到信用报告直接在线下载打印，这是传统的征信模式所无法比拟的。

综上所述，大数据征信的优点在于数据来源广泛，弥补了传统征信覆盖面不足的缺陷；数据类型多元化，能全面反映个人或企业的信用情况；数据实时动态更新，能及时反映个人或企业的信用情况。

二、反洗钱领域

我国《反洗钱法》规定，反洗钱是指为了预防通过各种方式掩饰、隐瞒毒品犯罪、黑社会性质的组织犯罪、恐怖活动犯罪、走私犯罪、贪污贿赂犯罪、破坏金融管理秩序犯罪、金融诈骗犯罪等犯罪所得及其收益的来源和性质的洗钱活动，依照《反洗钱法》规定采取相关措施的行为。反洗钱工作是保障国家金融体系安全，维护金融秩序的重要举措，涉及面广，需要监管部门、银行、证券公司、基金公司等金融机构的广泛参与。大数据的应用，为反洗钱工作提供了新的技术手段。

一方面，金融机构除了使用自身数据和行业数据外，还可使用来自市场监管、税务、房管、海关、公安、法院等政府部门以及消费、娱乐、社交等商业活动的数据；除了使用客户关系、会计系统等结构化数据外，还可以使用社交媒体、电子邮件、文本、音频、视频、网络日志等非结构化数据，在此基础上，建立反洗钱大数据平台，通过对相关数据的科学分析，甄别客户身份和可疑交易，从而将洗钱犯罪活动拒之门外。

另一方面，政府通过加强制度建设，为大数据开放共享建立相应的社会保障制度。我国从 2008 年即开始实施《政府信息公开条例》，近年来不断采取措施推动各级政府部门在数据信息方面的共享。政府有必要牵头建立一个国家层面的跨系统、跨平台、跨数据结构的大数据网络，打破数据壁垒，消除信息孤岛，促进大数据在各机构间的流动和信息共享。

中国人民银行于 2016 年开始建设反洗钱监测二代系统，采用前沿的大数据技术架构，以高性能数据处理平台为核心，建成大数据分析、应用性模型、智能化系统协同发展的反洗钱信息技术平台，成为打击洗钱及其他违法犯罪活动的利器，目前我国国家反洗钱数据库已成为世界上规模最大的反洗钱数据库。

三、商业银行领域

商业银行积累的金融数据类型繁多，且具备处理海量结构化数据的经验。围绕大数据的数据管理和信息应用能力已经逐步成为决定银行核心竞争力的关键要素，正被越来越多地应用到客户营销、产品创新、风险评估和运营优化等方面。

（一）客户营销

银行可通过大数据分析平台，获得客户通过社交网络、电子商务、终端媒介等方式形成的非结构化数据，掌握客户的消费习惯、消费水平、兴趣爱好等信息，再将这些非结构化数据与银行自身掌握的结构化数据相结合，为客户画像，在此基础上实现精准营销。例如，招商银行利用大数据技术对用户的资产和收入情况、金融行为、风险偏好等信息进行分析，为客户提供智能投顾服务；民生银行通过大数据筛选与民生手机银行、直销银行等目标客户相匹配的潜在用户，根据客户特点向其推送产品和服务。

（二）产品创新

商业银行通过大数据分析挖掘用户潜在需求，开发相关产品或增值服务，创新业务模式，提高客户黏性。例如，中信银行的“信 e 通”平台全程记录了企业交易过程中的企业用户信息、商品信息、交易信息以及资金信息。交易信息包括交易时间、交易地点、交易金额、交易数量等参数；资金信息包括资金量、资金流向、资金流动频次等参数。商业银行通过对这些交易数据的统计和分析，逐步形成大数据金融云系统，捕捉其中暗藏的价值信息，发现中小企业的金融需求，以此提供契合中小企业需求的金融服务。

（三）风险评估

风险管理能力是商业银行的核心竞争力之一。通过大数据构建企业信用档案，可使银行实时掌握企业经营情况和资产动向，提升银行的信贷风险控制能力。西班牙 Bankinter 银行借助大数据分析企业客户的信用风险，先找出影响企业所在行业的主要因素，然后对这些因素进行模拟，测试各种因素对客户业务发展的可能影响，从而综合判断企业的还款能力。深圳农村商业银行的“信通小时贷”摒弃了传统的抵（质）押品，演变为信用担保，通过多维度的信息和数据点，如自身特征、社保缴纳记录、违约记录等来分析客户违约的可能性，为信用风险管理提供有力支持。

（四）运营优化

传统的银行信贷流程包括贷前调查、贷中审查、贷后检查，需要耗费大量人力和时间。在大数据时代，银行可凭借严格设计的评分模型和决策引擎，自动审批客户的贷款申请。资信状况良好的客户可以在线即时提取贷款资金，彻底打通贷款的申请、尽职调查、审批、放款各环节。例如，江苏银行将大数据技术应用于客户识别、客户画像与信用评分、风险预警等领域，在小额贷款方面实现了“全线上、全流程、全自动”操作。

四、证券投资领域

大数据技术在证券投资领域的应用主要体现在智能投顾、程序化交易和大数据基金等方面。

（一）智能投顾

智能投顾是指以投资者的风险偏好和财务状况为依据，利用大数据和量化模型，为客户提供资产配置建议和财富管理服务。

智能投顾所涉及的大数据主要包括两大类：客户行为大数据和金融交易大数据。一方面，资产配置决策都建立在用户行为数据基础之上，以实现个性化、精准化匹配用户风险偏好的目的。另一方面，投资组合的构建以及再平衡的过程都依靠对金融交易大数据的处理和分析。

近几年来，以美国为代表的海外市场涌现出不少知名的智能投顾平台，如：Wealthfront，Betterment，Motif，Personal Capital，Schwab Intelligent Portfolio 等。国内的智能投顾模式有以下几类：传统商业银行打造的，如招商银行的摩羯智投、平安银行的平安一账通；互联网公司打造的，如京东金融、百度股市通；第三方财富管理机构推出的，如宜信。

（二）程序化交易

程序化交易也是大数据应用比较多的领域。程序化交易又称高频交易（HFT），是一种通过高速计算能力，尽可能利用瞬时数据以及其他先进信息技术等识别、捕捉市场中细微的价格偏离以获利的交易方式。高频交易发端于美国，目前在我国也已相当普及，并呈现手段多样化、行为跨境化、策略复杂化等特点。

（三）大数据基金

国内一些基金公司通过量化策略和大数据投资方法的有机结合，成立了大数据基金。大数据基金通过算法筛选策略因子，设计出符合投资理念的量化模型，并借此筛选出更多优质投资标的。相较于普通基金持股 20～30 只的普遍现象，大数据基金通常持股超过百只，通过充分分散化来规避市场风险。通过及时补充与分析最新市场动态，大数据基金可优化选股和模型设计，做到灵活调仓、及时避险。

五、保险领域

大数据在保险业的应用主要涉及挖掘客户需求、个性化定价以及欺诈行为识别等方面。

（一）挖掘客户需求

保险公司可通过客户在社交网络、电商网站等留下的浏览和交易痕迹，挖掘客户需求，寻找潜在客户。例如，美国前进保险公司（Progressive Insurance）通过精细化分析客户财务状况、资产价值、风险偏好等数据，向客户提供量身定制的保险产品。我国的众安保险公司是一家互联网保险公司，基于用户在电商网站的购买行为，推出网购退货运费险、网上支付安全险等创新险种。

（二）个性化定价

保险产品的精算定价能力是保险公司的核心竞争力。大数据可以帮助保险公司提升精算能力。在美国，保险公司可以通过安装在车上的通信工具收集有关数据来判断驾驶员的驾驶行为模式，结合驾驶员的年龄、驾龄、健康状况等特征，对车辆保险费率实行个性化定价。

（三）欺诈行为识别

保险公司借助大数据，可以识别客户欺诈行为，防范骗保风险。在医疗保险领域，常见的欺诈手段有两种：一种是非法骗取保险金；另一种是在医保额度内重复就医、浮报理赔金额。借助于大数据技术，保险公司通过分析保险欺诈特征建立预测模型，并通过自动化计分功能，快速将理赔案件按照欺诈风险级别进行分类处理。在车险领域，保险公司能够利用过去的欺诈事件建立预测模型，将理赔申请分级处理，可实施车险理赔申请欺诈侦测、业务员及修车厂勾结欺诈侦测，遏制骗保行为。

六、互联网金融领域

互联网金融自身可作为金融大数据的重要来源。另外，大数据作为一项基础设施和新兴工具，在互联网金融领域也有诸多应用，包括精准营销、智能信贷、第三方支付等。

（一）精准营销

互联网金融实时掌握客户的借款、还款、投资等情况，通过与电商网站的数据共享，可以实时生成客户画像，了解客户的风险偏好、资金需求、投资偏好、信用状况等，从而有针对性地向客户推送定制化的金融产品，提升营销精准度，并能刺激客户金融需求，有助于扩大业务规模。

（二）智能信贷

借助于大数据进行信用评估，能够实时更新借款人的信用状况，实时确定借款人的信用额度，实现即时放款。以阿里小贷为例，从风险审核到最终放款，阿里小贷实现了全程线上模式，所有的贷前、贷中、贷后环节都能实时有效连接，并可以向那些难以通过传统渠道获得贷款的个人和小微企业发放贷款，实现普惠金融。

（三）第三方支付

第三方支付机构经过十多年的发展，积累了大量的用户数据和支付信息，构成了第三方机构的大数据资源。这些大数据具有体量大、覆盖广、质量好等特点，能够为商户的精准营销、客户服务、资金融通等提供强有力的支持。例如，支付宝拥有大量的用户消费数据，每年都会发布国民年度消费统计报告，勾勒出消费分布情况和变化趋势，为商家制定营销策略提供数据支持。

七、金融监管领域

近年来，基于大数据的宏观审慎监管日益受到监管当局的重视。以美国为例，2008年次贷危机之后，《多德—佛兰克法案》授权美国财政部下属的金融研究办公室（OFR）收集金融机构的微观交易和头寸数据；美国证券交易委员会（SEC）也从2010年起要求大型货币基金提交月度交易数据。美国金融监管当局从这些海量数据中抽取那些被认为可能引爆系统性金融风险的相关信息，再借助大数据的相关手段对其进行量化计算，对风险进行预测，实施宏观审慎监管。

以我国证券公司为例，证券公司的风控系统接口须向证监会开放，证券公司每月均须向证监会上报风控指标报表，以使证监会及时掌握行业的风险状况，有助于证监会实施以流动性风险为核心的宏观审慎监管。就我国银行业而言，商业银行每个月发放贷款合约总量约为10亿份，总金额在万亿规模。依据我国金融监管当局的能力，目前只能对其中的1/5进行抽样调查。随着我国金融交易规模的持续增长，监管当局在宏观审慎管理过程中越来越需要利用大数据技术来实时测算行业总体风险，实施风险监测和预警。

做中学

登录逸景保险欺诈数据挖掘虚拟仿真实验平台，选择相关实验课程，让学生模拟练习数据挖掘中的数据读入、数据理解、数据准备、建立模型等环节。

步骤一：登录实验软件，进行数据读入。

步骤二：进行数据理解相关操作，完成变量说明、数据调整、数据展示。

步骤三：进行数据准备，完成数据精简、数据划分。

步骤四：开始建立模型，完成模型选择、参数设置、生成模型、模型运行等内容。

思考：数据挖掘技术在保险欺诈应用场景中的作用及原理是什么？

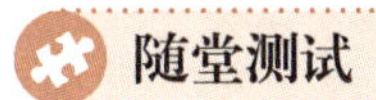

随堂测试

一、单项选择题

1. 利用网络上的海量客户数据，可从财富、安全、（　　）、消费、社交等几个维度来评判客户的还款意愿和还款能力。

A. 活跃度　　B. 守约　　C. 朋友圈　　D. 网购

2. 大数据征信聚合的数据类别不包括（　　）。

A. 客户身份信息　　B. 银行欠款及还贷信息

C. 社交网络信息　　D. 身高、体重

3. 银行可通过大数据分析平台，获得客户通过社交网络、电子商务、终端媒介等方式形成的（　　）数据，掌握客户的消费习惯、消费水平、兴趣爱好等信息。

A. 结构化　　B. 非结构化　　C. 多样化　　D. 差异化

4. 掌握客户的消费习惯、消费水平、兴趣爱好等信息，再将这些（　　）数据与银行自身掌握的（　　）数据相结合，为客户画像，在此基础上实现精准营销。

A. 非结构化　非结构化　　B. 结构化　非结构化

C. 非结构化　结构化　　D. 结构化　结构化

5. 大数据技术在证券投资领域的应用主要体现在（　　）、程序化交易和大数据基金等方面。

A. 智能投顾　　B. 数据清洗　　C. 数据脱敏　　D. 数据挖掘

6. 智能投顾是指以投资者的风险偏好和财务状况为依据，利用大数据和量化模型，为客户提供（　　）和财富管理服务。

A. 遗产继承建议　　B. 合理避税建议

C. 风险控制建议　　D. 资产配置建议

7. 智能投顾投资组合的构建以及再平衡的过程都依靠对（　　）的分析处理。

A. 用户网购数据　　B. 用户性格测试数据

C. 金融交易大数据　　D. 用户社交数据

8. 程序化交易又称（　　），是一种通过高速计算能力，尽可能利用瞬时数据以及其他先进信息技术等识别、捕捉市场中细微价格的偏离以获利的交易方式。

A. 组合交易　　B. 智能投顾　　C. 对冲交易　　D. 高频交易

9. 保险产品的（　　）是保险公司的核心竞争力。

A. 横向比价能力　　B. 精算定价能力

C. 及时定损能力　　D. 经济保障能力

10. 保险公司借助大数据，可以识别（　　），防范骗保风险。

A. 低价倾销行为　　B. 高价保险产品

C. 客户欺诈行为　　D. 客户洗钱行为

二、多项选择题

1. 大数据技术在金融行业的应用相当广泛，涵盖（　　）等多个领域。

A. 征信　　B. 反洗钱　　C. 投资　　D. 保险

2. 大数据征信有（　　）等特征。

A. 聚合多类数据　　B. 信用动态评估

C. 运用数学模型　　D. 出具实时报告

3. 围绕大数据的数据管理和信息应用能力已经逐步成为决定银行核心竞争力的关键要素，正在被越来越多地应用到（　　）领域。

A. 客户营销　　B. 产品创新　　C. 聚类分析　　D. 运营优化

4. 传统的银行信贷流程包括（　　）。

A. 贷前调查　　B. 贷中审查　　C. 贷后检查　　D. 贷款风控

5. 智能投顾所涉及的大数据主要包括（　　）等类别。

A. 市场信息数据　　B. 宏观经济数据

C. 客户行为大数据　　D. 金融交易大数据

6. 高频交易发端于美国，目前在我国也已相当普及，并呈现出（　　）等特点。

A. 数据庞杂化　　B. 手段多样化

C. 行为跨境化　　D. 策略复杂化

7. 通过及时补充与分析最新市场动态，大数据基金可实现（　　）。

A. 优化选股和模型设计　　B. 灵活调仓

C. 及时避险　　D. 提高收益

8. 大数据在保险业的应用主要涉及（　　）等方面。

A. 挖掘客户需求　　B. 个性化定价

C. 识别欺诈行为　　D. 提高运营效率

9. 保险公司可通过精细化分析客户（　　）等数据，向客户提供量身定制的保险产品。

A. 财务状况　　B. 资产价值　　C. 风险偏好　　D. 身高、血型

10. 在医疗保险领域，常见的欺诈手段有（　　）。

A. 非法骗取保险金　　B. 在医保额度内重复就医

C. 减少必要的医疗　　D. 浮报理赔金额

三、判断题

1. 大数据技术能对及时捕捉来的数据进行实时分析，由基础数据库纳入数据评估系统。（　　）

2. 大数据征信下的信用评级通过系统内统一的数学计算模型，对企业或个人的信用

信息进行计算，并得出相关企业或个人的信用分值和信用等级。（ ）

3. 大数据征信通过系统广泛采集企业的信用信息，可以做到信用报告直接在线下载打印。（ ）

4. 保证数据完整是征信机构的工作重点，征信机构需要定期检查和更新数据安全保护措施，确保能有效应对数据安全隐患。（ ）

5. 征信机构为金融机构的信用风险管理提供专业技术支持，应该附属于金融机构。（ ）

6. 为做好反洗钱工作，政府有必要牵头建立一个国家层面的跨系统、跨平台、跨数据结构的大数据网络，打破数据壁垒，消除信息孤岛，促进大数据在各机构间的流动和信息共享。（ ）

7. 风险管理能力是商业银行的核心竞争力之一。（ ）

8. 在大数据时代，银行可凭借完美的评分模型和决策引擎，自动审批客户的贷款申请，完全无须人工审查。（ ）

9. 资产配置决策都建立在宏观经济数据基础之上，以实现个性化、精准化匹配用户风险偏好的目的。（ ）。

10. 保险公司可通过客户在社交网络、电商网站等留下的浏览和交易痕迹，挖掘客户需求，寻找潜在客户。（ ）。

任务四 掌握大数据技术的发展趋势及应用前景

一、大数据技术的发展趋势

随着大数据技术的发展，数据中蕴藏的巨大价值会被不断发掘并为人类所用，大数据的发展还将呈现出新的形态。就目前的发展而言，大数据已呈现以下发展趋势。

（一）大力挖掘非结构化数据价值

非结构化数据包括文本、图像、音频、视频以及社交网络中的交互数据，具有容量大、产生速度快、来源多样化等特点。公开资料显示，超过80%的商业信息都以非结构化格式存在，整理、组织并分析非结构化数据能够为企业带来更多竞争优势。目前，很多科技公司正在开发工具来挖掘非结构化数据的价值。例如，总部在硅谷的大数据分析公司Taste Analytics，其研究和开发的技术，就是使得非结构化数据最终以可视化图像的形式输出，从而让大多数人都能看懂这些数据所表达的意思。

（二）大数据迁移上云

商业分析软件Tableau于2016年发布的《云端数据报告》指出，越来越多的企业已经着手将数据重心向云端集中。除了数据，企业已开始尝试将自己的数据工具也迁移至云端运行。云计算的优势在于强大的存储和计算能力，能够更加高效、迅速地处理大数据信息，并更方便地提供服务。来自大数据的业务需求，能够为云计算的落地找到更多更好的实际应用。将数据分析迁移上云，不但能降低数据维护和操作的成本，也能加快新数据的采用。

（三）开源软件将推动大数据技术进步

大数据中的关键技术几乎都来自开源模式，也正是开源模式推动了大数据技术的进步。利用开源软件，企业可以更便捷地进入大数据应用服务市场，提供丰富的大数据开发和应用工具。当前，无论是行业科技巨头还是小微科技企业，都在普遍使用开源软件进行大数据处理和大数据分析。开源技术不仅驱动着大数据技术的创新，而且也推动着大数据产业的不断进步，促进了大数据应用生态系统的健全和发展。

二、大数据技术的应用前景

展望未来，随着数据信息的日益丰富以及大数据技术的日渐成熟，大数据技术在金融的各个领域都将发挥巨大的作用，大数据技术的应用对金融行业产生了巨大的促进作用。

（一）提升决策效率

大数据分析可以帮助金融机构实现以数据和事实为中心的经营方法。大数据可以帮助金融机构以数据为基础，逐步从静态的现象分析和预测过渡到针对场景提供动态化的决策建议，从而更精准地对市场变化作出反应。

（二）强化数据资产管理能力

金融机构大量使用传统数据库的成本较高，而且对于非结构化数据的存储分析能力不足。通过大数据底层平台建设，可以替换传统数据库，并实现对文字、图片和视频等更加多元化数据的存储分析，有效提升金融机构对数据资产的管理能力。

（三）实现精准营销服务

在金融科技的冲击下，整个金融业的运作模式面临重构，行业竞争日益激烈，基于数据的精细化运营需求和产品创新需求日益迫切。大数据可以帮助金融机构更好地识别客户需求，细分市场，优化运营流程，打造良好客户体验，提升综合竞争力。

（四）增强风险管理能力

大数据技术可以帮助金融机构将与客户有关的数据信息进行全量汇聚分析，识别可疑信息和违规操作，强化对于风险的预判和防控能力，在使用更少风控人员并节约风险管理成本的同时，带来更加高效可靠的风险管理。

综上所述，随着数据开发以及数据治理水平的提升，借助于大数据与人工智能等先进科技手段，金融服务将更加深入地与实体经济融合，创造更多的价值。

做中学

4~6名同学为一组，分别找一类金融业务（证券、保险、信托、房贷、车贷、信用卡等），假定你们是相关金融机构的营销人员，请你们利用大数据技术设计一款App，以促进上述金融产品的销售，并更好地为客户服务。请列明该App所具有的功能和特点。

思考：大数据技术如何应用于金融产品营销中？

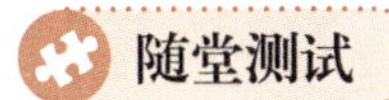

随堂测试

一、单项选择题

1. 公开资料显示，超过80%的商业信息都以（　　）的格式存在。

A. 结构化　　B. 非结构化　　C. 网页　　D. 文本

2. 云计算的优势在于强大的存储和（　　）能力，能够更加高效、迅速地处理大数据信息，并更方便地提供服务。

A. 计算　　B. 分类　　C. 归纳　　D. 统计

3. 利用（　　）软件，企业可以更便捷地进入大数据应用服务市场，提供丰富的大数据开发和应用工具

A. 智能　　B. 闭源　　C. 开放　　D. 开源

4. 大数据分析可以帮助金融机构实现以数据和（　　）为中心的经营方法。

A. 图表　　B. 事实　　C. 图形　　D. 案例

5. 来自大数据的业务需求，能够为（　　）的落地找到更多更好的实际应用。

A. 数据挖掘　　B. 云计算　　C. 人工智能　　D. 区块链

二、多项选择题

1. 非结构化数据包括文本、图像、音频、视频以及社交网络中的交互数据，具有（　　）等特点。

A. 容量大　　B. 产生速度快　　C. 来源多样化　　D. 准确性高

2. 大数据的发展呈现（　　）等特点。

A. 大力挖掘非结构化数据价值

B. 大数据迁移上云

C. 开源软件被广泛应用

D. 数据挖掘越来越依赖人工筛查

3. 大数据技术的应用将促进金融行业（　　）。

A. 提升决策效率

B. 强化数据资产管理能力

C. 实现精准营销服务

D. 增强风险管理能力

4. 大数据技术在金融机构风险管理方面的作用包括（　　）。

A. 提升风险管理效率

B. 提升风险管理成本

C. 识别可疑信息和违规操作

D. 强化对于风险的预判和防控能力

5. 大数据技术对金融机构营销的作用包括（　　）。

A. 更好地识别客户需求

B. 强化数据资产管理能力

C. 实现精准营销服务

D. 打造良好客户体验

三、判断题

1. 将数据分析迁移上云，不但能降低数据维护和操作的成本，也能加快新数据的采用。（ ）

2. 大数据可以帮助金融机构以数据为基础，逐步从动态的现象分析和预测过渡到针对场景提供静态的决策建议，从而更精准地对市场变化作出反应。（ ）

3. 通过大数据底层平台建设，可以替换传统数据库，并实现对文字、图片和视频等更加多元化数据的存储分析，有效提升金融机构对数据资产的管理能力。（ ）

4. 大数据可以帮助金融机构更好地识别客户需求，细分市场，优化运营流程，打造良好客户体验，提升综合竞争力。（ ）

5. 大数据技术可以帮助金融机构将与客户有关的数据信息进行全量汇聚分析，识别可疑信息和违规操作，强化对于风险的预判和防控能力，但同时也会提升风控成本。（ ）

项目三
区块链金融

区块链是什么?

学习目标

知识目标：

1. 认识区块链的定义、起源和特征。
2. 理解区块链基础技术。
3. 掌握区块链技术对金融创新的影响。

能力目标：

1. 能够结合区块链技术的应用场景与客户沟通。
2. 能够运用区块链技术解决金融业务中的实际问题。
3. 能够熟练运用区块链技术的工作原理进行金融服务设计和操作。

导入案例

浙商银行移动数字汇票平台解决票据交易痛点

【案例介绍】

在票据市场中，纸质票据造假、一票多卖、票据打款背书不同步等现象时有发生。在操作层面，由于电子票据系统采用的是中心化运行方式，一旦中心服务器出现问题，会对整个市场产生灾难性的影响。同时，企业网银的接入会把风险转嫁到银行，使整个风险链条越拉越长。

与传统纸质汇票与电子汇票不同，移动汇票采用区块链技术，以数字资产的方式进行存储、交易，在区块链系统内流通，不易丢失、无法篡改，具有更强的安全性和不可抵赖性。此外，纸质汇票电子化还能解决防伪、流通、遗失等问题。

2017 年 1 月 3 日，浙商银行基于区块链技术的移动数字汇票产品正式上线并完成了首笔交易，标志着区块链技术在银行核心业务的真正落地应用。浙商银行于 2016 年 12 月成功搭建基于区块链技术的移动数字汇票平台，可为客户提供在移动客户端签发、签收、转让、买卖、兑付移动数字汇票的功能，并在区块链平台实现公开、安全的记账。

浙商银行信息科技部相关负责人表示，在商户处实现首笔真实交易，验证了区块链技术可降低交易成本、提升结算效率、实现安全互信等特性，从而彰显区块链在升级打造金融体系底层技术架构中的价值。

【案例分析】

票据市场具有高道德风险和高操作风险的“双高”风险特征。利用区块链技术后，将一张票据在“申请—发行—交易—承兑”整个流程的关键信息都记录在区块链上，信息无法被篡改，监管部门可以一目了然地查询，为票据交易的可追溯性创造了条件。此外，借助于区块链的数据库可以实现对所有参与者信用的搜集和评估，对信用风险进行实时监控。

利用区块链技术，可解决票据市场的以下痛点：

（1）票据真实性问题。自票据发行时起即对全网所有业务参与方进行广播，当检验数字票据信息是否被篡改时，区块链可以提供无可争议的一致性证明。

（2）交易安全问题。构建了“链上确认与结算”的交易方式后，就为实现与支付系统的对接做好了准备，可进一步杜绝票据错误现象。

（3）隐私保护问题。通过采用同态加密、零知识证明等密码学算法设计，构建了可同时实现隐私保护和市场监测的机制。交易对手无须通过公开隐私信息的方式换取交易对手的信任。

任务一　认识区块链的定义、起源和特征

一、拜占庭将军问题

一个流传已久的数学问题可以被描述如下：拜占庭帝国为了防御目的，在帝国的周边部署了 10 支防御军队。每个军队相距很远，在没有通信手段的情况下，各支军队的将军与将军之间只能靠信使传递消息。去攻打某一敌对国家时，10 支军队单独作战，都会失利；只有当 10 支军队中的一半以上同时迎敌时，拜占庭帝国才会战胜敌国；如果 10 支军队中的一支或者几支本来答应一起进攻，但实际执行过程中出现背叛，那么军事行动可能就会失败。所以将军们如何能先达成共识，再同时出发去攻打敌国，就成为关键。这就是拜占庭将军问题。

将军们决定采用书面协议的方式，即：10 个将军，每个将军都可以派人向其他将军送信，比如一起约定“周六早上六点钟，大家一起进攻敌国，同意就签个字”。收到信的将军如果同意的话，就可以在原信上签名盖章，但在现实中仍然可能面临以下几个问题：

（1）中世纪时邻邦之间的沟通只能靠信使骑马送信，将军们互不信任，也不可能亲自聚在一起开会，物理距离导致信息传输延迟。

（2）真正可信的签名体系难以实现，签名造假的问题难以避免。

（3）签名消息记录的保存难以摆脱中心化的机构。

（4）当每个将军都各自向其他 9 个将军派出信使时，这个网络需要 90 次的传输才能完成一轮信息交流，在这种异步通信的条件下，很难协商一致。

上述问题，通过区块链的设计则可以解决。

二、区块链的定义

区块链是一个分布式共享账本和数据库。《中国区块链技术和应用发展白皮书（2016）》给出了区块链的定义：“广义区块链技术是利用块链式数据结构来验证与存储数据、利用分布式节点共识算法来生成和更新数据、利用密码学的方式保证数据传输和访问的安全、利用由自动化脚本代码组成的智能合约来编程和操作数据的一种全新的分布式基础架构与计算范式。”区块链涉及数学、密码学、互联网和计算机编程等很多科学技术，这些技术让参与系统中的任意多个节点，通过一串使用密码学方法产生的数据块进行信息存储，每个数据块中包含了一定时间内的系统全部数据，并且生成哈希指针用于验证其信息的有效性和链接下一个数据库块。

区块链的创设有效地解决了信任和安全问题。区块链技术是一种全民参与记账的方式，是一种数据库账本。区块链技术是由一个个区块链接而成，每个节点都仅仅是系统的一部分，每个节点的权利相等，都是一样的账本，没有一本中央大账本，这种设计保证了摧毁部分节点对系统没有影响。

在去中心化记账方式下无法作弊，除非作弊者能修改系统内 51%以上的算力，否则系统会按照多数区块的信息来决定下一个区块链接到哪一个，修改信息的某一个区块不会被纳入链中。

在区块链中，不存在中心化的中介机构，按预先设定的程序自动运行，不仅降低了成本，而且提高了效率。每个人都有相同的账本，能确保账本的记录内容公开透明。这一特点在金融体系中有天然的适用领域——建立信任，即在不引入第三方中介的前提下，区块链技术可提供不可篡改、可追溯、分布式账本等来降低信用成本。

三、区块链技术的起源

2007—2009 年，由美国次贷危机引爆的世界金融危机波及全球，危机发展至 2008 年 9 月，著名的投行雷曼兄弟破产。为应对危机，美国政府采取多轮量化宽松的货币政策，救助由于自身过失而陷入危机的大型金融机构。同时，这些深陷危机的金融机构高管仍然领着天价年薪，引起了民众广泛的质疑，并一度引发了美国民众的“占领华尔街”运动。

2008 年 10 月 31 日，纽约时间下午 2 点 10 分，在一个密码朋克的邮件列表中，几百个成员均收到了一个名为中本聪（Satoshi Nakamoto）的人的电子邮件，“我一直在研究一个新的电子现金系统，这完全是点对点的，无须任何可信的第三方”，然后他将他们引向一篇九页的研究论文《比特币：一种点对点的电子现金系统》，论文中描述了一个新的货币体系。同年 11 月 16 日，中本聪放出了比特币代码的先行版本。

2009 年 1 月 3 日，中本聪在位于芬兰赫尔辛基的一个小型服务器上“挖”出了比特币的第一个区块——创世区块（Genesis Block），并获得“首矿”奖励——50 个比特币。在创世区块中，中本聪写下了这样一句话：“The Times 03/Jan/2009 Chancellor on brink of second bailout for banks.”（中文意为：“2009 年 1 月 3 日，财政大臣站在第二次救助银行的边缘。”）这句话是《泰晤士报》当天的头版文章标题。中本聪将它写进创世区块，不但清晰地展示着比特币的诞生时间，还表达了对旧体系的嘲讽。区块链的时间戳和存在证明，永久性地保留了第一个区块链产生的时间和当时正在发生的事件。

在比特币出现后，2010 年 2 月，第一个加密货币交易所即 Bitcoin Market 成立，一个月后才发生第一笔交易；4 月，首次比特币公开交易 1 000BTC 以 303 美元成交，价格为 0.03 美元/枚 BTC；5 月，现实世界第一笔比特币交易由 Laszlo Hanyecz 进行，他以 10 000BTC 的价格购买了两个 Papa John 比萨（约合 25 美元）；6 月，比特币开发者 Gavin Andreson 创建了一个水龙头网站，向每个公众免费送 5 个 BTC；7 月，BitcoinTalk 论坛上首次出现“blockchain”一词的用法，在此之前，它被称为“Proof-of-Work Chain”；7 月，名为 Magic：The Gathering Online eXchange 的比特币交易所成立，也就是 Mt. Gox；8 月，比特币协议错误导致紧急分叉；12 月，中本聪停止与世界交流。2011 年 4 月，比特币与欧元和英镑达到 1∶1。2012 年 10 月，BitPay 报告称，有 1 000 多家商户通过其付款处理服务接受比特币。2013 年 8 月，美国联邦法院发表意见，认为比特币是货币或某种形式的金钱。2014 年年底，Paypal，Zynga，Overstock. com，Expedia，Newegg，Dell，Dish Network 和 Microsoft 都陆续宣布接受比特币付款。

在比特币逐步获得广泛关注的同时，基于区块链的各种虚拟电子货币纷纷出现。2015 年 9 月，由 13 家顶级银行（包括汇丰银行、德意志银行等）组成的 R3 财团在六个月内增加到 40 多名成员。2016 年 11 月，芝商所（CME）发布比特币价格指数。2017 年 10 月，比特币价格首次超过 5 000 美元，芝商所上线比特币期货。2018 年 8 月，新加坡金融管理局启动 Ubin 项目，证明以太坊可以用于银行间结算。2019 年 11 月，DeFi 中锁定的以太币数量创下历史新高，达到了 270 万个。2021 年 4 月，美国一家交易比特币的平台 Coinbase 在纳斯达克上市。

2016 年 5 月，中国金融区块链合作联盟在深圳成立，旨在整合及协调金融区块链技术研究资源，形成金融区块链技术研究和应用研究的合力与协调机制，提高成员在区块链技术领域的研发能力，探索、研发、实现适用于金融机构的金融联盟区块链，以及在此基础之上的应用场景。其发起成员共 25 个，分别是：安信证券、京东金融、博时基金、重庆股转中心、第一创业证券、富德保险控股、国信证券、恒生电子、南方基金、平安银行、齐鲁股交中心、平安金科、微众银行、金证股份、深金信会、赢时胜、致远速联、四方精创、铝锌科技、深证通、武交中心、招商证券、招银网络、中股集团、中证信用。

四、区块链技术的四大核心技术

（一）分布式账本

分布式账本是指交易记账由分布在不同地方的多个节点共同完成，而且每一个节点记录的是完整的账目，因此它们都可以参与监督交易的合法性，同时也可以共同为其作证。

与传统的分布式存储有所不同，区块链的分布式存储的独特性主要体现在两个方面：一是区块链每个节点都按照块链式结构存储完整的数据，传统分布式存储一般是将数据按照一定的规则分成多份进行存储。二是区块链每个节点的存储都是独立的、地位等同的，依靠共识机制保证存储的一致性，而传统分布式存储一般是通过中心节点往其他备份节点同步数据。区块链由于没有任何一个节点可以单独记录账本数据，从而避免了单一记账人被控制或者被贿赂而记假账的可能性。由于记账节点足够多，从理论上讲，除非所有的节点被破坏，否则账目就不会丢失，从而保证了账目数据的安全性。

（二）非对称加密

存储在区块链上的交易信息是公开的，但是账户身份信息是高度加密的，只有在数据拥有者授权的情况下才能访问，从而保证了数据的安全和个人的隐私。

（三）共识机制

共识机制就是所有记账节点之间怎么达成共识，去认定一个记录的有效性，这既是认定的手段，也是防止篡改的手段。区块链提出了四种不同的共识机制，适用于不同的应用场景，在效率和安全性之间取得平衡。

区块链的共识机制具备“少数服从多数”以及“人人平等”的特点，其中“少数服从多数”并不完全指节点个数，也可以是计算能力、股权数或者其他的计算机可以比较的特征量。“人人平等”是当节点满足条件时，所有节点都有权优先提出共识结果，直接被其他节点认同，并成为最终共识结果。以比特币为例，它采用的是工作量证明，只有在控制了全网超过51%的记账节点的情况下，才有可能伪造出一条不存在的记录。当加入区块链的节点足够多的时候，控制全网超过51%的记账节点基本上成为不可能，从而杜绝了造假。

（四）智能合约

智能合约是基于可信的、不可篡改的数据，一些预先定义好的规则和条款可以自动化地执行。以保险为例，如果说每个人的信息（包括医疗信息和风险发生的信息）都是真实可信的，那么一些标准化的保险产品就很容易实现自动化理赔。在保险公司的日常业务中，虽然交易不像银行和证券行业那样频繁，但是对可信数据的依赖是有增无减的。因此，利用区块链技术，从数据管理的角度切入，能够有效地帮助保险公司提高风险管理能力。具体来讲，主要分投保人风险管理和保险公司的风险监督。

五、区块链的特征

（一）去中心化

区块链由众多节点组成一个端到端的网络，不存在中心化的设备和管理机构，任意节点停止工作都不会影响系统整体的运作，任意节点的权利和义务都是均等的，系统中的数据块由整个系统中的节点来共同维护，并且采用纯数学方法代替原来的中心机构。

（二）去信任

系统中所有节点之间通过数字签名技术进行验证，无须信任也可以进行交易，只要按照系统既定的规则进行，节点之间不能也无法欺骗其他节点。一旦信息经过验证并添加至区块链，就会永久存储起来，除非能够同时控制系统中超过51%的节点，否则在单个节点上对数据库的修改是无效的。因此，区块链的数据稳定性和可靠性极高。

区块链系统的安全性是通过“挖矿”形成的强大算力保证的。由于每笔交易都是通过盖时间戳的方式顺序链接的，当一个人想要伪造一笔交易时，他不仅需要伪造该笔交易对应的区块，还需要伪造该区块所链接的所有区块。如果伪造者的计算机的算力不能支持伪造区块的速度超过区块链增长的速度，那么伪造的区块马上就会被发现并被弃用。区块链采用非对称型密码学原理对数据进行加密。

（三）可靠数据库

区块链采用基于协商一致的规范和协议（如一套公开透明的算法）使得整个系统中的所有节点能够在去信任的环境中自由安全地交换数据，使得对“人”的信任改成了对机器的信任，任何人为的干预都不起作用。

区块链中的每一笔交易都通过密码学方法与相邻两个区块串联，借此可以追溯到任何一笔交易的前世今生。因此，参与系统中的节点越多，计算能力越强，该系统中的数据安全性就越高。

（四）集体维护

整个系统的运作规则是公开透明的，程序是开源的。系统是由其中所有具有维护功能的节点共同维护的，系统中所有人共同参与维护工作。所有人可免费参与，共同促进区块链技术的发展和进步。除交易各方的私有信息被加密外，区块链的数据对所有人公开，任何人都可以通过公开的接口，查询区块链数据和开发相关应用，整个系统信息高度透明。

（五）匿名性

由于节点之间的交换遵循固定的算法，其数据交互是无须信任的，区块链中的程序规则会自行判断活动是否有效，因此交易对手无须通过公开身份的方式让对方对自己产生信任，对信用的累积非常有帮助。由于节点和节点之间是无须互相信任的，因此节点和节点之间无须公开身份，系统中每个参与的节点都是匿名的。

目前，跨国汇款会经过层层外汇管制机构，而且交易记录会被多方记录在案。但如果用比特币交易，直接输入数字地址，点一下鼠标，等待P2P网络确认交易后，大量资金就转移了，不经过任何管控机构，也不会留下任何跨境交易记录。

做中学

4～6名同学为一组，收集区块链领域的最新发展情况，围绕区块链技术解决信任和安全问题的方法，每组整理一个国内案例和一个国外案例。

思考：区块链技术解决信任问题与传统的金融业解决信任问题的方法有哪些不同？区块链的哪些特点有利于信任的建立？

随堂测试

一、单项选择题

1. 区块链是要解决（　　）和安全问题。

A. 网络　　B. 科学　　C. 信任　　D. 智能化

2.（　　）保障全民记账这一机制运行。

A. 完善的机制　　B. 高效率的工作

C. 长远的策划　　D. 智能设备的支持

3. 区块链是指通过（　　）和“去信任”的方式集体维护一个可靠数据库的技术方案。

A. “集体维护”　　B. “去中心化”　　C. “无国界”　　D. “自治”

4.（　　）是一种全民参与记账的方式。

A. 大数据　　B. 区块链技术　　C. 云平台　　D. 人工智能

5. 区块链技术过去主要应用在（　　）上。

A. 比特币　　B. 全民记账

C. 平台安全管理　　D. 军队分工

6.（　　）是最重要的社会资本。

A. 经济　　B. 技术　　C. 记账　　D. 信任

二、多项选择题

1. 区块链的特征包括（　　）。

A. 去中心化　　B. 安全性　　C. 开放性　　D. 可靠数据库

2.（　　）是区块链在解决交易的信任和安全问题的基础上的技术创新。

A. 可靠数据库　　B. 分布式账本

C. 智能合约　　D. 共识机制

3. 区块链的（　　），永久性地保留了第一个区块链产生的时间和当时正在发生的事件。

A. 相互信任　　B. 存在证明　　C. 全民记账　　D. 时间戳

4. 把（　　）有效地结合起来，可以解决法治、监管、权利、效率、诚信等经济生活的内在要求。

A. 信任　　B. 法律　　C. 代码　　D. 技术

三、判断题

1. P2P 技术实现众多电脑之间点对点的计算、存储、传输，开辟了分布式存储。（　　）

2. 从分布式系统的角度来说，如果要保证分布式系统的一致性和可用性，就必须不处理错误节点，防止系统出现用户可以观察到的错误。（　　）

3. 区块链有助于建立非人格化的信任，为演变出新型的数字经济和网络秩序提供了一种可能。（　　）

4. 区块链系统的安全性是由通过挖矿形成的强大算力来保证的。（　　）

5. 拜占庭将军问题提出了一个正确模型，即错误节点可以做任意事情（不受协议限制）。（　　）

6. 区块链其实是一种数据库账本。（　　）

7. 区域链是比特币的顶层技术。（　　）

8. 虽然有人认为比特币及其区块链技术还不够稳定，但也无法忽视其对于支付带来的革命性变化。（　　）

9. 分布式的秩序不需要高度的信任，而集权式的秩序需要高度的信任。（　　）

10. 区块链有助于建立非人格化的信任，它为演变出新型的数字经济和网络秩序提供了一种可能。（　　）

11. 分布式的账本技术也可以用来清晰界定和保护财产权。（　　）

12. 交易对手无须通过公开身份的方式让对方对自己产生信任。（　　）

13. 区块链本身能够防止共享的数据被复制。（　　）

任务二　理解区块链基础技术

一、区块链的组成结构

（一）区块链的基本组成结构

区块链由区块组成，这些区块按照生成的时间顺序衔接，构成一个链状结构，每个区块记录了创建期间发生的所有交易信息。每个区块主要包括区块头和交易主体两部分，区块链的基本组成结构如图 3-1 所示。

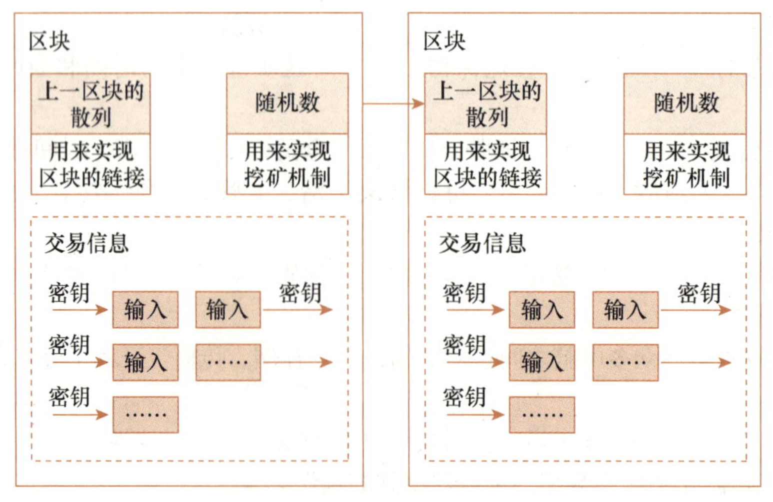

图 3-1　区块链的基本组成结构

图片来源：于斌，陈晓华．金融科技概论［M］．北京：中国工信出版集团，人民邮电出版社，2017.

（二）区块的基本结构

区块就是区块链里存储信息的载体，它记录区块生成时间段内的交易数据，并且每一笔交易记录都会有时间戳标记，因此，区块实际上就是交易信息的合集。具体来看，一个区块存储区块的序列号、前一个区块的散列值、区块具体内容、时间戳、数字签名以及共识约定。不同区块链的内容和共识约定会有所不同，但其结构是一样的。构造区块链应用的核心是组织区块的内容与论证共识约定的合理性。区块的基本结构如图 3－2 所示。

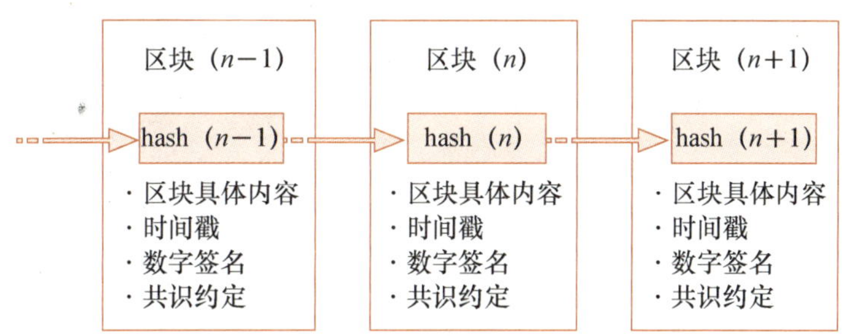

图 3－2　区块的基本结构

图片来源：于斌，陈晓华．金融科技概论［M］．北京：中国工信出版集团，人民邮电出版社，2017.

（三）区块头结构

区块头里面存储着区块的头信息，包含前序区块的散列值（PreHash）、本区块体的散列值（Hash）、时间戳（Time Stamp）、难度（Difficulty）的目标值、随机数（Nonce）以及默克尔根（Magic Number）等。

区块头结构包括六项内容，具体如图 3－3 所示。

（1）版本号：标示软件及协议的相关版本信息。

（2）父区块散列值：引用的区块链中父区块头的散列值。通过这个值，每个区块才首尾相连组成了区块链，并且这个值对区块链的安全性起到了至关重要的作用。

（3）默克尔（Merkle）根：这个值是由区块主体中所有交易的散列值再逐级两两散列计算出来的一个数值，主要用于检验一笔交易是否在这个区块中存在。

（4）时间戳：记录该区块产生的时间，精确到秒。

（5）难度值：该区块相关数学题的难度目标。

（6）随机数（Nonce）：记录解密该区块相关数学题的答案。

前序区块的散列值和本区块体的散列值，保证区块能与前后区块连起来，形成一个链；时间戳表明区块是在什么时间被挖出来的；难度的目标值，矿工挖矿的过程就是在不断地计算挖出来的区块是否和难度值相匹配；随机数记录解密该区块相关数学题的答案；默克尔根记录的是整个包含在当前区块中所有交易的交易散列，是通过交易散列计算出来的。

二、区块链术语

为了便于以后的应用分析，需要掌握一些区块链专业名词，以下是区块链组成结构中的重要概念。

块高度277316
头散列值：
0000000000000001b6b9a13b095e96db
41c4a928b97ef2d944a9b312ec7bdce

上一区块头散列值：
0000000000000002d7bbd25a4170374
cc55261021e8a9ca74442b01284fu569
时间戳：2013-12-27 23：11：54
难度：118093195.26
Nonce:924591752
Merkle根： c93c008c26e50763ey154bbb2
fc23735f73577efitbc9502c51ebacc7c7cf2e
交易
块高度

块高度277315
头散列值：
0000000000000002a7bdkcoe6283c373
cc55261021ebad93jca744dk329dk69

上一区块头散列值：
0000000000000000273dba820bae396fa
f3bdie63mcke98due765dke98769de39
时间戳：2013-12-27 22:57:18
难度：118093195.26
Nonce:421546901
Merkle根： b837duc8376d0384820jdb2
fc23735f73577efitbc9502c51ebacc7c7cf2e
交易
块高度

区块链主体
此区块中的所有交易信息

图 3－3 区块头结构

区块：是指不可篡改的数字文件，其中保存了发生在区块链网络上的所有交易信息。每个区块都有自己的时间戳、默克尔根、散列值、电子签名以及交易信息。这个架构可以用于维护时间顺序。

挖矿：是指节点互相竞争去验证和发布交易信息的过程。以比特币为例，挖矿包含编译过去所有区块的参数与当前区块的参数，同时还要解决超级困难的数学问题。交易支持者（矿工）在电脑上运行比特币软件，通过不断计算软件提供的密码学问题来保证交易的进行，作为对服务的奖励，交易支持者可以得到他们所确认的交易中包含的手续费，以及新创建的比特币。

散列（hash）：又称哈希，就是把任意长度的输入，通过散列算法，变换成固定长度的输出，该输出就是散列值。这种转换是一种压缩映射，也就是散列值的空间通常远小于输入的空间，不同的输入可能会散列成相同的输出，所以不可能用散列值来唯一地确定输入值。简单来说，散列就是一种将任意长度的消息压缩到某一固定长度的消息摘要的函数。

散列性质：所有散列函数都有一个基本特性，即如果两个散列值是不相同的（根据同一函数），那么这两个散列值的原始输入也是不相同的。另外，散列函数的输入和输出不是一一对应的，如果两个散列值相同，两个输入值很可能是相同的，但并不能绝对肯定两者一定相等。输入一些数据计算出散列值，然后部分改变输入值，一个具有强混淆特性的散列函数会产生一个完全不同的散列值。典型的散列函数都有无限定义域，比如任意长度的字节字符串和有限的值域、固定长度的比特串。在某些情况下，散列函数可以设计成具有相同大小的定义域和值域间的一一对应。一一对应的散列函数也称排列。

SHA256：一种求散列值的加密算法。其工作原理为：将任何一串数据输入 SHA256，将得到一个 256 位的散列值。其特点是相同的数据输入将得到相同的结果。输入数据只要稍有变化（比如一个 1 变成了 0），将得到一个千差万别的结果，且结果无法事先预知。正向计算（由数据计算其对应的散列值）十分容易，逆向计算（俗称“破解”，即由散列值计算出其对应的数据）极其困难，在当前科技条件下被视作不可能。

数字签名：一种用于验证数字身份的数学过程。数字签名涉及一个散列函数、发送者的公钥、发送者的私钥。数字签名有两个作用：一是能确定消息确实是由发送方签名并发送出来的；二是数字签名能确定消息的完整性。数字签名的工作原理，就是在发送报文时，发送方用一个散列函数从报文文本中生成报文摘要，然后用自己的私钥对摘要进行加密，加密后的摘要将作为报文的数字签名和报文一起发送给接收方；接收方首先用与发送方一样的散列函数，从接收到的原始报文中计算出报文摘要，然后再用发送方的公钥来对报文附加的数字签名进行解密，如果这两个摘要相同，那么接收方就能确认该数字签名是发送方的。

时间戳：用于辨识记录下来的时间日期的字符串或编码信息。时间戳服务器是一款基于公钥密码基础设施技术的时间戳权威系统，对外提供精确可信的时间戳服务。它采用精确的时间源、高强度高标准的安全机制，以确认系统处理数据在某一时间的存在性和相关操作的相对时间顺序，为信息系统中的时间防抵赖提供基础服务。

共识机制：是指通过特殊节点的投票，在很短的时间内完成对交易的验证和确认；对一笔交易，如果利益不相干的若干个节点能够达成共识，我们就可以认为全网对此也能够达成共识。

工作量证明（Proof of Work，PoW）：是指获得多少货币，取决于交易支持者挖矿贡献的工作量，电脑性能越好，分给交易支持者的矿就会越多。

权益证明（Proof of Stake，PoS）：根据交易支持者持有货币的量和时间进行利息分配的制度。在 POS 模式下，交易支持者的挖矿收益正比于其币龄，而与电脑的计算性能无关。

图灵完备：是指机器执行任何其他可编程计算机能够执行的计算的能力。

去中心化应用（DApp）：是一种开源的应用程序，它能够自动运行，将其数据存储在区块链上，以密码令牌的形式激励，并以显示有价值证明的协议进行操作。

去中心化自治组织（DAO）：可以认为是在没有任何人为干预的情况下运行的公司，并将一切形式的控制交给一套不可破坏的业务规则。

分布式账本（Distributed Ledger）：数据通过分布式节点网络进行存储。分布式账本不是必须具有自己的货币，它可能会被许可和私有。

分布式网络（Distributed Network）：处理能力和数据分布在节点上而不是拥有集中式数据中心的一种网络。

预言机：是一种可信任的实体，它通过签名引入关于外部世界状态的信息，从而允许确定的智能合约对不确定的外部世界作出反应。预言机具有不可篡改、服务稳定、可审计等特点，并具有经济激励机制以保证运行的动力。

三、区块链的工作过程

区块链是一串由包含交易信息的区块，通过前后首尾相连的方式形成链式结构，每个区块都是链式结构中的一节。前面的区块称父区块，后面跟随的区块称子区块。每个区块都通过一个数值（父散列值）指向前一个区块，以此类推，一直追溯到创始区块，因此区块链具备可追溯性。在区块链的工作过程中，不同的区块链系统会略有差别，但其核心原理是一样的。

（一）基于区块链的电子货币交易基本工作过程

在图 3－4 所示的基于区块链的电子货币交易基本工作过程中，没有中心化的交易场所，没有第三方进行认证，由于所有参与者都“听到了”系统广播并同意交易，因此交易被判定有效，并在一个区块里进行保存，通过这种方式实现最终交易的确认。

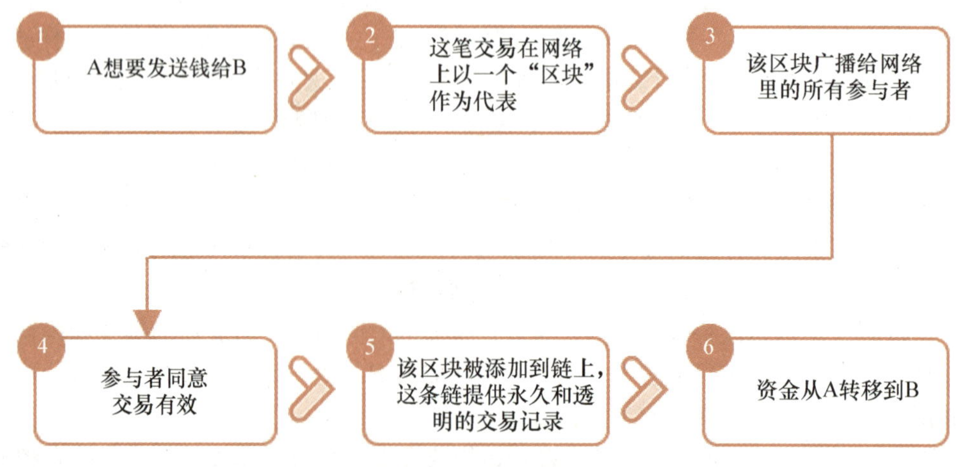

图 3－4 基于区块链的电子货币交易基本工作过程

图片来源：于斌，陈晓华．金融科技概论［M］．北京：中国工信出版集团，人民邮电出版社，2017．

（二）比特币的交易机制

比特币的交易机制是每 10 分钟产生 1 个区块，每天产生 144 个区块，比特币系统并不会每发生一笔交易就更新一次账本，而是大约 10 分钟更新一次。矿工将他在这 10 分钟内接收到的所有交易打包在一起，形成一个区块，就像用一张纸记录下这些交易一样。矿工就是在打包游戏中争夺区块链记账权的人，谁能最快最准解开 SHA256 这个数学命题的值，谁就赢得了这个 10 分钟区块的打包记账权。而这 10 分钟里的每一笔交易都会被盖上一个时间戳。矿工一旦赢得打包权，就将获得 25 个比特币作为奖励。比特币的交易过程如图 3－5 所示。

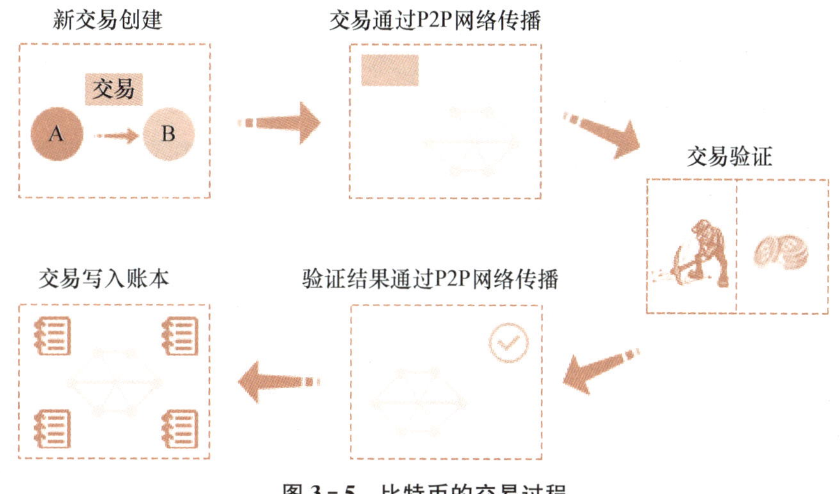

图 3－5　比特币的交易过程

图片来源：于斌，陈晓华．金融科技概论［M］．北京：中国工信出版集团，人民邮电出版社，2017．

1．比特币交易证明机制

在比特币的交易中，比特币的拥有者需要先拥有一个地址，这个地址就相当于比特币的钱包，比特币就是钱包里的钱。每一次的比特币交易其实就是比特币从一个钱包转向另外一个钱包，即从一个地址转向另外一个地址。比特币系统中要完成一次转账，需要向系统中的所有节点公布自己的交易信息。需要公布的信息包含自己的转账地址、转账对象的地址、交易时间和交易金额，以及能够验证自己是地址所有人的信息等。

2．比特币信用系统的建立过程

（1）每一笔交易为了让全网承认有效，须广播给每个节点（矿工）。

（2）每个节点要正确无误地给这 10 分钟的每笔交易盖上时间戳并记入那个区块。

（3）每个节点要通过解 SHA256 难题去竞争这个 10 分钟区块的合法记账权，并争取得到 25 个比特币的奖励（头 4 年是每 10 分钟 50 个比特币，每 4 年递减一半）。

（4）如果一个节点解开了这 10 分钟的 SHA256 难题，该节点将向全网公布它的这 10 分钟区块记录的所有盖时间戳交易，并由全网其他节点核对。

（5）全网其他节点核对该区块记账的正确性，若没有错误，他们将在该合法区块之后竞争下一个区块，这样就形成了一个合法记账的区块单链，也就是比特币支付系统的总账——区块链。一般来说，每一笔交易必须经过 6 次区块确认也就是 6 个 10 分钟记账才能最终在区块链上被承认是合法交易。所以，比特币就是这样一个账单系统：所有者用私钥进行电子签名并支付给下一个所有者，然后由全网的“矿工”盖时间戳记账，形成区块链，实现交易。

3. 区块链形成的工作步骤

（1）新的交易需求广播到所有节点。

（2）每一个节点把新的交易需求收集到一个区块中。

（3）每一个节点开始不断生成随机字符串，计算随机数答案。

（4）当一个节点得出的答案与随机数匹配时，该节点将生成的区块广播到所有节点。

（5）节点对交易进行验证，当该区块所包含的交易有效时，所有节点接受该区块。

（6）节点开始创建新区块，并将刚刚接受的区块的散列添加进去。

4. 共识协议

（1）每个全节点依据综合标准对每个交易进行独立验证。

（2）通过完成工作量证明算法的验算，挖矿节点将交易记录独立打包进新区块。

（3）每个节点独立地对新区块进行校验并组装进区块链。

（4）每个节点对区块链进行独立选择，在工作量证明机制下选择最长的区块链。

5. 区块形成过程

当前区块加入区块链后，所有矿工就立即开始下一个区块的生成工作。

（1）将本地内存中的交易信息记录到区块主体中。

（2）区块主体中生成此区块中所有交易信息的默克尔树，把默克尔树根的值保存在区块头中。

（3）把上一个刚刚生成的区块头的数据通过 SHA256 算法生成一个散列值填入当前区块的父散列值中。

（4）把当前时间保存在时间戳字段中。

（5）难度值字段会根据之前一段时间区块的平均生成时间进行调整，以应对整个网络不断变化的整体计算总量。如果计算总量增长了，则系统会调高数学题的难度值，使得预期完成下一个区块的时间依然在一定的时间内。

6. 区块链的散列值形成过程

区块链的散列值形成过程如图 3-6 所示。

7. 多重处理解决机制：分叉机制

同一时间段内全网不止一个节点能计算出随机数，即会有多个节点在网络中广播它们各自打包好的临时区块，都是合法的。

某一节点若收到多个针对同一前续区块的后续临时区块，则该节点会在本地区块链上建立分支，多个临时区块对应多个分支。该僵局的打破要等到下一个工作量证明被发现，而其中的一条链条被证实是较长的一条，那么在另一条分支链条上工作的节点将转换阵营，开始在较长的链条上工作，其他分支将会被网络彻底抛弃。

8. 双重支付的解决

双重支付是指同一笔钱用作不同的交易。每当节点在把新收到的交易单加入区块之前，会顺着交易的发起方的公钥向前遍历检查，检查当前交易所用的币是否确实属于当前交易发起方，此检查可遍历到该币的最初诞生点（即产生它的区块源）。虽然多份交易单

序列中的每一个交易将由程序处理，产生一个叫散列值的加密码，散列值将被一个叫默克尔树的系统合并；计算出的散列值被放到区块的头部，加上前一区块的散列值和对应时间戳；该头部的计算就变成一个密码学的运算问题，一旦算出结果，则这个区块被放入区块链。

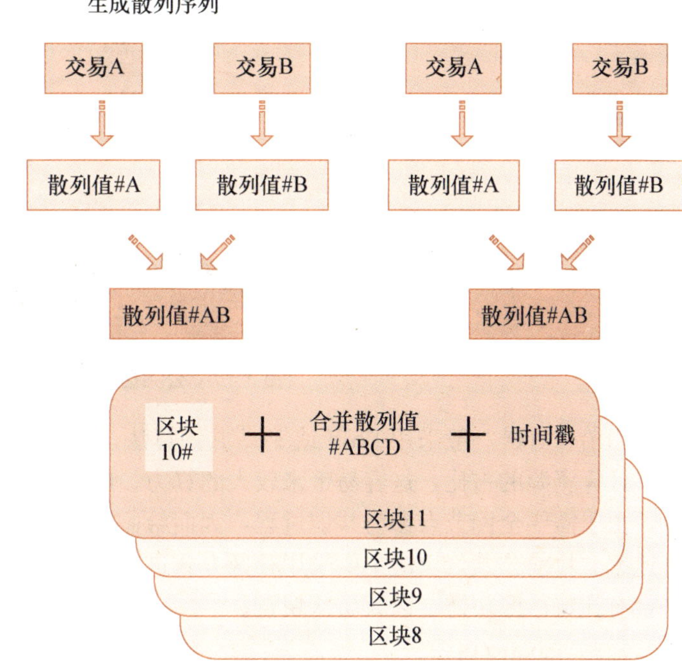

图 3-6　区块链的散列值形成过程

图片来源：于斌，陈晓华．金融科技概论［M］．北京：中国工信出版集团，人民邮电出版社，2017.

可以采用任意顺序广播，但是它们最终被加区块时必定呈现一定的顺序。区块之间以时间戳排序，这决定了任意一笔交易资金来源都可以被确定地回溯。

目前，关于比特币的属性还在持续争论中，但比特币自诞生以来，已经经历了几轮投资炒家的炒作，成为一类投机商品，这是不争的事实。单纯从技术的角度而言，比特币的发行和交易机制确实有很多创新点，但它能否成为法定货币的替代品，还有待实践去检验。

四、区块链的网络构架

区块链目前可分为以下三类。

（一）公共区块链

公共区块链（Public Blockchain），又称非许可链（Permissionless Blockchain），是指世界上任何个体或者团体都可以发送交易，且交易能够获得该区块链的有效确认，任何人都可以参与其共识过程。公共区块链示意如图 3-7 所示。

公共区块链是最早的区块链，也是目前应用最广泛的区块链，各大比特币系列的虚拟数字货币均基于公共区块链，世界上有且仅有一条该币种对应的区块链。公共区块链通过密码学及经济激励，保障在互不信任的网络环境中达成共识，实现完全去中心化的信用机制。由于公共区块链任何人都可以参与，使得其容易部署应用程序，并且全球范围都可以访问，不依赖于单个公司或者辖区。因此，需要通过经济激励来奖励参与共识过程的节

图 3-7 公共区块链示意

点。当前公有链一般采用 PoW 或 PoS 共识算法，用户对共识形成的影响力取决于他们所拥有计算资源的占比，这容易带来较大的算力、电力等资源消耗，并且容易遭受攻击。此外，由于需要全网节点参与共识过程，因而给监管带来了较大困难，并且极大地降低了交易速率。目前公共区块链主要采用社区方式进行维护，代码完全开源，典型的公共区块链平台有比特币区块链、以太坊区块链。

（二）联盟区块链

联盟区块链（Consortium Blockchains）由某个群体内部指定多个预选的节点为记账人，每个块的生成由所有的预选节点共同决定（预选节点参与共识过程），其他接入节点可以参与交易，但不过问记账过程（本质上是托管记账，只是变成了分布式记账，预选节点的多少、如何决定每个块的记账者成为该区块链的主要风险点），其他任何人都可以通过该区块链开放的 API 进行限定查询。联盟区块链示意如图 3-8 所示。

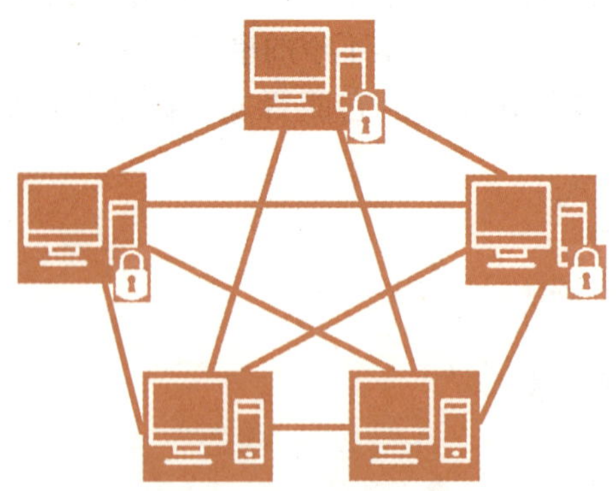

图 3-8 联盟区块链示意

由于参与共识的节点较少，联盟区块链一般不采用 PoW，而是采用实用拜占庭容错（PBFT）、Paxos、Raft 等算法。

与公共区块链相比，联盟区块链是多中心化结构，部分改善了信任问题，且具有以下优点：(1) 联盟区块链对区块链数据的访问可以进行权限设定和控制，因而拥有更高的可应用性和扩展性。(2) 联盟区块链节点的数量通常已知，彼此间有稳定的网络连接，因而可以设计更简单、效率更高的共识算法，极大地降低了读写成本和时间，提高了交易效率。(3) 联盟区块链继承了部分去中心化的优点，同时也避免了高度中心化所带来的垄断压力。目前，联盟区块链主要由联盟成员团队开发，代码一般部分开源或者定向开源。典型的联盟区块链平台有超级账本、摩根大通 Quorum 等。

（三）私有区块链

私有区块链（Private Blockchains）仅仅使用区块链的总账技术进行记账，可以是一个公司，也可以是个人，独享该区块链的写入权限，各个节点的写入权限仅由某个机构控制，而读取权限可视需求有选择性地对外开放。私有区块链示意如图 3-9 所示。

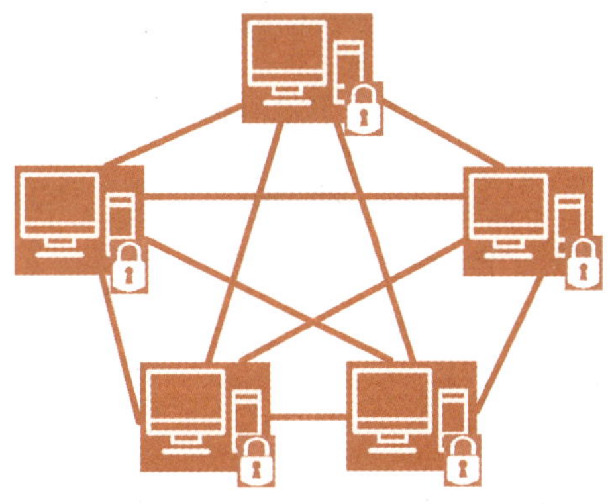

图 3-9 私有区块链示意

尽管私有区块链的共识、验证等过程均被严格限制在私有机构范围内，但仍然具备区块链多节点运行的通用结构，一般可认为私有区块链是一个小范围系统内部的公共区块链，即从系统外部看，私有区块链可看作是中心化的，但从系统内部每个节点看，私有区块链是去中心化的。因此，私有区块链完全有存在的价值，一般被应用于特定机构内部的数据库管理与审计等。

与公共区块链相比，私有区块链有以下优点：（1）规则可改变。私有区块链中允许特权的存在，即运行着私有区块链的共同体或公司可以修改该区块链的规则、还原交易、修改余额等。（2）交易效率高。私有区块链所有节点和网络环境都是可控的，可采用共识算法减少区块的生成时间，提高交易效率。（3）交易成本低。私有区块链中交易只需被几个授信的高算力节点验证，而不需要数万台计算机的确认，因此交易成本低。（4）较好的隐私保护。私有区块链读取权限受到限制，从而可提供更好的隐私保护。（5）可以没有经济激励机制。私有区块链中参与记账的节点基本上都属于某个机构的内部节点，记账本身就是该机构或上级的要求，因此不一定需要通过经济激励来刺激每个节点进行记账。

上述几种区块链的比较如表 3-1 所示。

表 3-1 几种区块链的比较

比较项	公共区块链	联盟区块链	私有区块链
中心化程度	去中心化	多中心化	中心化
参与者	任何人	预先设定、具有特殊特征的成员	控制中心指定的可以参与的成员
信任机制	工作量证明	共识机制	自行背书

续表

比较项	公共区块链	联盟区块链	私有区块链
记账者	所有参与者	参与者协商决定	自定
优势	完全解决信任问题；全球用户可访问，应用程序容易部署，进入壁垒最低	容易进行控制权限定；具有很高的可扩展性	一般没有挖矿过程，网络能耗低；规则修改容易，交易量、交易速度无限制；节点通过授权进入，不存在攻击风险
缺点	交易量受限，挖矿能耗高	不能完全解决信任问题	接入节点受限；不能完全解决信任问题
使用场景	网络节点之间没有信任	连接多个公司或中心化组织	节点之间高度信任
典型案例	比特币、以太坊	清算、超级账本	R3 联盟等金融领域联盟

资料来源：于斌，陈晓华．金融科技概论［M］．北京：中国工信出版集团，人民邮电出版社，2017.

五、区块链平台

区块链平台分为基础框架层（Basic Chain）和应用适配层（Application Adaptors）。

基础框架层基于基本协议簇，包含货币协议、账户协议、账本协议、共识协议、P2P组网协议等基础模块。不同的应用可配置不同的基础协议模块。

应用适配层提供上层应用所需的功能组件（资产、事务、合约等），提供账户体系所需的私钥保存与管理，提供运维管理所需的可视化工具（配置、监控、数据分析、区块链浏览器等）。

区块链概念可以应用到产权保险、共享经济、电力、银行、支付、股票股权交易、反洗钱、物联网、股权证明、隐私数据、审计系统、法律数据、政府信用及认证系统等多个领域。

做中学

4～6 名同学为一组，收集区块链技术风险、区块链金融监管路径等方面的信息，围绕如何做好区块链金融监管这一主题，每组整理一个国外案例和一个国内案例。

思考：区块链技术在解决金融业痛点的同时，也带来了许多新的风险，如何化解这些风险？

随堂测试

一、单项选择题

1．区块链由（　　）组成。

A．一条条链　　B．区块　　C．网格　　D．线段

2．区块链平台分为基础框架层和（　　）。

A．链路层　　B．物理层　　C．应用适配层　　D．数据传输层

3．（　　）是区块链最早的一个应用，也是最为成功的一个大规模应用。

A. 以太坊　B. 联盟链　C. 比特币　D. RSCoin

4.（　）是区块链最核心的内容。

A. 合约层　B. 应用层　C. 共识层　D. 网络层

5. 区块链核心层的构成包括数据层、网络层、算法层、共识层、合约层和（　）。

A. 区域层　B. 智能层　C. 传输层　D. 区块层

6. 区块链的技术分类包括公有链、联盟链和（　）。

A. 区域链　B. 社会链　C. 私有链　D. 数据链

7. 区块链的密码技术有数字签名算法和（　）。

A. 签名算法　B. 验证算法　C. 哈希算法　D. 共识算法

8. 为了使数据在各个 Peer 节点间高效传输，区块链引入（　）技术，以实现区块数据在不同节点间高效同步传输。

A. PoW　B. PBFT　C. P2P　D. BFT

9. 区块链中心化计算与处理模式的核心是（　）。

A. 业务受理系统　B. 业务接入系统

C. 业务代理系统　D. 中心化业务处理系统

10. 合约层是指在图灵完备模型的基础上引入（　），利用 EVM/Docker、WASM 等虚拟机，实现数据的存储、传输和调用。

A. 传输合约　B. 协议合约

C. 数字合约　D. 智能合约

11.（　）更适合企业级的应用，它是由门槛和角色权限设置的。

A. 公有链　B. 联盟链　C. 以太坊　D. 智能合约

二、多项选择题

1. 区块头结构包括（　）。

A. 版本号　B. 时间段　C. 随机数　D. 默克尔根

2. 区块链目前分为三类，其中（　）可以被认为是广义的私链。

A. 私有区块链　B. 共有区块链

C. 混合区块链　D. 整体区块链

3.（　）是多因素体系最常见的维度。

A. 本征　B. 信誉　C. 知识　D. 资产

4. 区块链技术上要有（　）三个关键点。

A. 采用非对称加密来做数据签名

B. 任何人都可以参与

C. 共识算法

D. 以链式区块的方式来存储

5. 区块链拥有内嵌式数据库，数据操作方式更为严谨，支持（　）功能。

A. 更新　B. 删除　C. 增加　D. 查询

6. 区块链计算模式下，区块链账本的保障机制包括（　）。

A. 共识确认　B. 多方存储　C. 安全可信　D. 不可篡改

7. 区块链的密码技术主要有（　）。

A. 数字签名算法　　B. 散列算法
C. 签名算法　　D. 验证算法

8. 区块链的技术分类主要包括（　　）。
A. 公有链　　B. 数字链　　C. 联盟链　　D. 私有链

9. 区块链的五元辩证观包括（　　）。
A. 起源　　B. 原理　　C. 本质　　D. 思辨

10. 区块链的技术特点包括（　　）。
A. 去中心化　　B. 高度透明
C. 集体维护　　D. 不可篡改

11. 人们通常把（　　）统称为许可链，就是有门槛的链。
A. 联盟链　　B. 公有链　　C. 私有链　　D. 以太坊

三、判断题

1. 可逆性可以通过使用一系列的对于输入值的可逆“混合”运算而得到。（　　）
2. 比特币交易证明机制主要分为 PoS 即权益证明机制和 PoW 即工作量证明机制。（　　）
3. 区块之间以时间戳排序，这决定了不是任意一笔交易资金来源都可以被确定地回溯。（　　）
4. 区块链技术安全风险主要包含三个方面：私钥丢失、错误的实现和协议被攻击。（　　）
5. 公有链是任何人在任何地理位置都可以参与共识的。（　　）
6. 公有链是任何人都可以写入和访问的数据。（　　）
7. 比特币可以 1 年 365 天、每天 24 小时交易，但仍存在信用风险与流动性风险。（　　）
8. 数字签名算法主要用于构成默克尔树。（　　）
9. 中心化计算与处理模式的容灾能力较强。（　　）
10. 区块链技术应用于慈善公益领域，可以提高公益慈善透明度，有效避免诈捐等失信行为。（　　）
11. 以太坊和比特币相同的地方是都是“公有链”，谁都可以参与进来。（　　）

任务三　掌握区块链技术对金融创新的影响

一、数字货币

（一）数字货币的内涵

数字货币（Digital Currency，DC）是一种不受管制的、数字化的货币，通常由开发者发行和管理，被特定虚拟社区的成员所接受和使用。欧洲银行业管理局将虚拟货币定义为：价值的数字化表示，不由央行或当局发行，也不与法币挂钩，但由于被公众所接受，因此可作为支付手段，也可以电子形式转移、存储或交易。数字金币和密码货币都属于数字货币。

（二）数字货币的特征

数字货币的核心特征主要体现在以下三个方面：

（1）社区性。由于来自某些开源的算法，公布于一些网络社区，数字货币没有发行主体，而是由社区共同维护，因此没有任何人或机构能够控制它的发行。

（2）固定性。由于算法解的数量确定，因此数字货币的总量固定，这从根本上消除了虚拟货币滥发导致通货膨胀的可能。

（3）安全性。由于交易过程需要网络中的各个节点的认可，因此数字货币的交易过程足够安全。

（三）数字货币的类别

按照数字货币与实体经济及真实货币之间的关系，数字货币可以分为以下三类：

（1）社区币。完全封闭的、与实体经济毫无关系且只能在特定虚拟社区内使用，如魔兽世界黄金。

（2）代币。可以用真实货币购买但不能兑换回真实货币，可用于购买虚拟商品和服务，如 Facebook 信贷。

（3）流通币。可以按照一定的比率与真实货币进行兑换、赎回，既可以购买虚拟的商品服务，也可以购买真实的商品服务，如比特币。

（四）数字货币理论基础

货币理论随着经济发展不断演进。凯恩斯理论强调需求管理，没有特别关注对供给方面的结构性改革；弗里德曼的货币数量理论是假想用一个自动化系统取代中央银行，以稳定的速度增加货币供应量从而消除通货膨胀；奥地利经济学家哈耶克曾经首次论述过非主权货币的构想，即政府不应该垄断货币的发行，而允许私人自由竞争产生货币。数字货币的总量固定、交易信息公开透明等特点，在一定程度上践行了这些理论，确实能弥补当前国际货币体系中常遇到的内部缺陷。

货币的发展基础需要达成货币共识。货币发行需要货币发行者和货币接受者达成共识，接受者同意且愿意使用发行的货币，是人们在经济生活中所共同遵守的基础协议。货币与账户密切相关，很多时候货币变换主人只要完成“记账”即可。

数字货币的货币供给是一个单纯的数学解决方案。经过一系列严密的计算机算法，数字货币通过区块链技术在链网上运行，所需信息公开透明和不可篡改，非常有利于交易各方之间达成信任共识。

数字货币作为一种价值资产，其价值是通过货币的供给和需求决定的，它只是存在于计算机内的一套分布式记账系统，没有实际的物品。从实物角度观察，数字货币自身的价值为零。新的数字货币的产生也完全是由计算机协议来决定的，每一种数字货币都定义了不同供给期限和货币创造预设规则。

（五）数字货币与电子货币

货币作为一般等价物，它的发展经历了五个阶段：实物货币、金属货币、纸币、电子货币和数字货币。

电子货币和数字货币之间既有区别又有联系。电子货币是用确定数额的现金或存款，在货币发行方那里兑换并获得代表等值金额的数据，通过电子化的方式，将该数据交由特定的计算机系统实现转移和支付的功能。电子货币通常用于完成交易和清偿债务。典型的电子货币是银行账户中的货币。

数字货币是依托于互联网技术的发展而产生的，同样也是电子化形式的货币，可以作为电子货币形式的替代物。它具有电子货币所拥有的一切属性，还拥有去中心化、存储成本更低、安全性更高、支付更便捷等优势。

表 3-2 从发行主体、适用范围、发行数量、储存形式、流通方式、货币价值、信用保障、交易安全性、交易成本等方面对电子货币、虚拟货币和数字货币进行了对比。

表 3-2　几种“货币”的比较

对比要素	电子货币	虚拟货币	数字货币
发行主体	金融机构	网络运营商	无
适用范围	一般不限	网络企业内部	不限
发行数量	法币决定	发行主体决定	数量一定
储存形式	磁卡或账号	账号	数字
流通方式	双向流通	单向流通	双向流通
货币价值	与法币对等	与法币不对等	与法币不对等
信用保障	政府	企业	网民
交易安全性	较高	较低	较高
交易成本	较高	较低	较低
运行环境	内/外联网，读写设备	企业服务器与互联网	开源软件以及 P2P 网络
典型代表	银行卡、公交卡	Q 币、论坛币	比特币、莱特币

二、智能合约

（一）智能合约的内涵

智能合约（Smart Contract）是由跨领域法律学者尼克·萨博（Nick Szabo）在 1995 年提出来的。萨博将其定义为一套以数字形式定义的承诺（Commitment），包括合约参与方可以在上面执行这些承诺的协议。

智能合约设计的总体目标是满足常见的合约条件（如支付条款、留置权、机密性以及执行等），以及最大限度地减少恶意和偶然的异常，最大限度地减少对可信中介的依赖。智能合约已经在电子投票和供应链管理等很多领域得到应用，且前景广阔。

（二）智能合约的构成要素

1. 合约主体

合约主体是指合约参与方同意的权利和义务的具体规定，定义了合约的本质和目的。

智能合约必须要有合约主体，才能自动锁定、解开合约中的相关商品及服务。

2. 数字签名

智能合约需要所有参与者通过其私钥进行认证之后，合约主体才能被启动。智能合约建立的权利和义务是由一台计算机或者计算机网络执行的、计算机可读的代码。合约需要的特定“数字形式”非常依赖于参与方同意使用的协议。

3. 协议

协议是技术实现（Technical Implementation），在这个基础上，合约承诺被实现，或者合约承诺实现被记录下来。选择哪个协议取决于许多因素。

（三）智能合约的优势

智能合约使区块链技术应用更具便捷性和拓展性。其主要优势包括：

（1）追溯性。将合约以数字化的形式写入区块链中，因区块链的特性，数据将无法删除、修改，只能新增，整个过程透明、可跟踪，保证了历史的可追溯性。

（2）抗干扰。因行为将被永久记录，可极大程度避免恶意行为对合约正常执行的干扰。

（3）去中心化。避免了中心化因素的影响，提高了智能合约在成本效率方面的优势。

（4）强制执行。当满足合约内容时，智能合约的代码将自动启动，既避免了手动过程，同时又保障了发行者无法违约。

（5）效率高。由区块链自带的共识算法构建出一套状态机系统，使得智能合约能够高效地运行。

（四）智能合约的安全风险

智能合约本身也存在一定的安全风险。现在的智能合约更多是理论上的，它的计算能力和我们用的计算机是完全等价的，所以它会带来非常大的好处，是区块链质的飞跃，但同时也会带来与之相对应的安全问题。智能合约理论上也存在智能合约病毒，这种病毒通过感染、修改其他合约的方式来实现合约主体意图之外的功用。

目前智能合约已经发生过重大安全事件，黑客利用漏洞入侵系统，进而给智能合约用户造成巨大损失。

目前智能合约存在以下四种安全风险：

（1）隐私泄露。智能合约对区块链上的所有用户可见，包括但不限于标记为 private 的资源，存在造成隐私信息泄露的风险。

（2）交易溢出与异常。由于智能合约本身的约束条件，如条件竞争、交易顺序依赖等，可能会造成交易溢出与异常。

（3）合约故障。由于智能合约代码中可能存在不合理的故障处理机制，从而导致异常行为。

（4）拒绝服务。由于各种原因导致的拒绝服务风险。

（五）智能合约实践困境

（1）合约内容困境。智能合约很难与人的真实意图完美对应，理论上也不存在这样的系统。智能合约的编写需要专门的技术，短时间内这方面的人才会非常短缺。智能合约编写上的困难性，会产生一些衍生机会，比如：智能合约律师，负责验证智能合约与法律的衔接问题；智能合约保险，一旦智能合约不能表达产权人的真实目的，就可以获得一定的赔偿。

（2）升级困境。现阶段的智能合约受到非常大的限制的地方，就是升级非常困难。一旦发现合约漏洞，将很难通过升级的方式来解决问题。现实的合同基本都有一条“未尽事宜协商解决”，而智能合约的协商解决如何定义、如何同步可能就存在问题。

（3）抵押品困境。智能合约和普通合约并不完全类似，也就是不可以靠在智能合约里面写入文字说明来实现技术约束。传统的合约或者合同里面文字的说明可以实现法律上的约束，但是这个不等同于技术约束，也就是说，到期还款这种行为是无法进行直接技术约束的。要实现基于智能合约的技术约束，对于这种金融行为，必须有数字资产的抵押担保。但是一个缺钱的人，通常是不会有数字资产来提供担保的。特别是用同一种链上的同一种代币来担保，是完全无意义和不可行的。能够实现智能合约内抵押担保的场景通常是用基础币（比如说以太坊）来换取该合约发行的一种代币。这种担保有可能需要借贷出去的代币的同等价值乘以一个大于 1 的系数（比如说 1.5 甚至 2）的基础币抵押在合约内，而这会增加借贷者的负担。

三、数字票据

（一）数字票据的内涵

数字票据是一种将区块链技术与电子票据进行融合，实现自动安全交易的新型票据。数字票据借助于区块链的分布式账本、去中心化、集体维护、信息不可篡改等特点，使数字票据更具有安全性和信息公开性，使交易更加智能和便捷。

数字票据可以实现全程高效真实的信息传递，全程自动化交易，交易过程全程可追踪，提高了用户隐私保护。区块链具有点对点传输，采用去中心化的信任机制的优势，保证了数字票据的数据安全性、完整性和不可篡改性。数字票据利用区块链提供可编程的智能合约，实现票据的自动抵押、清付和偿还，避免交易风险。所有交易都被记录在完整的“时间链”上，一旦有违约行为发生，就可以追溯违约者的责任，并且通过隐私保护算法保护参与者的隐私，实现参与者在区块链上的匿名性。

（二）区块链与票据融合的优势

区块链技术是集体维护一个可靠的账本，能够让区块链中的参与者在无须相互了解和信任的前提下，通过统一的账本系统确保资金和信息安全。这一技术特点与票据业务有着天然的契合，利用区块链技术可以搭建一个可信的交易环境，避免信息的互相割裂和风险事件。区块链与票据融合的优势具体如下：

（1）票据数据共同维护。通过分布式总账，实现票据数据分布式、按照时间先后顺序记录，数据不可篡改，可以有效地保证链上数据的真实性和透明性。

（2）降低信用管理成本。商业承兑汇票具有自偿性，一般以核心企业自身的信用做担保。在区块链联盟链里，参与方均有较高的信用评级，不需要中心化系统或强信用中介做信息交互和认证，而是通过共同的算法解决信任问题，保证每个参与角色都是扁平的、互信的。

(3) 全面反映数字票据的生命周期。在数字票据环境下，区块链通过时间戳反映了票据的完整生命周期，从发行到兑付的每个环节都是可视化的，可以有效地保证票据的真实性。加入智能合约的特性后，可实现端对端的价值传递和可追溯性。

(4) 易于监管，便于合规管理。在必要的条件下，监管机构可以作为独立的节点监控数字票据的发行和流通的全过程，实现链上审计，提高监管效率，降低监管成本。未来随着技术的更加成熟，甚至可以引入央行数字货币，实现自动实时的券款对付、监控资金流向等功能。

(三) 智能合约的应用

每个数字票据都有一个完整的生命周期，其中智能合约承担着数字票据最核心的功能，包括票据开立、流转、贴现、转贴现、再贴现、回购等一系列业务类型。这些业务类型、交易规则以及监管合规，理论上都可以通过智能合约编程的方式来实现，并可根据业务需求变化灵活升级。

平台会员登记以及票据资产上链均需要经过严格审核，一旦形成智能合约，数据将不可篡改，就进入一个可信的交易流通环境，完成 KYC（Know Your Client）环节，并且所有会员均可见，避免不同参与方之间重复 KYC 流程，极大地提高了效率，降低了信用风险。

(四) 数字票据发展展望

未来，数字票据的信用环境将主要构筑在企业与企业之间的贸易环节，通过构筑托管于智能合约的票据池，实现实时支付、融资和清算等，可以为中小微企业提供更好的数字普惠金融服务。

原则上，每个验证节点的代表单位都是强信用企业，由自己保管私钥，所有参与方在票据平台上的交易、查询等业务操作需要使用私钥进行认证与数据加密。同时，承担上下游企业参与方身份识别和管理等职能。

以上海票据交易所数字票据实验性生产系统为例，多家银行参与其中。2018 年，工商银行、中国银行、浦发银行和杭州银行在数字票据交易平台实验性生产系统上顺利完成了基于区块链技术的数字票据签发、承兑、贴现和转贴现业务。数字票据交易平台实验性生产系统结合区块链技术和票据业务实际情况，对前期数字票据交易平台原型系统进行了全方位的改造和完善，使结算方式更加便捷，业务功能更加完善，系统性能不断提高，安全防护不断加强，隐私保护更加优化，实现了实时监控管理。未来，数字票据将获得更广泛的应用。

做中学

新的技术应用促成新的金融业务形态，在“金融智能合约”和“数字货币交易平台”中任选一个应用方向，收集国内外企业产品或服务实例，在学习小组中分享。

思考：金融智能合约/数字货币交易平台的应用对金融业未来发展带来了哪些影响，对客户服务带来了哪些收益和潜在风险，如何避免相关风险？

随堂测试

一、单项选择题

1. 纸质票据与电子票据的主要区别在于（　　）。

A. 学习环境　　B. 信用环境

C. 虚拟环境　　D. 现实环境

2.（　　）能够为金融行业和企业提供技术解决方案。

A. 以太坊　　B. 联盟链

C. 比特币　　D. RSCoin

3. 区块链在资产证券化发行方面的应用属于（　　）。

A. 数字资产类　　B. 网络身份服务

C. 电子存证类　　D. 业务协同类

4. 有序的区块链产业包括产业发展、标准以及（　　）。

A. 产业规划　　B. 产业模式

C. 产业沙盒　　D. 产业投资

5. P2P 网络节点的同步传输指的是以（　　）为单元的同步传输。

A. 区块链　　B. 区块头

C. 区块体　　D. 区块

6.（　　）的同步传输指的是以区块为单元的同步传输。

A. 密码技术　　B. 共识算法

C. 智能合约　　D. P2P 网络

7. 数字货币对国家利益最重要的影响是（　　）。

A. 市场　　B. 科技

C. 经济　　D. 监管

8.（　　）大大拓宽了应用场景，对区块链在现实世界中的应用具有重要意义。

A. 智能合约　　B. 比特币

C. 链式数据　　D. 共识机制

二、多项选择题

1. 智能合约的关键要素包括（　　）。

A. 中心　　B. 协议

C. 数字形式　　D. 承诺

2.（　　）是区块链在物流领域应用的优点。

A. 承载大数据　　B. 无法篡改

C. 共享数据　　D. 可修改性

3. 数字资产类应用案例包括（　　）。

A. 数字票据　　B. 第三方存证

C. 应收款　　D. 产品溯源

4. 区块链技术带来的价值包括（　　）。

A. 提高业务效率　　B. 降低拓展成本
C. 增强监管能力　　D. 创造合作机制

5. 区块链产业沙盒可以用于（　　）。
A. 数字股票交易所　　B. 监管产业沙盒
C. 供应链金融　　D. 清算

6. 国际贸易金融中，区块链解决方案的优势在于（　　）。
A. 减少对手方风险　　B. 节省中间人的费用
C. 实现监管的透明化　　D. 订单细则可实时查询

三、判断题

1. 智能合约和普通合约完全类似，也就是可以靠在智能合约里面写入文字说明来实现技术约束。（　　）

2. 通常意义上人们所说的电子货币，是指通过计算机算法运行而获得可编程的加密数字化形式的货币。（　　）

3. 没有货币共识，就没有货币，货币供给更无从谈起。（　　）

4. 物流是电子商务中极其重要的一环。（　　）

5. 从架构上来讲，区块链是冗余度很小的一个架构。（　　）

6. 在任何有信任问题的地方，都可以使用区块链。（　　）

7. “合成霸权数字法币”将取代美元成为世界储备货币。（　　）

8. 区块链会大幅度增加贸易金融周期。（　　）

9. 将区块链应用在国际贸易金融中时，还要考虑价格影响的广度和深度。（　　）

10. 数字资产在区块链上的形态称作通证。（　　）

11. 数字资产的价值载体是数字本身，数字就代表价值。（　　）

项目四

人工智能金融

机器是怎么学习的?

学习目标

知识目标：

1. 了解人工智能的概念、发展历史和技术基础。
2. 认识人工智能在金融服务中的创新模式。
3. 理解人工智能对金融领域的影响。

能力目标：

1. 能够理解并分析人工智能在金融行业的应用模式。
2. 能够运用人工智能相关软件为客户提供智能化、个性化的高品质金融服务。
3. 能够将大数据、Python 等工具与人工智能相结合，探索数字化金融服务模式。

导入案例

招商银行推出“摩羯智投”

【案例介绍】

智能投顾的概念始于 2010 年兴起的机器人投顾（Robo-Advisor）技术，2014 年进入我国市场后，经过技术的不断升级与服务模式的逐步创新，渐渐为市场与公众所熟知并接受。2016 年 12 月，招商银行 App 5.0 推出一款名为“摩羯智投”的机器人投顾为客户提供财富管理服务。据招行介绍，摩羯智投是运用机器学习算法，并融入招商银行十多年财富管理实践及基金研究经验，在经过数万次训练的基础上构建的以公募基金为基础、全球资产配置的“智能基金组合配置服务”。在客户进行投资期限和风险收益选择后，摩羯智投会根据客户自主选择的“目标-收益”要求、构建基金组合，由客户进行决策、“一键购买”并享受后续服务。

摩羯智投把用户的风险等级分为10级，按照投资期限分为0～1年、1～3年、3年及以上，一共有30种组合，每种组合对应的投资组合详见表4-1～表4-3。

表4-1 投资期限为0～1年的各风险等级投资组合各类占比 (单位：%)

组合内容	1	2	3	4	5	6	7	8	9
固定收益	62.66	56.48	49.82	45.37	44.41	39.25	34.93	23.88	21.94
现金及货币	16.52	16.14	16.26	13.40	12.08	11.49	9.85	9.39	5.12
股票类	15.02	12.38	18.80	25.82	27.63	33.30	39.25	55.17	61.79
另类及其他	5.80	15.00	15.12	15.41	15.88	15.97	15.97	11.56	11.15

资料来源：徐杨洋，周致远．招商银行摩羯智投产品分析［EB/OL］．(2017-08-22)［2020-11-18］．https://zhuanti.cebnet.com.cn/20170822/102418568.html.

表4-2 投资期限为1～3年的各风险等级投资组合各类占比 (单位：%)

组合内容	1	2	3	4	5	6	7	8	9	10
固定收益	57.01	55.61	45.30	44.87	44.14	38.70	34.23	27.73	20.86	17.62
现金及货币	16.22	16.20	15.22	12.42	10.77	10.60	9.31	10.23	10.00	5.50
股票类	11.77	13.19	24.17	27.46	29.95	35.47	41.17	51.26	57.97	66.78
另类及其他	15.00	15.00	15.31	15.25	15.14	15.23	15.29	10.78	11.17	11.10

资料来源：徐杨洋，周致远．招商银行摩羯智投产品分析［EB/OL］．(2017-08-22)［2020-11-18］．https://zhuanti.cebnet.com.cn/20170822/102418568.html.

表4-3 投资期限为3年及以上的各风险等级投资组合各类占比 (单位：%)

组合内容	1	2	3	4	5	6	7	8	9	10
固定收益	56.23	54.92	46.50	43.92	40.94	36.77	32.37	27.73	20.86	17.62
现金及货币	16.71	16.19	14.11	11.89	11.49	10.14	9.36	10.23	10.00	5.50
股票类	11.98	13.89	24.28	28.99	31.91	37.39	42.75	51.26	57.97	65.78
另类及其他	15.08	15.00	15.11	15.20	15.66	15.70	15.52	10.78	11.17	11.10

资料来源：徐杨洋，周致远．招商银行摩羯智投产品分析［EB/OL］．(2017-08-22)［2020-11-18］．https://zhuanti.cebnet.com.cn/20170822/102418568.html.

投资组合中的“固定收益”和“现金及货币”购买的都是中风险、平衡型的基金产品，有较为稳定的收益。“其他”主要是风险较高的基金产品，负责为用户创造更高收益。

【案例分析】

智能投顾按照投资期限、风险偏好、回报预期等维度，运用人工智能相关技术形成个性化的资产配置方案，同时辅以营销咨询、资讯推送等增值服务，相较于传统理财管理费率普遍降低80%。智能投顾在应用过程中不仅需要良好的算法平台与技术体系作支撑，更需要对大量行业与用户行为数据进行收集处理。国内互联网巨头与金融机构分别在技术端和数据端发力，结合各自优势推出符合客户个性化的产品。未来随着自然语言处理技术的不断提高，AI从感知智能向认知智能的方向进化，运用多种人工智能技术，能全面提升金融风控的效率与精度。智能客服能为客户提供自然高效的交互体验方式。智能营销改变传统营销模式，能为客户提供个性化营销服务。

任务一　了解人工智能的概念、发展历史和技术基础

一、人工智能的概念和发展历史

1956年夏，在美国东部的达特茅斯学院举行了一届为期两个月的计算机模拟人类智能学术研讨会，出席此次会议的有达特茅斯学院的约翰·麦卡锡（John McCarthy）、哈佛大学的马文·明斯基（Marvin Minsky）、贝尔电话实验室的克劳德·香农、卡内基梅隆大学的艾伦·纽维尔（Allen Newell）和赫伯特·西蒙（Herbert Simon）。会上首次提出"人工智能"（Artificial Intelligence，AI）这个术语。人们首次决定将像人类那样思考的机器称为"人工智能"，这标志着人工智能学科的诞生。1985年，美国推出"专家系统"，在某一特定垂直领域能解决一些问题，但由于遇到技术瓶颈，人工智能进入了低谷期。

1994年之后，互联网飞速发展，带动人工智能不断地创新和应用，人工智能随即进入稳步发展期。1997年5月，IBM研发的计算机"深蓝"战胜了国际象棋冠军卡斯帕罗夫；2005年，斯坦福大学开发的一台机器人在一条沙漠小径上成功地自动行驶了210千米；2008年11月，IBM提出"智慧地球"的概念，数字化、网络化和智能化被公认为是未来社会发展的大趋势，而与"智慧地球"密切相关的物联网、云计算等，更是被科技发达国家定为本国发展战略的重点。自2009年以来，美国、日本、韩国和欧盟国家纷纷推出本国的物联网、云计算相关产业的发展战略。

2013年，谷歌公司收购由英国伦敦大学杰弗里·欣顿（Geoffrey Hinton）教授创立的风投企业——DNNresearch，杰弗里·欣顿教授是人工智能领域热门技术深度学习的开创者。

2014年，我国最大的搜索引擎公司百度成立了深度学习研究院，同时聘请在深度学习领域享有全球盛誉的斯坦福大学副教授吴恩达担任研究院院长。

2017年，在浙江乌镇举办了一场举世瞩目的围棋挑战赛，由谷歌人工智能阿尔法狗（AlphaGo）对阵世界排名第一的棋手柯洁，经历了4个多小时的酣战，阿尔法狗战胜了柯洁。

2018年，以"智联世界，共同家园"为主题，在上海举行了首届世界人工智能大会（WAIC），习近平主席致信大会，指出"新一代人工智能正在全球范围内蓬勃兴起，为经济社会发展注入新动能，正在深刻改变人们的生产生活方式"。

2020年以来，我国充分发挥人工智能赋能效用，协力抗击新型冠状病毒肺炎疫情，人工智能、大数据等技术在传染病的预警、追踪及防控中得到了广泛应用。

人工智能是研究、开发用于模拟、延伸和扩展人的智能的理论、方法、技术及应用系统的一门新的技术科学。从技术层面来看，人工智能本质上是机器通过大量的数据训练作

出智能决策的能力。基于传统的计算方式，机器只能按照预先编写的程序处理信息，一旦出现没有预设的情况，或者需要结合大量上下文的判断，机器就无能为力了。而人工智能能够赋予机器具有理解力的“大脑”，让机器能够解读文字、数据所包含的“语义”，通过自学的方式获得判断的规则。

二、人工智能的技术基础

人工智能是一种受到人类感知、思考、推理和行动方法的启发，但又与之有所区别的科学和计算机技术，它的基础命题是“我们可以用计算机来模拟和实现人类智能”。因为人的大脑与电路本质上非常相近。在人的大脑里分布着很多神经元，电信号在其中穿梭往来。大脑神经元细胞生长有一些称作“突触”的部分，当电压积累到了一定水平后，它们会释放神经递质。这些神经递质被传递至下一个神经元，电信号也随之得以传递。大脑本身就是一种电路。大脑通过电路来回传递电流的方式进行工作，当进行了一定的学习之后，这个电路就会发生一定的变化。

很多人工智能专家希望通过研究能对智能作出“建构性”解释。他们期望人类的所有大脑活动，包括思维、识别、记忆、感情都可以通过计算机得以实现。与此相对应的描述关键词是“分析性”。专门研究大脑的脑科学家通常倾向于描述和分析智能从何而来。飞机发明的例子常常被用来类比和探讨人工智能的研究方向：人们曾经无数次地模仿鸟类的飞行，制造出了很多可以“扇动翅膀”的飞行器，但最终都以失败告终。直到莱特兄弟终于制作了一架搭载引擎、固定机翼的飞机。所以，研究并归纳出鸟类飞行时所需要的“升力”，用工程学的方法找到如何获得升力，是解决飞行问题的关键。同样的，找到智能的原理并通过计算机实现，是当今人工智能的出发背景。

人工智能常见技术基础包括以下几个方面。

（一）机器学习

机器学习技术的产生和发展是建立在文字识别等模式识别领域的长期积累，以及互联网的推行下生成的海量数据的基础之上。在搜索引擎大行其道的 20 世纪 90 年代末和 21 世纪初，机器学习技术以已有数据为前提条件，相关研究取得极大进展。

机器学习是一种能够赋予机器进行自主学习，不依靠人工进行自主判断的技术，其核心为机器学习算法。常见的机器学习算法有贝叶斯分类算法、支持向量机算法、聚类算法等。传统计算机工作时，按照事先编写好的程序指令逐步执行，最终得到运算结果；机器学习是通过机器学习算法，对历史数据进行训练，得出符合数据规律的机器学习模型，当有新的数据时，机器可以使用训练产生的模型对未来进行预测。机器学习的过程和人类对历史经验归纳的过程有着相似之处。如图 4-1 和图 4-2 所示。

图 4-1 是机器学习的过程，图 4-2 是人类思考的过程。人类在成长的过程中，学习并积累了很多经验，大脑将经验进行归纳总结，得到规律，因此当人类遇到些问题时，总能根据事物的发展规律找到方向，进行推测；而机器学习中的训练和预测过程可以被近似地看作人类的归纳和推测的过程。

机器在学习过程中建立机器学习模型，便是机器的“学习”过程，即计算机从历史数

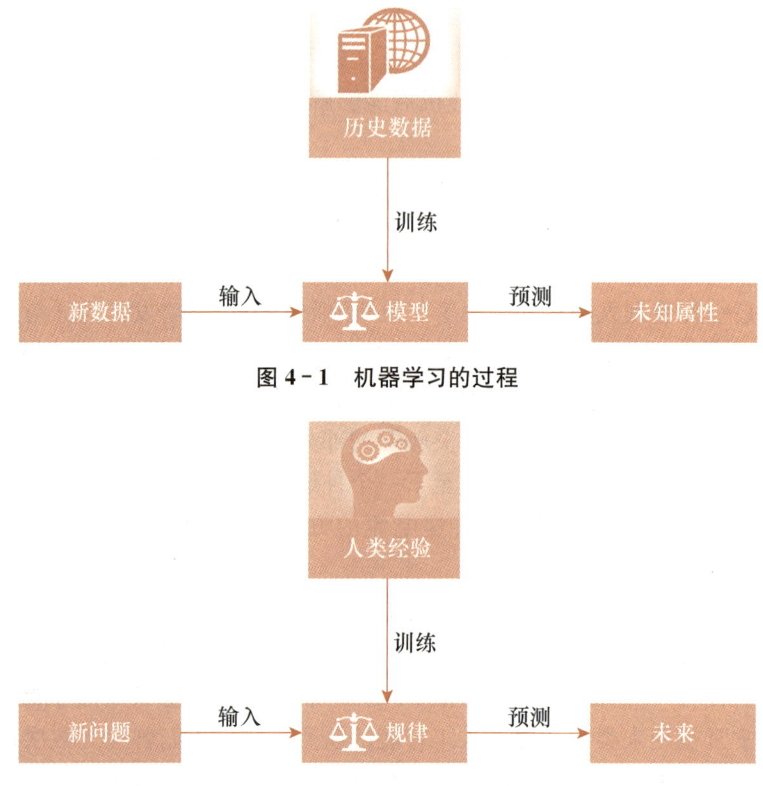

图 4-1　机器学习的过程

图 4-2　人类思考的过程

据中发现“规律”并学习“规律”。数据和分析需求不同，建模的方式也不同。按照“学习”方式分类，机器学习可以分为有监督学习和无监督学习。

有监督学习是指事先需要准备好输入和正确输出相配套的训练数据，让计算机进行学习，直到它被输入某个数据时能够得到正确的输出，也就是“教会”计算机正确的区分方法。这通常需要人作为教师角色，来教给计算机正确的区分方法，也就是常说的分类。

无监督学习是指仅提供输入数据，需要计算机自己找出数据内在结构的一种情况，也就是说，目的是让计算机在大量数据中抽取出关联规则。将整体数据分为包含某项共性指标的群组是一种很典型的处理方法，例如聚类分析。

现在，让计算机自己找出分类方法或者聚类方法并不困难，这项技术已经在 Web 及大数据领域应用得相当广泛，但是机器学习的难点并不在于此，机器学习的难点是“特征工程”(Feature Engineering)，即特征量的设计，也就是机器学习在输入时候用到的数据或变量究竟是什么。选取什么数据作为对预测对象的定量表示，将会对预测精度产生很大影响。制作好的特征量是难度很大的工作，目前这个环节只能靠人来完成。

机器学习可以完成很多类型的任务。常见的机器学习任务包含：分类、输入缺失分类、回归、转录、机器翻译、结构化输出、异常检测、合成和采样、缺失值填补、去噪、密度估计等。在金融领域，机器学习被广泛用于风险管理与反欺诈、信用评级、智能客服等领域。

人是非常善于抓取特征量的。我们能够很自然地在看到某些相同的对象时，凭本能或经验察觉到其中的内在特征。当某个领域的高手分析一些事情的时候，能够用极为简洁的提炼方法将其梳理清楚；当我们用视觉分辨某个动物是大象还是斑马时，会瞬间得到结论。但对传统计算机算法而言，如何理解斑马也是一种“有斑纹的马”是一件极为困难的事情。

(二) 深度学习

深度学习是机器学习的一个特定分支。以往的机器学习用于现实任务时，描述样本的特征通常需要由人工来进行，这被称为“特征工程”(Feature Engineering)。特征的好坏对机器的“学习”结果有至关重要的影响，人工设计特征也并非易事。深度学习以数据为基础，由计算机来自动生成特征量，而不需要人来设计特征量。

计算机靠高性能计算来自动获取高层特征量，并以此来对图像等进行分类。在营销的调研结果分析中，常常会用到“主成分分析”这个技巧，即在众多影响因素中排除并不会产生实质性影响的因素。深度学习技术引入了这个思路，通过把具有相关性的东西聚合成组提取特征，进而再利用这些特征量提取更高层的特征量，经过四五次对特征量的抽象后，寻找到“典型的”概念，再提取出用这些高层特征量所表示的概念，即对概念和名称进行绑定。以图 4-3 的多层神经网络模型为例，其中输入层是我们能从图中直接观察到的，隐含层 1 可以学习到比较简单的特征（如边缘），隐含层 2 在隐含层 1 学到的特征基础上，可以学习到角或者曲度等稍微复杂的特征，隐含层 3 及以后的隐含层则能学习到物体的复杂特征，从而识别出输入的物体。

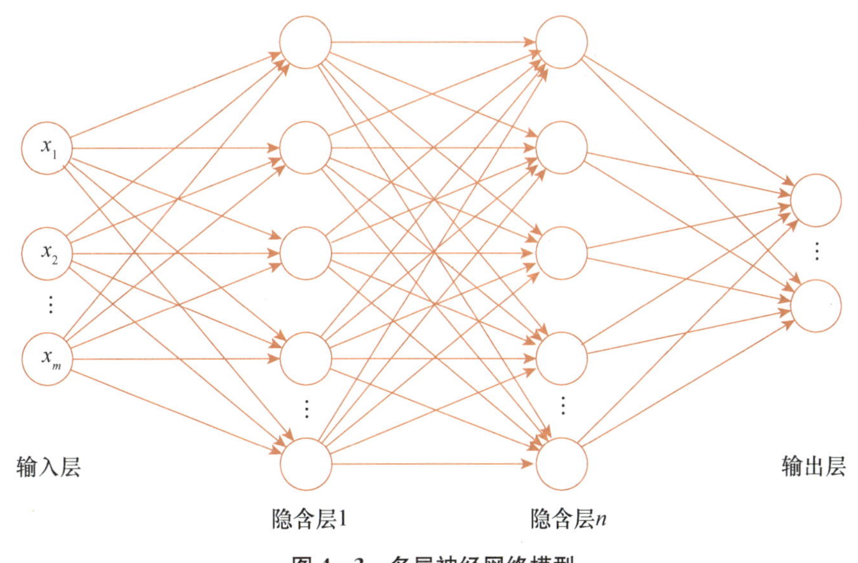

图 4-3 多层神经网络模型

尽管深度学习在各个领域已经有很多成功的应用案例，然而，深度学习的弊端也是显而易见的。每个领域的学习步骤是非常耗时的，在这个漫长的时间周期中的计算量也是异常庞大的。比如谷歌公司对猫的识别学习动用了一千多台计算机并耗时长达三天。

(三) 自然语言处理

自然语言处理是一种极具吸引力的人机交互方式，具体是指用计算机来处理、理解以及运用人类语言。由于自然语言是人类区别于其他动物的根本标志，没有语言，人类的思维也就无从谈起，因此自然语言处理体现了人工智能的最高任务与境界。也就是说，只有当计算机具备了处理自然语言的能力时，计算机才算实现了真正的智能。从研究内容来看，自然语言处理包括语法分析、语义分析、篇章理解等。

常见的自然语言处理的技术范畴包含语言合成（Speech Synthesis）和语音识别（Speech Recognition）。

语音识别是实现人机交互比较关键的技术，其所要解决的问题是让计算机能够“听到”人类的语音，之后结合自然语言处理技术通过语义理解才能“懂”人类语言的意思。语音识别技术主要通过语音特征提取、模式匹配、模型训练等技术方式将语音转化为计算机可读的输入。语音识别是一门交叉学科，所涉及的领域包括信号处理、模型识别、概率论、信息论、发生机理和听觉机理、人工智能等。

（四）物体识别

物体识别是计算机视觉领域的一项基础研究，它的任务是识别出图像中有什么物体，并报告这个物体在图像表示的场景中的位置和方向。目前物体识别方法可以进行如下归类：基于模型的识别方法或者基于上下文的识别方法。二维物体识别或者三维物体识别方法一般基于大数据和深度学习实现，应用于图像或视频内容分析、拍照识图等业务场景。

（五）人脸识别

人脸识别是计算机视觉应用的主要领域之一，是通过分析比较人脸视觉特征信息进行身份鉴别的一种方式。人脸识别技术可划分为检测定位、面部特征提取和人脸确认三个过程。人脸识别技术的应用主要受光照、拍摄角度、图像遮挡、年龄等多个因素的影响，在约束条件下人脸识别相对成熟，在自由条件下人脸识别技术还需要不断改进。

（六）光学字符识别

光学字符识别（Optical Character Recognition，OCR）是计算机视觉研究领域开展最早、也最成熟的一项成果。光学字符识别利用光学技术和计算机技术把印在或写在纸上的文字读取出来，并转换成计算机能够接受、人又可以理解的格式。

（七）图像搜索

图像搜索即以图搜图，在指定图库中搜索出相同或相似的图片，适用于图片精确查找、相似素材搜索、拍照搜同款商品、相似商品推荐等场景。图像搜索以深度学习和大规模机器学习技术为核心，通过图像识别和搜索技术实现。

（八）生物特征识别

生物特征识别技术涉及的内容十分广泛，包括计算机视觉、语音识别等多项技术，主要利用人体固有的生物特性，如指纹、面相、虹膜、掌纹、声纹，以及行为特征，如笔迹、声音、步态等来进行个人身份的鉴定。目前生物特征识别作为重要的智能化身份认证技术，在金融、公共安全、教育、交通等领域得到广泛应用。

做中学

人工智能的基础命题

4～6 名同学为一组，在一张 A3 纸上绘制人的大脑内部构造，包括大脑内部的神经元、电信号、突触、神经递质。通过探讨，将“我们可以用计算机来模拟和实现人类智能”的原因结合所绘制的内容描述出来，每组进行 3 分钟左右的展示。

思考：有哪些技术是用计算机来模拟和实现人类智能？这些技术是如何用计算机来模拟和实现人类智能的？

随堂测试

一、单项选择题

1. 1956 年夏天，人们首次决定将像人类那样思考的机器称为（　　）。

A. 大数据　　B. 计算机

C. 人工智能　　D. 深度学习

2. 机器学习的核心原理是处理大量数据并为之进行“区分”。区分方法是要被学习的，这里的学习可以分为（　　）和无监督学习。

A. 自主学习　　B. 有监督学习

C. 全监督学习　　D. 系统学习

3. 深度学习以（　　）为基础，由计算机来自动生成特征量。

A. 技术　　B. 数据

C. 特征量　　D. 分析

4. （　　）是将整体数据分为包含某项共性指标群组的处理方法。

A. 聚类分析　　B. 信号分析

C. 仿生分析　　D. 回归分析

5. 目前人工智能中，机器学习的难点是（　　）。

A. 分类方法　　B. 数据获取

C. 聚类方法　　D. 特征量设计

二、多项选择题

1. 很多人工智能专家希望通过研究能对智能作出“建构性”解释，他们期望人类的所有大脑活动，包括（　　），可以通过计算机得以实现。

A. 思维　　B. 计算

C. 记忆　　D. 感情

2. 新技术、新产品的竞争，冲击的不是现存企业的盈利空间和产出能力，而是它们的（　　）。

A. 发展　　B. 名誉

C. 基础　　D. 生命

三、判断题

1. 人工智能的基础命题是“我们只能用计算机来模拟人类智能”。（　　）

2. 很多人工智能专家希望通过研究能对智能作出“分析性”解释，与此相对应的描述关键词是“建构性”。（　　）

3. 当今人工智能的出发背景为找到智能的原理并通过计算机将其实现。（　　）

4. 处理网页文本的自然语言技术的基本思路是：不考虑语法结构和上下文意思，只是机械地找出对译概率较高的词语拼成句子即可。（　　）

任务二　认识人工智能在金融服务中的创新模式

金融科技创新源于科技进步，能够提高金融效率，降低投融资成本，提高金融要素的生产效率，支撑实体经济的发展。应用科技创新，有助于发挥金融的资源配置和风险管理功能，特别是发挥互联网金融贴近小微企业、普通百姓的支持作用。这其中包括金融机构组织结构的改变，对服务产品的创新，提高金融服务的针对性、有效性和可获得性。

通过人工智能技术可以实现精准对接金融服务。过去线下为主的经济活动都是分散的、难找痕迹的，通过人力物力的调查和跟踪，往往时效性、准确性差，但是现在换到互联网上，有人工智能技术、大数据分析技术以后，所有用户活动都可以通过主动抓取获得，可以瞬间精准捕捉、及时分析、顺利挖掘。人们的思想支配行动，行动是思想的反映，通过人工智能、大数据技术分析人们的行为轨迹，可以了解人们的思想、偏好等抽象信息。

人工智能正在加速金融生态变革，掌握数据流量的大型企业有着天然优势，而中小型创业企业的机会将会出现在垂直领域。目前传统金融机构的主流人工智能相关服务主要体现在以下四个方面：在加强客户管理上，金融机构探索智能客服、智能投顾、智能征信、智能营销等应用；在提升业务效率上，投资银行和卖方研究尝试自动报告生成、金融智能搜索、智能票据等；在优化交易与投资上，公募、私募基金通过人工智能辅助量化交易，财富管理公司在探索智能投资方向；在强化金融风险控制上，通过人工智能设计风控模型，实现普惠金融风险控制、反欺诈和动态审计等。

以新浪财经大数据为例，以新浪财经积累的资讯、用户行为数据为基础，通过不断积累海量数据，再将数据应用于金融产品创新、业务创新以及合作创新，形成数据生态，目标就是建成开放、共享的财经领域首选互联网财经数据平台。新浪财经的实际应用偏重于资本市场、A股市场的交易和操作，偏重于交易产生的数据。利用这些数据，金融机构就可以挖掘共性、发现联系、制定策略、开发创新性金融服务或产品。

一、人工智能在加强客户管理中的创新应用

（一）智能客服

智能客服是指能够答复用户简单问题，通过人机交互解决用户关于产品或服务的问题。智能客服系统背后有多种人工智能技术支持，如语音识别、自然语言处理、机器学习、深度学习等。在各类人工智能技术中，自然语言处理的技术成熟度较低，但在客服领域能够发挥较高的价值。人工客服存在培训成本高、服务效果难以统一以及人员流动性大的问题。以大数据、云计算特别是人工智能技术为基础，智能客服加速企业客服智能化，依靠知识图谱回答简单重复性问题，减少人工客服的使用，提升客服效率及效果。客服机器人已替代40%～50%的人工客服工作，随着技术的不断完善，更多的客服工作将依靠人

工智能完成。

（二）智能投顾

智能投顾是用机器和程序替代人力，把复杂的被动投资决策自动化。智能投顾主要采用被动投资策略管理资产，它主要通过问卷提问方式了解客户，结合个人投资者的理财目标和风险偏好，为客户合理配置以交易所交易基金（exchange traded funds，ETF）为主的资产，赚取β收益。β收益这一概念出自美国经济学家威廉·夏普（William F. Sharpe）等人提出的资本资产定价模型（CAPM），该模型提出股票投资中期望收益与风险之间的关系，并引入β系数来表述股票期望收益随股票市场收益变化的敏感度，即对投资所承担的不确定风险的各种补偿。

智能投顾的投资标的通常以 ETF 基金为主，被动管理的指数成分股作为基金投资组合基础，基金经理人既省去了特定的投资研究分析费用，也倾向于长期持有证券，因而其交易成本也相对较低。智能投顾降低了交易门槛，让更多的客户能享受到投资顾问的服务。传统人工投资顾问的起投点在 100 万元以上，而智能投顾可以满足普通家庭 1 元至数万元的投资需求。

智能投顾原则上会为客户提供信息更为透明的公平服务，理财服务过程为程序执行的过程，不会出现人工投资顾问因为私利而误导客户操作的现象。传统投顾公司和基金公司是代销关系，基金公司会在投顾公司成功销售产品后给予其一定比例的提成奖励，这导致两家公司高度利益相关。从逐利的角度来说，投资顾问公司很容易逆向选择。

智能投顾服务会动态跟踪和调整为客户指定的投资组合策略。当资产组合随着市场变化而偏离目标投资配置时，智能投顾会定期自动通过买进或卖出，将组合占比重新复原到目标投资配置比例。

（三）智能征信

智能征信是指充分利用大数据和人工智能技术，通过多渠道获取用户多维度的数据，从信息中提取各种特征建立模型，对用户进行多维度画像，并根据模型评分，对用户（企业/个人）的信用进行评估。智能征信产业链主要由数据源、数据处理、产品服务和应用场景组成，其中数据处理和产品服务是征信公司的核心竞争力。

（四）智慧营销

智能营销是指在可量化的数据基础上，通过人工智能模型，对用户进行画像，分析用户的消费模式和特点，以此来划分用户群体，精准地找到目标用户，然后进行个性化推荐的过程。智慧营销可以帮助金融机构极大地改善和优化营销的流程，提供高效金融服务和个性化用户体验，用更低的成本完成更精准的营销。

二、人工智能在提升业务效率中的创新应用

（一）自动生成报告

自动生成报告主要运用自然语言处理技术处理自然语言理解和自然语音生成问题。前者是将日常话语消化理解并转化为机器可后续处理的数据结构；后者是将机器分解好的结

构化数据，以人们能看懂的自然语句表达出来。

国内外从事自动生成报告技术研发的公司如下。

1. 达观数据

达观数据是我国一家专注于文本智能处理技术的高新技术企业，获得 2018 年度中国人工智能领域最高奖项“吴文俊人工智能科技奖”。达观数据利用先进的自然语言理解、自然语言生成、知识图谱等技术，为大型企业和政府客户提供文本自动抽取、审核、纠错、搜索、推荐、写作等智能软件系统，让计算机代替人工完成业务流程，大幅度提高企业效率。达观金融行业解决方案利用自然语言处理、深度学习、知识图谱等前沿技术，挖掘海量金融文本数据，构建更加广泛的数据分析及应用场景，助力金融从业者提升工作效率，帮助金融机构实现智能化业务驱动。

以金融文档结构化、关键信息抽取及应用为例：它是针对金融行业常见处理文档，结合信息披露、条款审核等业务需求，实现人物、事件、机构、数值、条款等各类关键信息抽取。方案构成包括客户挖掘、研报提取分析和风险评估。客户挖掘是从海量历史文档及电子附件中实施动态信息挖掘；研报提取分析包括个股、行业、宏观策略研报，节省阅读量，实现信息串联，以统一维度分析展现；风险评估是达观数据借助深度学习技术，围绕股权关系、业务上下游关系、资金关系、人员关系、产业链关系等，构建知识图谱，提供风险评估及预警。该方案的价值在于：在金融数据爆炸时代背景下，提高投资者的信息获取能力，提升经营决策洞察力；助力银行、券商及监管机构进行业务流程智能化改造，从依赖经验导向转为数据驱动管理。

2. 文因互联

文因互联是我国一家智能金融技术服务提供商，它基于知识图谱技术和自然语言处理技术，为金融机构提供业务流程自动化和智能化解决方案。文因互联提供的主要智能金融核心工具有自动公告摘要系统、智能监管搜索、智能助手、金融专业知识图谱引擎、图表搜索引擎、智能头寸管理系统等。

自动公告摘要系统设计并实现了自动公告摘要功能，提取公告文档的结构化数据，有效降低了监管工作的人工投入，提升了监管效率。

智能监管搜索基于 NLP 知识提取技术在信披核查中的研究及 NLP 的智能搜索技术在市场服务中的研究，建立了一整套可迭代优化的智能搜索系统。

智能助手设计了基于自然语言问答的智能助手，帮助数万核心业务人员以智能化方式精准提取所需信息，满足多方位业务开展的需要。

金融专业知识图谱引擎将增强银行底层数据分析能力，加速非结构化数据处理，为内部其他业务板块的创新奠定基础。

图表搜索引擎为艾瑞智慧搭建图表搜索引擎，让客户能够直接定位图表，从而提高客户浏览研报的效率。

智能头寸管理系统帮助交易员自动完成跨平台数据收集与分析，提供智能头寸分配建议，提高决策效率与质量。

3. 叙事科学

叙事科学（Narrative Science）由美国西北大学的新闻系和计算科学系联合创立，旨在通过给定主题的数据分析，自动生成文章报告。该公司著名的数据分析平台 Quill 可以分析结构化数据，将人工智能与大数据进行技术融合，从而产生简短的文字表述或结构化的报告内容，主要面向对象为金融服务提供商，其提供的金融报告种类如表 4-4 所示。

表 4-4 Quill 提供的金融报告种类

报告类型	报告主题	处理手段
信息披露	股转书、公开转让说明书	部分自动化
	信贷审批报告	
	债券评级报告	
研究报告	券商卖方研究报告	数据处理自动化
	基金买方研究报告	
	咨询研究报告	
日常报告	公告、研报摘要	模板性自动化
	公告、市场跟踪报告	
	企业信息图、基本要素 PPT	
转述文章	知识介绍	人工报告
	观点分析	
	新闻	

资料来源：顾晓敏，梁力军，孙璐，马放．金融科技概论［M］．上海：立信会计出版社，2019.

（二）金融智能搜索

金融决策的特点是要考虑的因素太多。金融产品可能是最复杂的商品，经验之所以在这个行业里显得十分宝贵，就是因为有经验的经理人能够基于方方面面的要素作出价值判断和风险评估。

金融投资决策首先要解决的问题是价值判断和风险评估。以往价值判断和风险评估主要依靠人工完成。例如：请并购行业的资深人士讲怎么找到合适的壳公司，他可能会说实际控制人应该是大学毕业，40～50 岁；问 VC 合伙人如何判断是否投资一个项目，他可能会看项目的来源，看谁在背书。很多重大决定是在五分钟之内作出的，这似乎不符合“理性”的要求。

人工智能想要解决的问题是：如何能让机器也像人一样进行判断。这也就意味着，需要依次解决五个问题。这五个问题中每一个问题的解决都依赖前一个问题的解决，但是每一个问题的解决，都可以让我们更多地利用机器的力量，获得更智能的工具，来作出价值判断和风险评估，从而解放人力，让人有更多的时间去做只有人才能“洞察”的投资机会。人工智能在金融行业中要关注的数据层递如图 4-4 所示。

1. 获得数据

大多数买方和卖方的数据，其实是很难被机器甚至人去访问的，很多时候还是需要人面对面交谈、亲临现场访问，才能得到决策的依据。人工智能技术让数据获取成本降了下来，并使后续的机器处理成为可能，这样的数据阶段被称为获得数据，这些原始数据被称为“脏数据”。

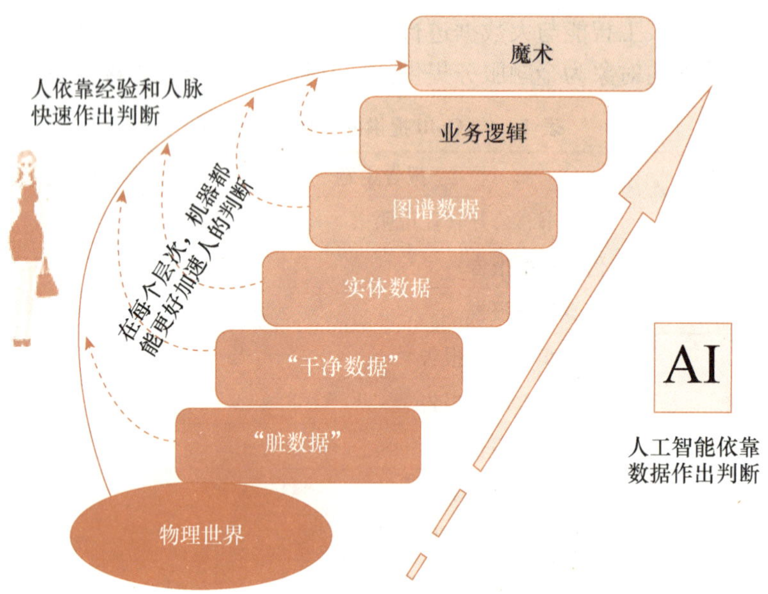

图 4-4　人工智能在金融行业中要关注的数据层递

图片来源：顾晓敏，梁力军，孙璐，马放．金融科技概论［M］．上海：立信会计出版社，2019.

2. 化“脏数据”为“干净数据”

数字经济运行过程中，会产生大量的非结构化数据，例如：上市公司的披露材料中有扫描件，大量的财务数据用不规范的表格展示，网络上的新闻数据、研究报告格式千差万别，还有很多数据隐藏在图片中难以提取，更难以分析比较。这些海量数据被称为“脏数据”。以前各家金融机构都在用实习生、初级研究员做这些数据的提取工作。这个步骤的目标是数据清洗，也就是获得“干净数据”的过程。

3. 从数据中辨认出经济“实体”

实体包括企业、投资机构、人（高管、股东、投资人、合伙人等）、行业、产品、事件、案例、法规等。例如：一次公开发行的定增公告里会提到项目、产品、定增对象（人或者机构）；供应商和收入来源里会提到上下游企业；投资人简历里会提到学历和以前的职务。这些实体和它们的属性关联起来很有价值。在做研究报告时，股东、基金的名字不仅仅是字符串，更需要分析师理解它是什么样的机构、有哪些地域属性、分类属性。只有做好实体的识别，才能把这些信息串起来。

4. 形成知识图谱

发现经济实体之间的关系，形成知识图谱，有助于作出科学的投融资决策。比如：投资公司对企业的投资，往往通过各种子公司和“壳”来完成，仅仅依赖股东披露或工商注册信息（包括子公司、孙公司的工商信息）是不够的，需要一些规则和数据挖掘来发现隐藏的关系。单纯从披露数据和工商数据中，只能获得投资公司一半的投资机会，而通过深度挖掘关联，才能获得它比较完整的投资组合。不仅仅是投资，其他的经济行为，例如行业对标关系、供应链上下游关系、股权变更历史、定增与重大资产重组的关系、多张财务报表之间的数据交叉验证，都需要关联来自多个源头、多个时期、多个企业之间的数据关系，形成知识图谱。

5. 表达业务逻辑

每一个金融业务场景都会有其自身的逻辑。很多金融研究人员在学习 Python、R、Matlab，因为他们发现自己脑子里的逻辑，难以用文字或者 Excel 表格表达出来，也没有一个好用的工具帮助他们在数据的基础上，把那些经验证有效的业务逻辑清晰地表现出来。为了避免总是要做简单重复劳动，他们把这些逻辑的表达变成数字化的处理规则，或者是展示模板，也就是把比较初级的价值判断和风险评估交给机器来做。

我国的成熟解决方案主要集中在“干净数据”这一层面，在“实体数据”和“图谱数据”层面也有探索和尝试。金融搜索服务的实质在于提供优质的、经过整理的金融数据，让金融数据更可信、更好用、更容易被发现和获得。

以文因搜索为例：搜索的关键字可以是企业的名称或者行业关键字。如果搜索行业关键字，可以智能搜索行业标的；如果搜索企业名称，可以精准匹配企业，展现企业全部信息。通过行业关键字搜索，可以按产品或者行业的名称寻找该行业所属企业，或者该产品的提供商；通过行业关键字搜索，还可以搜索到所有对相关行业的新三板企业进行投资的投资机构，按投资次数排序。这可以告诉我们各投资机构在某个行业上的投入力度，从而了解各投资机构的投资偏好。

专业的金融搜索引擎需要具备以下特点：干净、尽可能降低噪声、界面简洁、会联想关键词之间的潜在关系、多维度的数据过滤和排序以及异常事件提醒等。

（三）票据自动识别

票据自动识别属于数据批量采集技术，适用于具有表格特征的表单、问卷、单证、发票，通过扫描、图像处理、自动分类、OCR 技术，将表格图像中的数据信息准确、快速、真实地提取出来并保存，数据结果可转化为标准的数据格式，如 XML、Excel 等，与企事业单位的 ERP、CRM 等系统实现无缝结合。产品支持中英文、数字、符号等多类型字符的手写体、印刷体识别。

三、人工智能在优化交易与投资中的创新应用

人工智能技术在交易与投资中的应用主要表现在量化投资等方面，量化投资实际上也是概率的应用，主动投资管理人将自己对市场的理解和判断进行系统科学的表达，利用程序的执行来克服心理上的弱点，坚守投资纪律，从而以大概率获得超额收益。模型建立的本质是对大量数据的统计分析，即大数定理，收益依据来源是分析特定股票池中所有样本所呈现的统计意义上的规律。量化投资的目的是通过寻求有利的阿尔法因子去获得超额收益。

量化投资的游戏规则建立在简单的框架之下：市场几乎是有效的，但不是完全有效；量化投资实现的是统计意义层面的套利机会；量化投资分析应建立在坚实的逻辑和理论基础之上；量化模型在一定时期内应有持续且稳定的表现；相对基准的超额收益只有在不确定、足够小的情形下才有意义。

人工智能与投资的结合，应用机器学习技术，让机器根据经典的投资模型（或投资者设计的模型）学会研判投资证券的价格，一旦触发设定的买卖条件，便会自动执行投资，

随后机器也会根据达到的事先设定的条件平仓离场，从而在人工智能的帮助下，使投资变成可自动执行的量化交易。

四、人工智能在强化金融风险防控中的创新应用

金融机构面临的业务风险是方方面面的：有利用虚假身份、虚假资料进行骗贷的普通人和企业；有进行洗单、合谋套现、虚假的商户；有网络诈骗、洗钱交易、非法集资等各种违法犯罪行为等。基于人工智能技术下的主流反欺诈方式有通过客户端进行风险采集，添加信息校验、黑白名单校验功能的数据服务，利用机器学习搭建反欺诈、信用评估模型等，帮助银行、券商、互联网金融企业等加强风险控制。

做中学 **人工智能在金融领域的应用**

4～6 名同学为一组，选择一个人工智能在金融领域的应用，描述该应用的工作方法，并制作 PPT 展示给大家。

思考：人工智能在金融领域的应用会带给金融机构什么样的影响？对客户又有哪些影响？

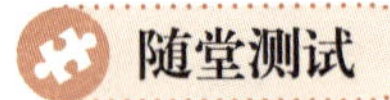

随堂测试

一、单项选择题

自然语言处理包括（　　）等。

A．语句分析　　B．领域分析

C．篇章理解　　D．机器分析

二、多项选择题

1．目前传统金融机构的主流人工智能相关商业服务包括（　　）。

A．金融智能搜索

B．投资银行和卖方研究尝试自动报告生成

C．财富管理公司探索智能投资方向

D．通过公益募集资金

2．金融面临的具体问题总的来说集中在（　　）问题上。

A．整体规划　　B．风险评估

C．信用提升　　D．价值判断

3．实体包括（　　）等。

A．行业　　B．事件　　C．房间　　D．产品

三、判断题

1．OCR 利用光学技术和计算机技术把印在或写在纸上的文字读取出来，并转换成计算机能够接受、人又可以理解的格式。（　　）

2．自然语言处理技术在各类人工智能技术中的成熟度较高，但在客服领域只能够发挥较低的价值。（　　）

任务三 理解人工智能对金融领域的影响

人工智能对传统金融带来颠覆和瓦解，同时运用数字武器也打破了诸多金融行业准入壁垒，创造了新金融服务模式。随着网络技术和人工智能技术的不断发展，人工智能金融成为金融产业最主要的创新方向，它不仅促进了金融机构服务主动性、智慧性，有效提升了金融服务效率，而且提高了金融机构的风险管控能力，给金融产业的创新发展带来了积极影响。

一、人工智能金融创新

（一）人工智能金融服务

人工智能技术给金融业带来了轻资产、重服务，智能、主动、高效服务的新变化。金融行业属于服务行业，是通过与客户沟通和交流，及时满足客户需求，挖掘客户潜在金融价值。传统金融服务集中于服务网点，通过与客户面对面交流，挖掘客户潜在需求，寻求客户金融价值。传统金融服务是由客户发起，主动来到网点接受金融服务，此时，金融机构提供的服务处于被动状态。随着人工智能的发展，传统金融服务方式发生转变，诸多金融机构利用人工智能技术主动出击，通过网银、App 获取客户信息，及时挖掘客户潜在的金融价值，积极开展主动式金融服务。客户在办理业务时会比较哪家金融机构服务最优、服务效率最高，这也加剧了金融行业的市场竞争。互联网金融服务已经逐步占领市场，其被客户选择和认可的概率远远高于传统金融服务，主要原因就是网络金融基于人工智能进行需求分析，促使金融服务更加主动、更加智慧。

（二）高效处理金融数据

金融机构在长期的经营过程中积累了大量数据信息，包括各项交易数据、客户信息、市场前景分析等，单纯依靠人工已经无法完全利用这些数据，进而无法更好地指导金融活动。随着人工智能时代来临，大数据技术应运而生，利用大数据技术读取、分析和处理海量数据信息，可以实现对金融机构数据的应用，让数据成为金融机构开展业务的重要参考。同时，人工智能提高了数据处理效率，实现金融数据建模，将非结构化图片、视频等转化为结构化信息，并对相应数据进行定量和定性分析，既充分利用了金融行业的海量数据，又提升了金融处理效率。以阿里小贷为例：阿里小贷通过对商户最近 100 天的数据进行分析，了解哪些商户存在资金问题，然后阿里小贷主动出击，积极与商户沟通，能够在短短数小时内为商户提供金融贷款服务。可见，人工智能能够有效提高金融数据的处理效率，从而提升金融服务效率。

（三）提升金融风险控制能力

人工智能技术能够降低损失风险。金融行业在发展过程中面临的最大困难就是金融风险，无论是信贷服务还是投资服务，金融机构都需要承担巨大风险。规避风险是确保金融机构稳定发展的重要前提。传统金融机构风险控制的主要方式就是聘请经验丰富的风险评估师，利用经验来规避风险，并成立风险控制部门，利用团队协作抵御风险。但是，在实践中，这些风险控制的效果十分有限，并不足以确保金融机构稳定发展。随着人工智能时代的来临，人工智能、大数据技术开启了风险管控的新篇章，金融机构不再单纯利用经验控制风险，而是通过全面的数据分析构建模型，预估风险来源和风险系数，并制定相应的预防措施。以京东金融为例，它利用人工智能对用户社交数据、信用累积进行分析，并实施欺诈监测，通过数据分析判断借款人的还款意愿和还款能力，从而制定贷款标准，确保金融贷款始终处于安全状态，将风险降至最低。人工智能在风险控制领域的应用，不仅提高了金融机构风险控制的能力，而且降低了风险控制的成本，有效提升了金融机构的安全性和稳定性。

二、人工智能重塑金融业

人工智能为经济社会发展注入了新动能，改变着人们的生产生活方式，正在对金融行业进行颠覆性重塑。人工智能在金融业的应用，主要集中在银行业、智能客服、智能投顾、智能风控等场景，催生金融行业一系列产品和业务模式的创新。作为一项基础性技术变革，人工智能的溢出带动性很强，能够推动传统产业实现技术革新和产品升级。

（一）重塑银行业

人工智能新技术应用正在日趋成熟，为金融行业的智能化转型升级奠定重要技术基础。人工智能本质上是机器通过大量的数据训练作出智能决策的能力。基于传统的计算方式，机器只能按照预先编写的程序处理信息，一旦出现没有预设的情况，或者需要结合大量上下文进行判断时，机器就无能为力了。人工智能能够赋予机器具有理解力的“大脑”，让机器能够解读文字、数据所包含的“语义”，通过自学的方式获得判断的规则。

在智能服务时代，银行业在线业务将成为主流，数据量激增，超出了人的经验范畴和处理能力边界。这些非结构化的、非金融的数据，恰恰是人工智能最擅长处理的领域。银行业作为高度数据化的行业，加之业务规则和目标明晰，是人工智能和云计算等数据驱动技术的最好应用场景。依托机器学习、深度学习、自然语言处理、知识图谱等底层核心技术，智能风控解决方案可提供预授信行内白名单、贷前准入、贷后预警、收益评分、信用卡激活促动、信用卡贷后调额、智能催收等多个场景的解决方案。

人工智能的飞速发展，使得机器能够在很大程度上模拟人的智能，实现批量人性化和个性化服务，这必将给身处服务价值链顶端的金融业带来深刻影响。

（二）重塑客户服务

在金融服务诸多环节中，智能客服的应用是最为广泛的。以交通银行为例，2015 年年底，该行推出国内首个智慧型人工智能服务机器人“娇娇”。目前“娇娇”已在上海、江苏、广东、重庆等省（自治区、直辖市）的营业网点上岗。该款机器人采用全球领先的智能交互技术，交互准确率达 95%以上，是一款真正“能听会说、能思考会判断”的智慧型服务机器人。

智能客服在电话场景中主要表现为机器管理和语音问答分析，还有一种是文本机器人，主要应用在搜索方面。人工智能通过深度学习文本中的对话、语音对话，再针对线上的场景加以应用。据了解，平安银行该部分的人工替代率超过80%，也就是80%以上语音客服不再需要用人工来处理了。

（三）重塑投资顾问

在智能投顾方面，2016年年底，智能投顾产品“摩羯智投”在招商银行手机App上线，由此，智能投顾开始逐渐从实验性技术转变为主流趋势，成为银行、券商、保险等金融机构的标配型服务。银行系智能投顾产品扩容迅速。大型银行中，工行、中行、建行已陆续推出相关产品；股份制银行中，浦发银行、中信银行、兴业银行、平安银行、广发银行和光大银行也推出了自己的产品；城商行中，江苏银行在2017年8月就推出了“阿尔法智投”。

（四）重塑金融风控

人工智能的一个重要应用是金融风控。传统风控环节存在信息不对称、成本高、时效性差、效率低等问题，难以满足个人消费旺盛引发的信贷增长需求。将人工智能引入风控，使得贷前审核、贷中监控和贷后管理等环节都能提高金融科技产品质量及服务效率，智能风控还能促进风险管理差异化和服务人性化。

人工智能风控是人工智能在金融领域最有发展前景的应用场景。例如：智能支付中的身份识别，要看对应的账户以及具体场景，场景决定具体数据，不同场景的安全性是不一样的。这种安全性也决定使用何种数据，有些是免密的，有些需要进一步的身份认证。在服务端，人脸识别和指纹识别技术已经相当成熟，目前很多银行在移动App登录界面已采用人脸识别，登录之后根据不同的场景采取不同的风控措施。

未来，智能风控将在信贷、反欺诈、异常交易检测等领域充分发挥作用，为金融行业欺诈风险的分析和预警监测提供技术支持。

做中学

登录逸景保险欺诈数据挖掘虚拟仿真实验平台，选择相关实验课程，通过系统内置的保险相关数据及机器学习功能，自动生成保险欺诈识别决策树模型及神经网络模型。

步骤一：登录实验平台，进行数据读入。

步骤二：进行数据理解相关操作，完成变量说明、数据调整、数据展示。

步骤三：进行数据准备，完成数据精简、数据划分。

步骤四：建立模型，完成模型选择、参数设置、生成模型、模型运行等内容。

思考：了解通过机器学习自动生成相关模型的原理及使用的算法。

一、单项选择题

人工智能能够有效提高金融数据的（　　），从而提升金融服务效率。

A. 处理时间　　　　B. 数据规划

C. 处理效率　　D. 数据质量

二、多项选择题

1. 人工智能正在金融领域带来新一轮的变革，集中应用的领域包括（　　）。

A. 智能支付　　B. 智能理赔

C. 智能投顾　　D. 智能客服

2. 下列属于“人工智能+金融”核心技术的是（　　）。

A. 云计算　　B. 知识图谱

C. 计算机视觉　　D. 生物特征识别

3. 下列属于金融科技核心技术的是（　　）。

A. 云计算　　B. 计算机视觉

C. 大数据　　D. 机器学习

4. 人工智能对金融创新的积极影响包括（　　）。

A. 促进金融服务主动、智慧　　B. 提高金融工作者的管理能力

C. 提升金融风险控制能力　　D. 促进多个领域相互合作

三、判断题

1. 未来，人工智能的飞速发展，使得机器能够在很大程度上模拟人的智能，实现批量人性化和个性化服务，这必将给身处服务价值链顶端的金融业带来深刻影响。（　　）

2. 诸多金融机构利用人工智能技术主动出击，通过网银、App获取客户信息，及时挖掘客户潜在金融价值，积极开展主动式金融服务。（　　）

3. 规避风险是确保金融机构稳定发展的重要前提。（　　）

项目五

金融科技与证券

程序化交易

智能投顾助推
基金销售

学习目标

知识目标：

1. 了解证券市场基础知识。
2. 认识互联网证券公司。
3. 理解智能理财服务的基本原理。
4. 掌握程序化交易的原理和应用。
5. 掌握基金营销的新趋势。

能力目标：

1. 学会利用互联网、大数据等手段获取证券行业的相关信息、数据、操作等。
2. 认识互联网时代证券公司业务开展方式的变化，并积极参与实践。
3. 理解金融科技在证券行业的应用，如智能理财服务、程序化交易和基金营销，并积极予以运用。

导入案例

传统证券公司的数字化转型

【案例介绍】

国泰君安作为业内的老牌券商，近年来凭借自主研发等技术优势，开启了传统大型券商的数字化转型之路，做到了“主要数据标准统一、各项业务平台完备、数据统一汇聚与共享、关键数据质量得到控制”。例如，实现了分支机构客户服务流程无纸化，完成跨业务线产品中心大平台建设等；在统一标准方面，完成集团同一客户同一业务16大类53小类1 000多项基础数据标准的梳理，形成700多项各领域量化数据指标；在互联互通方面，完成各业务线和境内外所有子公司客户、业务规模、资产、风险类数据的汇聚，通过产业链数据合作，为机构、质押、投行、风控、托管等条线和部门提供多种数据服务；在数据质量方面，完成具有自主知识产权的数据治理平台建设，通过平台实现数据模型管理和数据质量的自动校验等。

经过努力，国泰君安初步实现了客户全景化、业务一体化、管理指标化的数字化短期目标，为公司客户、员工、管理层带来了显著变化和获得感，具备了重塑客户体验、运营流程、商业模式和产品、组织架构和人才结构，实现全面数字化转型的统一数据基础。

【案例分析】

金融科技正通过技术手段推动金融创新，对金融市场、金融机构、金融服务等产生了重大影响，证券行业是新技术应用较多的领域，其交易对象主要以数据交换的形式存在于后台数据库中，证券行业的业务属性具有便于电子化、虚拟化和远程化的特征，这与互联网的特点完全匹配，因此，金融科技在证券行业大有可为，不仅催生了很多金融创新产品和服务，而且正在改变证券行业的生态环境和竞争格局。

任务一　了解证券市场基础知识

一、证券的定义

证券是指各类记载并代表一定权利的法律凭证，证明持有人有权依其所持凭证记载的内容而取得应有的权益。

“证券”一词在证券法中具有特定的含义，仅指资本证券。“资本证券”是一种广泛应用的投资工具，它产生于社会经济生活中投资和筹资两种需要：一部分人有余钱闲置而需让出使用权以取得收益，即需要投资；另一部分人由于从事生产经营缺少资金，需要取得他人提供的资金使用权，即筹集资金。这种投资者与筹资者之间的联结通过证券的形式来实现，证券体现这种投资与筹资的关系，确定双方的权利义务。

二、证券市场的投资品种

证券市场是指证券发行和流通的场所。证券市场上的投资品种主要有以下几类。

（一）股票

股票是一种有价证券，是股份公司在筹集资本时向出资人发行的股份凭证，代表着其持有者（即股东）对股份公司的所有权。这种所有权是一种综合权利，如参加股东大会、投票表决、参与公司的重大决策、收取股息或分享红利差价等，但也要共同承担公司运作所带来的风险。

（二）债券

债券（Bonds/Debenture）是一种有价证券，是政府、金融机构、工商企业等直接向社会筹借资金时向债权人（投资者）发行的，同时承诺按一定利率支付利息并按约定条件偿还本金的债权债务凭证。

债券上必须载明的基本信息包括票面价值、偿还期、付息期、票面利率、发行人名称等基本要素。

（三）基金

基金是指通过发售基金份额，将众多不特定投资者的资金汇集起来，形成独立财产，委托基金管理人进行投资管理、资金托管人进行财产托管，由基金投资人共享投资收益、共担投资风险的集合投资方式。

基金投资者、基金管理人与基金托管人是基金的基本当事人，基金市场上各类中介或代理机构通过自身的专业服务参与基金市场，监管机构则对基金市场上的各参与主体实施全面监管。

我国证券投资基金的运作关系如图 5-1 所示。

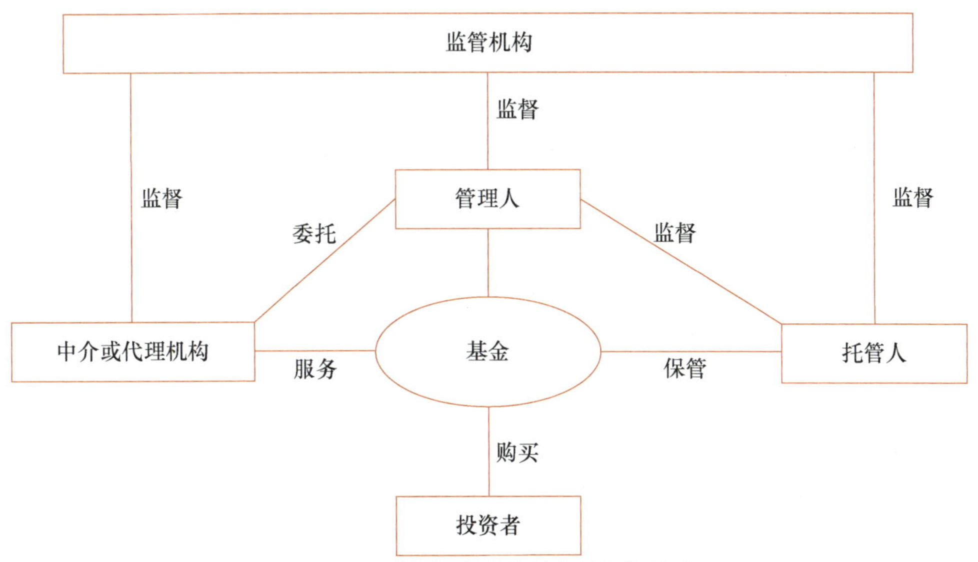

图 5-1　我国证券投资基金的运作关系

图片来源：中国证券投资基金业协会. 证券投资基金［M］. 2 版. 北京：高等教育出版社，2017.

（四）金融衍生工具

金融衍生工具是指其价值依赖于标的资产（Underlying Asset）价值变动的标准化或非标准化合约。金融衍生工具通常具有双向交易、跨期性、杠杆性、高风险性等特征。

标准化合约是指其标的资产（基础资产）的交易价格、交易时间、资产特征、交易方式等都是事先约定的统一格式，因此此类合约大多在交易所上市交易，如期货合约；非标准化合约是指以上各项由交易的双方自行约定，因此具有很强的灵活性，比如远期合约。

三、证券市场的参与主体

（一）证券发行人和投资人

1. 证券发行人

证券发行人是资金的需求者和证券的供应者。在市场经济条件下，资金需求者筹集外部资金主要通过两条途径：向银行借款和发行证券，即间接融资和直接融资。随着市场经济的发展，发行证券已成为资金需求者最基本的筹资手段。

2. 证券投资人

证券投资人是资金的供应者和证券的需求者。证券投资者是指以取得利息、股息或资本收益为目的而买入证券的机构和个人。证券发行市场上的投资者包括个人投资者和机构投资者。

（二）证券市场中介机构

1. 证券公司

证券公司是指依照《公司法》和《证券法》设立的经营证券业务的有限责任公司或者股份有限公司。按照《证券法》的规定，我国证券公司的业务范围包括：证券经纪，证券投资咨询，与证券交易、证券投资活动有关的财务顾问，证券承销与保荐，证券自营，证券资产管理及其他证券业务。

证券公司是证券市场重要的中介机构，在证券市场的运作中发挥着重要作用。一方面，证券公司是证券市场投融资服务的提供者，为证券发行人和投资者提供专业化的中介服务，如证券发行和上市保荐、承销、代理证券买卖等；另一方面，证券公司也是证券市场重要的机构投资者。

2. 证券服务机构

证券服务机构是指依法设立的从事证券服务业务的法人机构。证券服务机构包括登记结算机构、投资咨询机构、财务顾问机构、资信评级机构、资产评估机构、会计师事务所等从事证券服务业务的机构。其中，中国证券登记结算公司是为证券交易提供集中登记、存管与结算服务，不以营利为目的的法人。

证券服务机构为证券的发行、上市、交易等证券业务活动制作、出具审计报告、资产评估报告、财务顾问报告、资信评级报告或者法律意见书等文件，应当勤勉尽责，对所依据文件资料内容的真实性、准确性、完整性进行核查和验证。

（三）证券自律组织

1. 证券交易所

证券交易所是为证券集中交易提供场所和设施，组织和监督证券交易，实行自律管理的法人。

证券交易所的主要职能包括：为组织公平的集中交易提供保障，提供场所和设施；公布证券交易即时行情，并按交易日制作证券市场行情表，予以公布；依照证券法律、行政法规制定上市规则、交易规则、会员管理规则和其他有关规则，并报国务院证券监督管理机构批准；对证券交易实行实时监控，并按照中国证监会的要求，对异常的交易情况提出报告；因不可抗力的突发性事件或者为维护证券交易的正常秩序，证券交易所可以决定临时停市等。

2. 证券业协会

证券业协会是证券业的自律性组织，是社会团体法人。中国证券业协会正式成立于1991年8月28日，是依法注册的、具有独立法人地位的、由经营证券业务的金融机构自愿组成的行业性自律组织。

（四）证券监管机构

我国的证券市场监管机构由中国证券监督管理委员会（简称“证监会”）及其派出机构组成。证监会依法对证券市场实行监督管理，维护证券市场秩序，保障其合法运行。

做中学 **学会查询证券行业相关信息**

步骤1：登录中国证券监督管理委员会网站（http://www.csrc.gov.cn/），了解证监会的组织结构、机构职能、新闻发布、政策法规、办事指南等项目的内容。

步骤2：登录美国证券交易委员会网站（https://www.sec.gov/），了解美国证券交易委员会的Divisions & Offices、Enforcement、Regulation、Education、Filings等项目的内容。

思考：中国证监会与美国证券交易委员会的职责有何相同之处？有何不同之处？

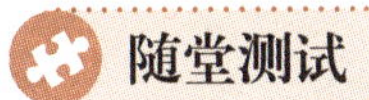

随堂测试

一、单项选择题

1.（　　）是指各类记载并代表一定权利的法律凭证，证明持有人有权依其所持凭证记载的内容而取得应有的权益。

A. 股票　　B. 债券　　C. 证券　　D. 基金

2.“证券”一词在证券法中具有特定的含义，仅指（　　）。

A. 商品证券　　B. 货币证券　　C. 资本证券　　D. 以上都不是

3. 股票是一种有价证券，是股份公司在筹集资本时向出资人发行的股份凭证，代表着其持有者（即股东）对股份公司的（　　）。

A. 债权　　B. 所有权　　C. 物权　　D. 产权

4. 债券是一种有价证券，政府、金融机构、工商企业等直接向社会筹借资金时向债权人（投资者）发行的，同时承诺按一定利率支付利息并按约定条件偿还本金的（　　）凭证。

A. 债权债务　　B. 所有权　　C. 信托　　D. 委托

5. 证券投资基金通过发售基金（　　），将众多不特定投资者的资金汇集起来。

A. 股票　　B. 债券　　C. 单据　　D. 份额

6. 证券服务机构是指依法设立的从事证券（　　）业务的法人机构。

A. 服务　　B. 承销　　C. 经纪　　D. 发行

7.（　　）是为证券集中交易提供场所和设施，组织和监督证券交易，实行自律管理的法人。

A. 证券交易所
B. 中国证券业协会
C. 中国证券监督管理委员会
D. 中国证券登记结算有限责任公司

8.（　　）是为证券交易提供集中登记、存管与结算服务，不以营利为目的的法人。
A. 证券交易所
B. 中国证券业协会
C. 中国证券监督管理委员会
D. 中国证券登记结算有限责任公司

9.（　　）是依法注册的、具有独立法人地位的、由经营证券业务的金融机构自愿组成的行业性自律组织。
A. 证券交易所
B. 中国证券业协会
C. 中国证券监督管理委员会
D. 中国证券登记结算有限责任公司

10. 我国的证券市场监管机构由（　　）及其派出机构组成。
A. 证券交易所
B. 中国证券业协会
C. 中国证券监督管理委员会
D. 中国证券登记结算有限责任公司

二、多项选择题

1. 证券市场上的投资品种主要有（　　）。
A. 股票　B. 债券　C. 基金　D. 金融衍生工具

2. 金融衍生工具的特征有（　　）。
A. 跨期性　B. 杠杆性　C. 联动性　D. 高风险性

3. 证券发行人是（　　）。
A. 资金的需求者　B. 资金的供给者
C. 证券的供应者　D. 证券的需求者

4. 证券自律组织包括（　　）。
A. 证券交易所
B. 中国证券业协会
C. 中国证券监督管理委员会
D. 中国证券登记结算有限责任公司

5. 证券服务机构包括（　　）和会计师事务所等机构。
A. 投资咨询机构　B. 财务顾问机构
C. 资信评级机构　D. 资产评估机构

三、判断题

1. 证券业协会依法对证券市场实行监督管理，维护证券市场秩序，保障其合法运行。（　　）

2. 证券投资人是资金的需求者和证券的供应者。 ( )

3. 金融衍生工具又称金融衍生产品，是指其价值不依赖于标的资产价值变动的合约。 ( )

4. 按照《证券法》的规定，我国证券公司的业务范围包括：证券经纪，证券投资咨询，与证券交易、证券投资活动有关的财务顾问，证券承销与保荐，证券自营，证券资产管理及其他证券业务。 ( )

5. 债券的本质是所有权关系的证明书，具有法律效力。 ( )

任务二 认识互联网证券公司

一、互联网证券公司的概念

互联网证券是互联网技术支撑和互联网精神影响下证券业务的创新。

从狭义上理解，互联网证券包括网上开户、网上交易、网上资金收付和网上销户等环节，即网上证券交易。

从广义上理解，互联网证券是指通过互联网技术搭建的平台，为投资者提供一套贯彻研究、交易、风险控制、账号管理等投资环节的服务方案，从而帮助投资者提高投资收益、扩大交易品种、降低交易成本和投资门槛，低成本、跨时点、跨区域地进行高效投资。

互联网证券公司是指通过互联网等金融科技为支撑开展证券业务的证券公司。目前，互联网证券业务的开展方式主要有两类：一类是传统证券公司的证券业务在互联网上的延伸；另一类是仅提供线上服务的纯互联网证券公司提供的证券服务。

本章主要讨论的是以第二类方式开展互联网证券业务的互联网证券公司。

二、互联网证券公司的业务类型

（一）证券经纪业务

证券经纪业务，是指在证券交易过程中，证券公司通过互联网为客户提供服务，接受投资者委托，按照客户要求，代理客户买卖证券、处理交易指令、办理清算交收的经营性活动。

投资者不能直接进入证券交易所进行交易，只能通过证券交易所的会员单位（证券公司为主）作为中介来完成证券的买卖，由此产生的服务称为证券经纪业务。证券经纪商必须遵照客户发出的委托指令进行证券买卖，但不承担交易中的价格风险。证券经纪商通过向客户提供经纪服务以收取佣金作为报酬。

（二）证券发行与承销业务

证券发行与承销业务，是指证券公司代理证券发行人，向不特定对象公开发行证券的活动。通常相关法律、法规规定，发行人应当同证券公司签订发行与承销协议，由证券公司代理其发行和销售证券，并获取相关服务费用。

证券承销方式有两种：代销和包销。

包销是指证券公司将发行人的证券按协议全部购入，或者在承销期结束后，将剩余的证券全部自行购入的承销方式，前者称全额包销，后者称余额包销。

代销是指证券公司代理发行人销售证券，承销期结束后，将未售出的证券全部退还给发行人的承销方式。

（三）与证券交易、证券投资活动有关的财务顾问业务

财务顾问业务，是指为客户提供与证券交易、证券投资相关的咨询、建议、策划等服务。具体内容包括以下方面：

（1）为申请证券发行和上市的企业提供改制改组、资产重组、前期辅导等方面的咨询服务。

（2）为上市公司重大投资、收购兼并、关联交易、完善法人治理、设计经理层股票期权、职工持股计划、投资者关系管理等业务提供咨询服务。

（3）为法人、自然人及其他组织收购上市公司及相关资产重组、债务重组等提供咨询服务。

（4）为上市公司的债权人、债务人对上市公司进行债务重组、资产重组、相关的股权重组等提供投资咨询服务。

（5）监管部门认定的其他业务形式等。

（四）证券投资咨询业务

证券投资咨询业务，是指获得证券投资咨询业务资格的机构为证券投资人或客户提供证券投资分析、预测或建议等直接或间接有偿咨询服务的活动。

证券投资咨询业务主要有两种形式：证券投资顾问业务和发布研究报告业务。

（五）证券资产管理业务

证券资产管理业务，是指证券公司作为资产管理人，根据有关法律、法规与投资者签订资产管理合同，根据资产管理合同约定的方式、条件、要求和限制等，为投资者提供证券及其他金融产品的投资管理服务，以实现资产收益最大化的行为。

（六）融资融券业务

融资融券又称证券信用交易，包括融资和融券两种业务。

融资，是指借钱买证券，即证券公司借款给客户购买证券，客户到期偿还本息。客户向证券公司融资买进证券称为“买空”。融券，是指借证券来卖，然后以证券归还，即证券公司出借证券给客户出售，客户到期返还相同种类和数量的证券并支付利息。客户向证券公司融券卖出称为“卖空”。

三、互联网证券公司的典型代表：老虎证券

老虎证券成立于2014年，定位为一家纯互联网证券公司，依托金融科技，为客户提供覆盖美股、港股、A股（沪港通）等证券业务，通过自主研发的移动客户端和电脑客户

端软件进行证券交易。

老虎证券的创始人和主要投资者具有计算机专业背景，老虎证券是互联网公司的技术和金融机构的业务相结合的成果，客户可享受到互联网带来的快捷、高效、便利、低成本的交易服务。

2015 年 7 月，老虎股票 App 上线；2015 年 9 月，老虎证券宣布已获得小米科技 1 亿元的 A 轮投资，融资资金将主要用于产品研发和用户实时行情补贴；2016 年 5 月，老虎证券正式上线港股业务，实现了美国股市和香港股市两个账户和资金的打通，实现了让资金 24 小时不休眠；2019 年 3 月 20 日，老虎证券（NASDAQ：TIGR）在美国纳斯达克上市交易。

目前，老虎证券是美国金融业监管局（FINRA）成员、美国证券投资者保护公司（SIPC）成员、美国证监会（SEC）注册投资顾问、美国全国期货协会（NFA）会员、美国存管信托公司（DTC）认证会员、美国全国证券清算公司（NSCC）认证会员、新西兰证券交易所成员、新西兰注册金融服务商等。

老虎证券能为客户提供的服务有：免费提供美股、港股、A 股实时行情，网上开通美股、港股账户，交易软件下载，第三方托管客户资产，融资融券，专业课程讲解等。

做中学

了解互联网证券公司——老虎证券。

步骤 1：登录老虎证券的网站：https://www.itiger.com/，熟悉老虎证券提供的信息和服务。老虎证券网页如图 5-2 所示。

步骤 2：进入股票学院，学习股票相关知识，包括入门知识、股票、期权和 ETF 等；进入老虎社区，与其他投资机构和投资者进行交流，老虎证券股票学院网页如图 5-3 所示。

思考：互联网证券公司与传统证券公司相比具有哪些特点？

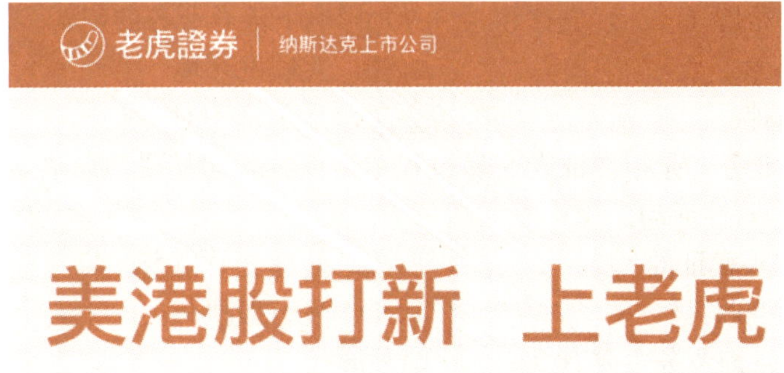

图 5-2 老虎证券——纳斯达克上市公司

图 5-3 老虎证券股票学院网页

随堂测试

一、单项选择题

1. 从狭义上理解，(　　) 包括网上开户、网上交易、网上资金收付和网上销户等环节，即网上证券交易。

A. 互联网银行　　B. 互联网证券

C. 互联网货币　　D. 互联网保险

2. 投资者 (　　) 直接进入证券交易所进行交易，只能通过证券交易所的会员单位（证券公司为主）作为中介来完成证券的买卖，由此产生的服务称为证券经纪业务。

A. 都能　　B. 符合条件能

C. 不能　　D. 以上都不对

3. 老虎证券成立于 (　　) 年，定位于一家互联网证券公司，依托金融科技为客户提供线上证券相关服务。

A. 2014　　B. 2015　　C. 2016　　D. 2017

4. 证券发行与承销业务是指证券公司代理证券发行人，向 (　　) 对象公开发行证券的活动。

A. 特定　　B. 不特定　　C. 约定　　D. 未约定

5. (　　) 是指证券公司代理发行人销售证券，承销期结束后，将未售出的证券全部退还给发行人的承销方式。

A. 证券代销　　B. 证券包销　　C. 全额包销　　D. 余额包销

二、多项选择题

1. 互联网证券是 (　　) 支撑和 (　　) 影响下证券业务的创新。

A. 互联网技术　　B. 互联网环境

C. 互联网精神　　D. 以上都不对

2. 证券经纪业务，是指在证券交易过程中，证券公司接受投资者委托、按照客户要求 (　　) 等的经营性活动。

A. 代理客户买卖证券　　B. 处理交易指令

C. 办理清算交收　　D. 发行股票

3. 证券投资咨询业务主要有 (　　) 两种形式。

A. 证券经纪业务　　B. 证券投资顾问业务

C. 证券发行与承销业务　　D. 发布研究报告

4. 互联网证券公司的业务类型包括：(　　)，证券投资咨询业务，与证券交易、证券投资活动有关的财务顾问业务等。

A. 证券经纪业务　　B. 证券发行与承销业务

C. 证券资产管理业务　　D. 融资融券业务

5. 融资融券又称证券信用交易，包括 (　　) 两种业务。

A. 融资　　B. 投资咨询

C. 融券　　D. 财务顾问

三、判断题

1. 全额包销是指证券公司在承销期结束后，将剩余的证券全部自行购入的承销方式。（　）

2. 2019 年 3 月 20 日，老虎证券（NASDAQ：TIGR）在美国纽约证券交易所上市交易。（　）

3. 互联网证券公司从事资产管理业务，不需要获得证券监管部门批准的业务资格。（　）

4. 相关法律、法规规定，发行人应当同证券公司签订发行与承销协议，由证券公司代理其发行和销售证券，并获取相关服务费用。（　）

5. 证券投资咨询业务，是指获得证券投资咨询业务资格的机构为证券投资人或客户提供证券投资分析、预测或建议等直接或间接有偿咨询服务的活动。（　）

任务三　理解智能理财服务的基本原理

一、智能理财概述

（一）智能理财的定义

智能理财，是一种结合人工智能、大数据、云计算等新兴技术以及现代投资组合理论（Modern Portfolio Theory，MPT）对股票、期货、基金、保险、P2P 等资产进行配置，并可根据市场变化、个人情况等进行实时更新，提供在线咨询的服务模式。

与传统的投资管理不同，智能理财将过去的“个人经验判断”模式升级为“数据算法判断”模式，根据投资者风险偏好、资产状况、收益目标等，提供差异化服务。智能理财发挥大数据、算法、机器学习、自动交易等优势，可规避人工服务的认知水平、信息容量、情绪影响等不足，形成效率更高、速度更快、准确率更高的投资决策。

智能理财的价值定位：以客户需求为导向。

智能理财的主要目的：将理财服务普及到未被人工覆盖的群体，带给用户更好的体验，并使金融服务的成本降低、效率提高。

智能理财的主要驱动力：大数据、云计算、机器学习、语音识别、语言处理、知识图谱与传统金融理论、产品、服务的结合。

（二）智能理财的发展历程①

一个完整的智能理财流程大致可以分为用户分析、资产配置、投资分析、策略生成、交易执行、分析反馈、调整优化等阶段。金融科技在不同服务阶段的应用，可以对应不同类型的智能系统。美国智能理财服务的发展历程如图 5－4 所示。

① 艾瑞咨询．智能理财 4.0：全球智能理财服务分级白皮书［EB/OL］．（2019－07－09）［2020－11－18］．http://report.iresearch.cn/report/201907/3408.shtml.

图 5-4　美国智能理财服务的发展历程

二、智能理财服务与传统理财服务的比较

智能理财服务有数字性、普惠性、便捷性和低成本等特点，客户主要通过互联网渠道获取服务，而应用了智能化手段改造的智能理财服务系统，能够更加了解用户并提供个性化的高质量理财服务。

机器主导的服务方式解放了人工服务在时间、精力、能力等方面的限制，从而能够覆盖更多的投资用户。总的来说，智能理财服务一定程度上攻克了传统理财服务供需失衡、服务差异、利益冲突及过度依赖用户认知的痛点。传统理财服务与智能理财服务的比较如表 5-1 所示。

表 5-1　传统理财服务与智能理财服务的比较

比较项	传统理财服务	智能理财服务
供需关系	大众投资需求日益增长，传统理财服务模式覆盖的客户数量有限，无法针对单一客户提供充足且优质的服务	通过互联网提供，门槛极低，能够触达大众投资者，解决传统理财服务人力覆盖不足的问题
服务差异	高度依赖专员经验，不同人员的经验和业务水平差异大，服务质量参差不齐	通过智能化手段打造高水准专家级理财服务，打破传统理财服务专业性参差不齐的情况
利益冲突	销售业绩为导向的价值定位使得专员不一定完全根据客户需求给出理财建议，可能产生较严重的风险错配问题	以客户需求为核心开展，避免了传统理财服务因业绩导向而产生的利益冲突问题
用户依赖	通过与客户沟通获取信息，依赖客户的描述进行判断，其自我描述可能与实际需求不匹配	通过科技手段能够实时、多维度分析客户需求，比传统理财服务更懂客户

三、智能理财服务的核心要素①

（一）精准的客户画像

智能理财服务平台能够在传统的客户画像方式的基础上，利用多元化的平台数据和外部数据进行综合分析，在客户授权的前提下，平台能够获取大量的人群化客户数据，在提高风险评估精准度的同时，深度挖掘客户的理财需求和风险承受能力。

根据监管要求，传统理财服务平台一般两年进行一次风险测评，而智能理财平台可通过智能化技术，实时了解客户，捕捉客户需求与偏好，并不断完善客户画像，实现对客户的动态画像，为客户提供更合适的服务。

（二）金融专业能力

在产品层面，智能理财服务机构通过技术大范围、快速、穿透性地了解市场和产品，借助科技手段为金融团队赋能，提高团队的投研分析和产品筛选能力，对市场动向、大类资产走势进行更加精准的判断，从而建立完善的产品筛选体系，帮助客户作出理财决策。

在风险管理层面，智能理财服务能够对不同类型的金融产品进行风险评估，并结合客户风险测评完成适当性管理工作。另外，当客户试图购买风险错配的产品时，智能理财服务系统能够及时发现并进行风险提示，保护投资者的利益。

（三）客户需求与产品供给的合理匹配

高度智能化的理财系统能够运用深度学习算法对客户的长期行为数据、短期行为数据、外部市场情况等多元因素进行综合分析，实时预测客户的访问需求及投资意愿，有针对性地进行智能客服对话并提供理财服务。

例如，在客户出现赎回意向时，智能理财系统能够探寻到客户流失是由于主观上的兴趣变化还是外部市场的变动导致投资偏好改变，同时基于算法深度了解客户，及时更新并推荐更加符合客户当前需求的理财品类，满足客户的理财需求。

（四）智能交互能力

对于服务大量C端客户的智能理财服务系统来说，提高交互体验显得至关重要，目前国内智能理财机构在交互方式上大多实行“人工＋机器”的混合模式，随着深度学习技术的成熟，智能理财交互系统实现人机间的无障碍沟通已经不再是天方夜谭，而智能交互系统要完成“听得懂”和“说得清”，需要有先进的算法模型支撑以及大量的历史语料数据积累。

（五）信息服务能力

智能理财服务能够提升信息服务能力，弥补传统理财服务信息不对称的缺陷。例如，陆金所通过其开发的大规模金融知识图谱，能够实现对金融产品全方位、动态化的信息捕捉，包括与产品紧密相关的上市公司信息、行业信息、宏观市场信息等外围数据，从而为

---

① 艾瑞咨询．智能理财4.0：全球智能理财服务分级白皮书［EB/OL］．（2019-07-09）［2020-11-18］．http://report.iresearch.cn/report/201907/3408.shtml.

投资者提供信息可视化平台及智能分析服务。

另外，智能理财服务系统已经从被动响应客户需求转变为主动提供信息，基于对客户需求及偏好的洞察，实时提供客户感兴趣的信息，如市场动态信息、行业资讯、持仓收益情况、产品深度分析等，帮助客户实时掌握产品相关信息。

四、金融科技在智能理财服务中的作用①

移动互联、大数据、云计算、人工智能、区块链等新技术的成熟落地，为金融行业的智能化转型以及智能理财服务的发展奠定了基础，尤其是在人工智能领域，机器学习、知识图谱、计算机视觉、自然语言处理等技术的深度应用将改造智能理财服务价值链，在降低成本、提升业务效率的同时，也将从用户交互体验、服务质量等方面重新定义智能理财服务。

一方面，智能理财服务可以在整个流程中更多地应用科技手段，动态了解客户实时的理财需求和风险偏好，同时运用技术对金融产品进行"穿透性"了解，在对客户和产品充分了解的基础上完成个性化匹配及适当性管理工作。

另一方面，智能理财服务通过长期的数据积累和跟踪，再进行大数据分析和机器学习等，会变得比客户自己更了解客户，从而可为客户提供产品动态信息及风险提示，同时伴随客户的全生命周期提供相应的理财信息和资讯服务，持续提升客户的理财知识和风险意识。

做中学 **了解金融科技在桥水公司的应用**

步骤 1：登录桥水公司的网站（https://www.bridgewater.com/），了解该公司的相关情况。桥水公司网页局部如图 5-5 所示。

图 5-5 桥水公司网页局部

步骤 2：进入 Technology & Innovation 栏目，了解金融科技在桥水公司的应用，如图 5-6 所示。

① 艾瑞咨询. 智能理财 4.0：全球智能理财服务分级白皮书［EB/OL］.（2019-07-09）［2020-11-18］http://report.iresearch.cn/report/201907/3408.shtml.

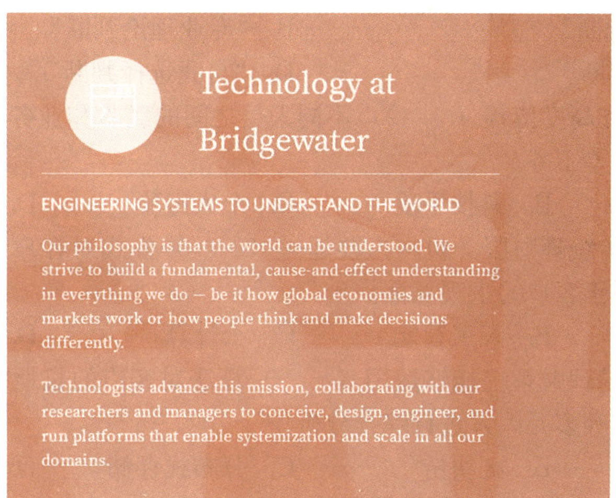

图 5-6 金融科技在桥水公司的应用

步骤3：点击了解 Technology Associate Program，对金融科技在智能理财中的应用做更进一步了解，也可参与其中，相关页面如图5-7所示。

图 5-7 Technology Associate Program 相关页面

思考：金融科技在智能理财中发挥了哪些作用?

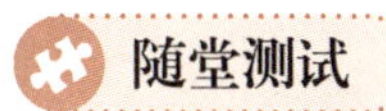

随堂测试

一、单项选择题

1. 智能理财服务是将人工智能、大数据、云计算等科技手段等应用于（　　）流程中。

A. 融资活动　　B. 投资活动　　C. 理财服务　　D. 支付活动

2. 智能理财服务通过互联网提供，使得进入门槛（　　），能够触达大众投资者，解决传统理财服务人力覆盖不足的问题。

A. 提高　　B. 不变　　C. 降低　　D. 以上都不对

3. 智能理财服务以（　　）为核心开展，避免了传统理财服务因业绩导向而产生的利益冲突问题。

A. 市场需求　　B. 用户需求　　C. 收入需求　　D. 安全需求

4. 与传统的投资管理不同，智能理财将过去的“个人经验判断”模式升级为（　　）模式。

A. “数据算法判断”　　B. “专业理论判断”
C. “投票决策判断”　　D. “自我选择判断”

5. 传统理财服务高度依赖（　　），不同人员之间的经验和业务水平差异非常大，提供的理财服务质量参差不齐。

A. 数据支撑　　B. 科技手段　　C. 个人经验　　D. 产品质量

6. 目前大多数传统理财服务机构主要通过（　　）方式对客户进行风险测评，但是问卷结果往往会受制于客户的主观意愿。

A. 大数据分析　　B. 人工智能　　C. 云计算　　D. 问卷调查

7. 高度智能化的理财系统能够运用（　　）算法对客户的长期行为数据、短期行为数据、外部市场情况等多元因素进行综合分析。

A. 深度学习　　B. 区块链　　C. 分布式存储　　D. 集中式存储

8. 智能理财服务系统已经从被动响应客户需求转变为（　　），基于对客户需求及偏好的洞察，实时提供客户感兴趣的信息。

A. 增加产品数量　　B. 优化产品质量
C. 主动提供信息　　D. 参与市场竞争

9. 目前国内智能理财机构在交互方式上大多实行（　　）的混合模式。

A. 纯人工　　B. 纯机器　　C. 人工＋机器　　D. 以上都不对

10. 将智能理财系统应用于（　　），即通过金融科技取代交易员，应用于投资交易的智能服务。

A. 销售环节　　B. 交易环节　　C. 投资环节　　D. 服务环节

二、多项选择题

1. 智能理财的主要驱动力有（　　）等科技手段。

A. 大数据　　B. 云计算　　C. 机器学习　　D. 语音识别

2. 智能理财的优点包括（　　）。

A. 可以辅助客户进行理财决策、进行投资者适当性管理
B. 可提供账户咨询、市场解读、产品对比等投资教育服务
C. 将理财服务普及到人工服务未覆盖的群体
D. 带给客户更好的理财体验，并使得金融服务成本降低、效率提高

3. 智能理财服务有（　　）等特点。

A. 数字性　　B. 普惠性
C. 便捷性　　D. 低成本性

4. 一个完整的智能理财流程大致可以分为（　　）、分析反馈、调整优化等阶段。

A. 客户分析　　B. 资产配置
C. 投资分析　　D. 策略生成

5. 智能理财平台可通过智能化技术，实时进行（　　），实现对客户的动态画像，为客户提供更合适的服务。

A. 了解客户　　B. 捕捉客户需求与偏好
C. 完善客户画像　　D. 提高管理效率

6. 传统理财服务与智能服务相比，其不同体现在（　　）等方面。

A. 供需关系　　　　B. 服务差异
C. 利益冲突　　　　D. 用户依赖

7. 智能理财服务通过长期的数据积累和跟踪，再进行大数据分析和机器学习等，从而可为客户（　　）。

A. 改变市场结构和发展方向
B. 提供全生命周期客户相应的理财信息和资讯服务
C. 提升客户的理财知识和风险意识
D. 产品动态信息及风险提示

8. 智能理财服务在一定程度上解决了传统理财服务（　　）的痛点。

A. 供需失衡　　　　B. 服务差异
C. 利益冲突　　　　D. 过度依赖用户认知

9. 智能理财服务可以在整个流程中更多地应用科技手段，动态了解客户实时的理财需求和风险偏好，其中大数据应用包括（　　）。

A. 数据存储　　　　B. 数据挖掘
C. 数据分析　　　　D. 数据可视化

三、判断题

1. 与传统的投资管理不同，智能理财将过去的“数据算法判断”模式升级为“个人经验判断”模式。（　　）
2. 智能理财服务可将理财服务普及到人工服务未覆盖的群体。（　　）
3. 智能理财服务的价值定位是：以产品供给为导向。（　　）
4. 不经过用户授权，智能理财平台就能够获取大量的人群化用户数据，深度挖掘客户的理财需求和风险承受能力。（　　）
5. 智能理财服务的主要驱动力是：大数据、云计算、机器学习、语音识别、语言处理、知识图谱与传统金融理论、产品、服务的结合。（　　）

任务四　掌握程序化交易的原理和应用

一、程序化交易的定义和类型

（一）程序化交易的定义

程序化交易是一种在计算机和网络技术的支持下，根据事先制定的入市、离市、资金和仓位管理及风险控制等一系列交易规则，由计算机自动完成的交易方式。

程序化交易在近年得到快速发展，它有效利用计算机和网络技术，对海量数据进行处理，对市场信息能够作出快速反应，更重要的是，它可以克服人工交易时恐惧、贪婪、犹豫和冲动等人性弱点，严格地按照规则和程序进行交易决策和执行。

（二）程序化交易的类型[①]

根据交易方式的不同，程序化交易可分为久期平均、组合保险、指数套利、量化交易、算法交易和智能交易等类型。

1. 久期平均

久期平均（Duration Averaging）指在股票组合价格较低时买入，在股票组合价格较高时卖出，从而获得价差收益的交易方式。

2. 组合保险

组合保险（Portfolio Insurance）指当市场处于下跌行情中时，对股票组合最小价值的一个保全措施安排，同时，当价格上涨时，股票组合仍不失去盈利机会的交易方式。

3. 指数套利

指数套利（Index Arbitrage）指套利者利用程序化交易在指数现货市场与指数衍生品市场之间，利用两类产品在不同市场上出现的瞬间定价差异迅速实现低买高卖，从而获取盈利的交易方式。

4. 量化交易

量化交易（Quantitative Trading）指依据一个混合的数量模型来进行一揽子股票的买卖，该数量模型既遵从市场的内在规律，又顾及股票的历史性和理论逻辑的相关关系。

5. 算法交易

算法交易（Algorithmic Trading）指运用较为复杂的数学模型来确定订单的最佳执行路径、执行时间、执行价格及执行数量的交易方法。

6. 智能交易

智能交易（Intelligent Trading）指将人工智能技术引入程序化交易，通过机器学习，自动地总结、归纳和学习金融交易规律，不断完善交易策略的一种程序化交易模式，是程序化交易发展的高级阶段。

二、程序化交易的特点与优缺点

程序化交易是一种在计算机和网络技术的支持下，瞬间完成预先设置好的组合交易指令的交易手段。程序化交易不仅可以提高下单速度，还可以帮助投资者在交易过程中避免受到人性特点、外界干扰等因素的影响，从而实现理性投资。

（一）程序化交易的特点

（1）以计算机数量化模型分析决策为基础。

（2）由计算机系统实时接收信息、处理信息、作出交易决策并自动下单。

（3）程序化交易系统具有自主学习、自我总结和自动完善的交易策略，可不断适应新的市场情况。

① 陈学彬．程序化交易初级教程［M］．北京：高等教育出版社，2017.

（二）程序化交易的优缺点

1. 优点

（1）根据规则自动交易，有利于克服人性的弱点。

（2）可以突破人的生理极限，大幅度提高投资效率，并降低人的体力和脑力消耗。

（3）系统性的交易、资金管理和仓位管理，有利于投资的组合优化管理和风险控制。

（4）程序化交易与大数据、互联网和人工智能方法相结合，有利于从海量的金融数据中发掘投资机会，总结交易规律，制定最优交易决策和快速执行，从而实现系统化、智能化的金融交易和资产管理。

2. 缺点

（1）程序化交易是由人根据历史经验开发出来的，人的认知局限和小概率事件可能导致程序中存在不可预知的风险。

（2）程序化交易的批量快速反应，可能在市场剧烈波动时引发羊群效应，从而导致系统性崩溃。

三、程序化交易的基本原理

现代金融市场交易建立在电子计算机网络系统之上，从行情发布、信息处理、分析决策、下达指令到竞价成交、反馈信息等均可通过计算机网络系统进行，投资者并不直接到交易所交易，而是通过其委托的证券公司（经纪商）在交易所进行交易，金融市场交易信息流程如图 5－8 所示。

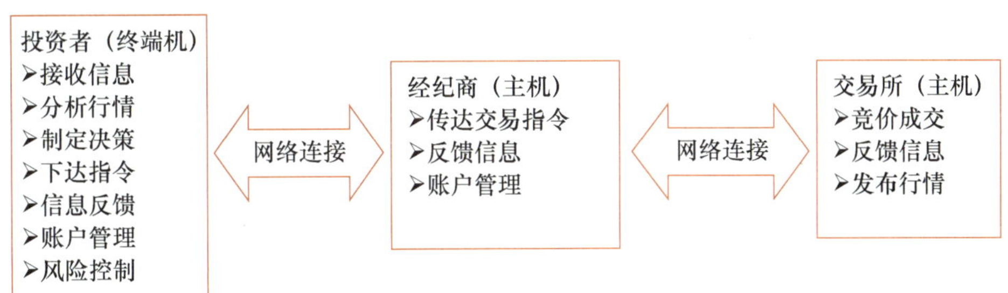

图 5－8 金融市场交易信息流程示意

图片来源：陈学彬．程序化交易初级教程［M］．北京：高等教育出版社，2017.

程序化交易并不是一个简单的由计算机进行自动交易的过程。程序化交易从接收信息、分析信息、制定决策、下达指令，到交易信息反馈、账户管理、风险控制等全过程，都是在计算机实时联网过程中完成，是一个由交易策略开发、交易策略评估、实盘交易、跟踪监测、改进完善等众多既相互独立又相互联系的环节构成的一个系统性动态过程，这一过程具体如图 5－9 所示。

在程序化交易中，我们需要制定清晰的交易策略，并且通过计算机程序将其完整、准确地表达出来，而且还必须通过历史数据进行回测、优化和模拟检验，以判断其交易策略的盈利性和风险性。然而，经济形势和金融市场瞬息万变，根据历史经验总结的交易策略并不能完全反映这种变化，这一方面是由于人的认知能力和历史经验的有限性，另一方面是由于历史绝不会

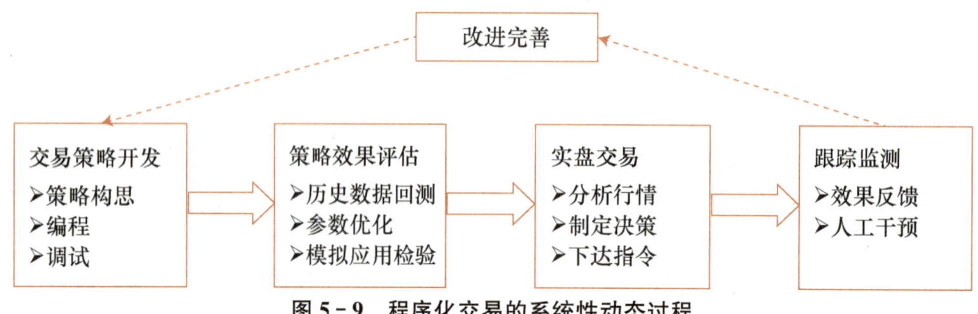

图 5-9 程序化交易的系统性动态过程

图片来源：陈学彬．程序化交易初级教程［M］．北京：高等教育出版社，2017.

是对过去的简单重演。在程序化策略投入使用后，人们必须密切跟踪其运行情况，当发现有较大问题和漏洞时，必须对策略进行调整和优化，甚至中断其运行，以收到最佳的投资效果。

做中学

学习程序化交易平台的知识和操作：

步骤 1：TradeStation 平台由国信证券和美国 TradeStation 公司联合开发。登录国信 TradeStation 大学（http://www.guosen.com.cn/gxzq/tradestation/college.jsp）观看国信 TradeStation 快速入门视频。TradeStation 快速入门视频页面如图 5-10 所示。

图 5-10 TradeStation 快速入门视频页面

步骤 2：学习了解 TradeStation 教学课程。教学课程包括入门课程和开发课程两类，TradeStation 教学课程页面如图 5-11 所示。

图 5-11 TradeStation 教学课程页面

步骤 3：查看应用案例，了解量化交易的具体应用情况。TradeStation 应用案例的页面如图 5 - 12 所示。

图 5 - 12　TradeStation 应用案例页面

思考：程序化交易的主要特征有哪些？有哪些优点和缺点？

随堂测试

一、单项选择题

1. 程序化交易就是根据事先制定的入市、离市、资金和仓位管理及风险控制等一系列交易规则，由（　　）进行的自动化交易。

A. 投资者　　B. 交易员　　C. 交易所　　D. 计算机

2. （　　）指在股票组合价格较低时买入，在股票组合价格较高时卖出，从而获得价差收益的交易方式。

A. 久期平均　　B. 组合保险　　C. 指数套利　　D. 算法交易

3. 智能交易指将（　　）技术引入程序化交易，通过机器学习，自动地总结、归纳和学习金融交易规律，不断完善交易策略的一种程序化交易模式。

A. 大数据　　B. 云计算　　C. 区块链　　D. 人工智能

4. 组合保险指当市场处于（　　）行情中时，对股票组合最小价值的一个保全措施安排，同时，当价格上涨时，股票组合仍不失去盈利机会的交易方式。

A. 上涨　　B. 不变　　C. 下跌　　D. 波动

5. 指数套利指套利者利用程序化交易在（　　）现货市场与指数衍生品市场之间，利用两类产品在不同市场上出现的瞬间定价差异迅速实现低买高卖，从而获取盈利的交易方式。

A. 商品　　B. 证券　　C. 外汇　　D. 指数

6. 量化交易指依据一个混合的（　　）来进行一揽子股票的买卖，该模型既遵从市场的内在规律，又顾及股票的历史性和理论逻辑的相关关系。

A. 商品模型　　B. 数量模型　　C. 指数模型　　D. 以上都不对

7. 程序化交易可以帮助投资者在交易过程中避免受到人性特点、外界干扰等因素的影响，从而实现（　　）。

A. 理性投资　　B. 非理性投资

C. 确定投资　　D. 不确定投资

8. 早期的投资者通过报纸、广播、电视等方式获得证券行情信息，经过（　　）后制定投资决策。

A. 人工分析　　B. 机器分析　　C. 深度学习　　D. 大数据分析

9. 现代金融市场交易从行情发布、信息处理、分析决策、下达指令到竞价成交、反馈信息等均可通过（　　）进行。

A. 经纪商　　B. 投资者

C. 计算机网络系统　　D. 监管者

10. 程序化交易中，买卖决策和交易指令都是由（　　）根据预先编制的交易规则自动进行的。

A. 发行者　　B. 融资者　　C. 投资者　　D. 计算机程序

二、多项选择题

1. 程序化交易就是根据事先制定的（　　）等一系列交易规则，由计算机进行的自动化交易。

A. 入市　　B. 离市

C. 资金和仓位管理　　D. 风险控制

2. 程序化交易有效利用计算机和网络技术，对海量数据进行处理，对市场信息能够作出快速反应，更重要的是，它可以克服人工交易时（　　）等人性弱点。

A. 恐惧　　B. 贪婪　　C. 犹豫　　D. 冲动

3. 根据交易方式的不同，程序化交易可分为（　　）、算法交易和智能交易等类型。

A. 久期平均　　B. 指数套利　　C. 组合保险　　D. 量化交易

4. 组合保险的程序化交易类型，可在（　　）行情下发挥作用。

A. 不变　　B. 上涨　　C. 波动　　D. 下跌

5. 算法交易指运用较为复杂的数学模型来确定订单的最佳（　　）的交易方法。

A. 执行路径　　B. 执行时间　　C. 执行价格　　D. 执行数量

6. 程序化交易 TradeStation 平台中的教学课程有两类，即（　　）。

A. 初级课程　　B. 入门课程　　C. 开发课程　　D. 高级课程

7. 程序化交易的特点有（　　）。

A. 以计算机数量化模型分析决策为基础

B. 由计算机系统实时接收信息、处理信息、作出交易决策并自动下单

C. 程序化交易系统具有自主学习、自我总结的交易策略

D. 自动完善的交易策略可不断适应新的市场情况

8. 程序化交易的优点有（　　）。

A. 有利于克服贪婪、恐惧等人性的弱点

B. 可以突破人的生理极限，降低人的体力和脑力消耗

C. 系统性的交易、资金管理和仓位管理

D. 与大数据、互联网和人工智能方法相结合，可实现系统化、智能化的金融交易和资产管理

9. 程序化交易的缺点包括（　　）。

A. 人的认知局限和小概率事件可能导致程序中存在不可预知的风险

B. 提高交易效率，降低人的体力和脑力的消耗

C. 批量快速反应，可能在市场剧烈波动时引发羊群效应，从而导致系统性崩溃

D. 不断自我学习、自我总结，不断适应市场变化

10. 程序化交易并不是一个简单的由计算机进行自动交易的过程，而是一个由（　　）等众多既相互独立又相互联系的环节构成的一个系统性动态过程。

A. 交易策略开发　B. 策略效果评估　C. 实盘交易　D. 跟踪监测

三、判断题

1. 程序化交易就是根据事先制定的入市、离市、资金和仓位管理及风险控制等一系列交易规则，由计算机进行的自动化交易。（　　）

2. 组合保险指当市场处于下跌行情中时，对股票组合最大价值的一个保全措施安排，同时，当价格上涨时，股票组合仍不失去盈利机会的交易方式。（　　）

3. 程序化交易根据规则自动交易，不利于克服人性的弱点。（　　）

4. 程序化交易是一个简单的由计算机进行自动交易的过程。（　　）

5. 程序化交易中，投资决策是由人的大脑制定的，交易指令是由计算机下达的。（　　）

任务五　掌握基金销售的新发展

一、金融科技背景下基金销售的新变化

2013 年为互联网金融元年，科技与金融的碰撞，给基金业带来了新的发展契机。随着移动互联、人工智能、大数据、云计算等信息技术的快速发展，金融科技给基金客户带来了全新的体验。

（一）操作快捷方便

相比于在银行和证券公司柜台购买基金的传统方式，利用互联网购买基金，可以充分发挥移动互联技术的优势，突破时间和空间限制，客户在任何时间、任何地点都可以购买基金；另外，利用互联网购买基金，基金购买的流程环节大大简化，从客户申请转入资金到资金到账采用全流程网络化、无纸化操作。

（二）互联网平台与基金公司高度融合

庞大而稳定的客户群是众多金融机构不懈追求的目标。通过科技与基金的高度融合，基金公司可以即刻拥有规模庞大的客户群。我国规模最大的货币基金——余额宝，因为与淘宝的支付宝紧密地捆绑在一起，从而拥有了庞大并且可持续发展的客户基础。

（三）满足了新兴客户群体特殊的投资需求

以余额宝为例，余额宝借助于淘宝和支付宝，挖掘出了一个银行尚未重视的新兴客户

群体。这个群体具备以下三个特征：第一，客户资金达不到银行理财门槛；第二，客户对理财没有专业的认知，很多客户把余额宝视作高收益的活期存款；第三，客户有一定的投资需求，希望闲置资金可以保值增值。

（四）更好的客户体验

借助金融科技，基金销售进行了许多人性化设计创新。比如，余额宝每天都有收益提示，客户打开支付宝的手机客户端，就能随时随地查询到当日收益、资产份额等信息，既增加了透明度，也提升了投资者的客户体验。

二、互联网基金销售的现状和特点

根据中国证监会官网公示的公募基金销售机构名录，截至 2020 年 9 月，公募基金销售机构已有 400 家，包括 141 家商业银行、99 家证券公司、18 家期货公司、9 家保险公司、6 家证券投资咨询公司、107 家独立销售机构。

自 2012 年 2 月中国证监会首次批准 4 家独立基金销售机构以来，独立销售机构发展迅猛，已成为基金销售的重要力量。8 年间从 4 家到 107 家，基金独立销售机构数量增长迅速。以东方财富为例，公司从财经资讯类网站起家，最初以广告和财经资讯服务为主要收入来源。2012 年拥有独立基金销售资格后，基金销售收入很快成为公司最重要的收入来源。截至 2020 年一季度末，公司互联网金融电子商务平台（天天基金网）共上线 133 家公募基金管理人的 7 179 只基金产品，销售额达 3 090 亿元。天天基金网日均浏览量 357 万次，日均活跃用户数 124 万人。

传统基金销售机构为何增速放缓？从基金发行来看，由于银行的强势地位，新基金发行需要支付给银行高额的客户维护费，对于募集金额较小的基金公司而言，需要几年时间才能收回成本。因此，为打破销售渠道单一、销售成本高企的不利状况，基金公司管理层鼓励基金销售渠道多元化，促进了第三方销售机构的发展。

目前，已有不少基金公司、第三方财富管理公司通过打造电子商务平台、利用灵活的销售折扣和便捷的手机 App，成功实现了基金销售模式的转变。

基金销售呈现以下特点：

首先，规范化营销。基金销售机构不仅需要在证监会备案，而且还要对自身的经营状况、产品结构、产品收益、产品风险等关键要素进行如实披露。规范化的营销对投资者来说，无疑能更好地保证自身权益。

其次，交互式营销。在互联网社区，交互是最重要的特征。网购客户对基金往往缺乏认识，资金量也较小，如何满足这部分客户的投资需求，并贯彻适当性销售的合规要求，是一个新课题。金融科技带来的新营销方式，更强调交互式营销，内容更加浅显易懂，对客户的需求响应速度也更快捷。

再次，个性化营销。今后，互联网基金销售不再是单一地在线上销售基金产品，提供在线投资顾问服务是基金营销的新趋势。以客户为中心，提供一站式的投资解决方案，通过移动互联平台进行资产配置乃至个性化定制，可以吸引更多的普通投资者接受复杂的基金产品。

最后，专业化营销。互联网的透明、开放和包容将进一步强化金融行业的专业优势，基金公司能够快速了解不同客户的投资需求和风险偏好，及时提供满足客户细分需求的基金产品，通过差异化服务凸显自身品牌优势，从而有更多机会赢得更多客户。

三、智能投顾为基金销售提供新的渠道

智能投顾作为金融科技的一个重要组成部分，开启了大资产管理的新时代，也为基金销售提供了新渠道。

自 2006 年至今，正逢人工智能的第三波浪潮，基于智能投资组合、以交易型开放式指数基金（Exchange Traded Funds，ETF）为主要投资标的、以被动投资为主要特征的智能投顾模式开始在美国兴起，这种投资很快受到“千禧一代”（出生于 1984—2000 年，与互联网同步成长，大致相当于我国的“80 后”和“90 后”）的欢迎。自 2010 年起，美国智能投顾平台 Betterment（卓越理财）和 Wealthfront（财富前线）等先后上线。经过近 10 年的发展，尤其是 2015 年以来，美国智能投顾呈爆发式增长态势，成立的公司有数百家。据 Statista 统计，截至 2017 年 2 月，美国智能投顾公司管理的资产规模已经超过 800 亿美元，而且前五大智能投顾公司占据的市场份额超过了 90%。

2015 年是我国智能投顾元年。我国智能投顾投资标的以公募基金为主，这就使得智能投顾实际上为基金销售拓展了另一个渠道，该渠道具有费率低、效率高、操作简便的特点，而且容易取得客户信任，避免了人工推荐基金容易被拒绝的尴尬。

我国具有代表性的智能投顾平台及产品如表 5－2 所示。

表 5－2 我国具有代表性的智能投顾平台及产品

派系	代表平台	代表产品	上线时间	主要投资标的
银行系	招商银行	摩羯智投	2016 年 12 月	公募基金为主
	光大银行	光云智投	2017 年 6 月	公募基金为主
	广发银行	广发智投	2017 年 9 月	公募基金为主
	中国银行	中银慧投	2018 年 4 月	公募基金为主
券商系	广发证券	贝塔牛	2016 年 6 月	股票、ETF 基金
基金系	广发基金	基智组合	2016 年 8 月	公募基金
互联网系	蚂蚁金服	蚂蚁财富	2015 年 8 月	公募基金、股票
	京东金融	京东智投	2015 年 8 月	公募基金、债券
	蓝海财富	蓝海智投	2015 年 10 月	股票、私募股权、房地产
	宜信财富	投米 RA	2016 年 5 月	ETF 基金、固定收益产品、美股

以招商银行的摩羯智投为例，2016 年 12 月，招行对外发布摩羯智投，其官方定义是一种“智能基金组合销售服务”，利用计算机智能算法与自我学习功能，融合了招行多年的基金研究与财富管理经验，构建以公募基金为主的智投服务。摩羯智投的投资门槛较低，投资起点为 2 万元，以 5 000 元为追加金额，申购、赎回费用由系统自动生成的投资组合产品的费用来确定。摩羯智投单次申购上限为 50 万元，单日累计限额高达 300 万元，满足了大部分客户的日常资金需求。摩羯智投资产组合基本上由公募基金组成，系统按照

每位客户的风险承受能力和投资期限自动筛选最优基金组合，在客户授权的情况下“一键申购”即可。招商银行摩羯智投的手机界面如图 5-13 所示。

图 5-13　招商银行摩羯智投的手机界面

摩羯智投将客户投资行为按照投资期限、期望的投资回报率、风险承受能力等要素，向客户提供有关基金组合的投资建议。摩羯智投将风险等级分为 10 级，按照 1 年以内、1～3 年、3 年以上等期限将基金进行组合，合计 30 余种组合。通过摩羯智投 App，投资者可以选择购买合适的基金组合。投资者选择投资期限和风险承受级别后，App 给予组合配置比例。

商业银行智能投顾产品基本状况如表 5-3 所示。

表 5-3　商业银行智能投顾产品基本状况

对比对象	招商银行	广发银行	江苏银行	平安银行	工商银行
发展阶段	成长阶段	起步阶段	起步阶段	起步阶段	起步阶段
投资门槛	20 000 元	20 000 元	20 000 元	20 000 元	20 000 元
策略类型	黑盒策略	白盒策略	黑盒策略	黑盒策略	黑盒策略
组合数量	30 种	5 种	15 种	11 种	15 种
风险等级	10	5	5	11	5
投资期限	3 年	—	3 年	—	3 年

资料来源：商业银行智能投顾模式探索——以摩羯智投为例［J］. 华北金融，2018（4）.

与其他商业银行的智能投顾平台相比，招商银行摩羯智投基金组合数量为 30 只，数量约为工商银行的 2 倍、广发银行的 6 倍。截至 2018 年 1 月底，摩羯智投的基金池中涉及股票型、混合型、债券型、货币型 4 类 23 只基金，模拟年化收益率 5.01%～11.23%。平台每年收取 0.2%的管理费和 0.02%的托管费。银行智能投顾平台为了保护商业机密，大多采用不对客户公开操作过程、模型及算法等的黑盒策略。

摩羯智投推出以后，在短短一个月内，基金销售规模就超过 8 亿元。截至 2019 年年底，摩羯智投拥有20多万投资者，基金销售规模已超过百亿元。摩羯智投吸引了许多年轻的投资者。根据招行官方统计，大部分投资者的年龄为25岁～35岁，客户的平均持仓量为5万～500万元。由此可见，摩羯智投打开了吸引新一代年轻人的基金销售渠道，为实现普惠金融奠定了基础。

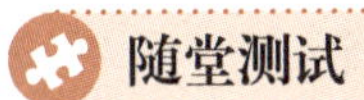

参照表5-3“商业银行智能投顾产品基本状况”的格式，对国内主要证券公司推出的智能投顾平台的特点进行总结，比如：广发证券的贝塔牛、长江证券的阿凡达狗、海通证券的e海通财、国泰君安的君弘理财规划系统等。

要求：

（1）选择至少3家证券公司的智能投顾平台。

（2）总结要素包括：平台成立时间、发展阶段、主要投资标的、投资起点、投资期限。

思考：不同证券公司的智能投顾平台具有哪些共同点？

随堂测试

一、单项选择题

1. 智能投顾起源于（　　）。

A. 美国　　B. 中国　　C. 德国　　D. 英国

2. 以下不属于第三方独立基金销售机构的是（　　）。

A. 天天基金网

B. 证券公司

C. 上海万得投资顾问有限公司

D. 济安财富（北京）资本管理有限公司

3. 公募基金销售机构中，数量占比最高的是（　　）

A. 商业银行　　B. 证券公司

C. 第三方独立销售机构　　D. 基金公司

4. 摩羯智投是（　　）的智能投顾平台。

A. 平安银行　　B. 北京银行　　C. 广发银行　　D. 招商银行

5. 我国智能投顾平台以销售（　　）为主。

A. 债券　　B. 私募基金

C. 银行理财产品　　D. 公募基金

6. 以（　　）为中心，提供一站式的解决方案，通过移动互联网服务平台进行资产配置乃至个性化定制，是让普通投资者接受复杂基金产品的出路。

A. 风险　　B. 收益　　C. 客户　　D. 产品

二、多项选择题

1. 金融科技给基金销售带来的变化有（　　）。

A. 操作更便捷

B. 基金交易费用更低廉

C. 基金信息更加透明

D. 基金收益更高，同时风险更小

2. 互联网基金销售呈现的特点是（　　）。

A. 规范化营销　　B. 交互式营销　　C. 个性化营销　　D. 专业化营销

三、判断题

1. 美国智能投顾平台主要投资于国债。（　　）

2. 利用互联网销售基金，可以充分发挥电脑和手机的优势，将基金运行的每个环节尽量简化，从客户申请转入资金到资金到账采用全流程网络化、无纸化操作。（　　）

3. 余额宝的一个很大优势在于依托支付宝，与支付宝紧密地捆绑在一起，具有规模化的客户资源，但在客户发展方面不具有可持续性。（　　）

4. 今后互联网基金的销售不再是在网上单一销售基金产品，提供在线投资顾问服务是基金线上销售的新趋势。（　　）

5. 互联网的透明、开放特性会进一步弱化金融行业所特有的专业化优势，基金公司无法快速提供满足细分用户需求的产品。（　　）

6. 智能投顾选择的投资标的多为基金，尤其是主动投资类的股票型基金。（　　）

项目六

金融科技与保险

互联网保险公司运营模式分类

学习目标

知识目标：

1. 了解保险科技与互联网保险的不同内涵。
2. 认识保险科技对保险产品的影响。
3. 理解科技对保险公司运营模式的影响。
4. 掌握保险科技的监管及发展趋势。

能力目标：

1. 学会利用保监会网站，搜索互联网保险行业及公司经营状况相关资料。
2. 通过互联网保险产品与传统保险产品对比，能够审慎地选择适合自己的保险产品。

导入案例

中国人寿"三险一体化"服务新体验

【案例介绍】

作为国内寿险行业的龙头企业，中国人寿保险股份有限公司拥有庞大的分销和服务网络。目前，中国人寿推出了"三险一体化"的直付理赔服务，通过对接社保和医院，根据前端实时数据驱动，后端依次完成基本医疗保险、大病保险、商业保险的报销赔付，减少了客户申请、提交申请材料的环节，直接抵缴就医费用。

早在2016年12月，在大病医疗与基本医疗保险对接的基础上，中国人寿在江苏溧阳实现了公司理赔平台与溧阳城乡居民医保系统的对接，在溧阳市人民医院实现了"基本医疗保险+大病保险+商业保险”的出院“三险一体化”即时结算，真正实现了直付理赔服务。参保人出院结算时，只需要承担个人费用，无须垫付基本医疗保险、大病保险和商业医疗保险的报销补偿金额。①

目前，中国人寿的“三险一体化”项目尚处于初级阶段，仍存在医保政策透明度不足等问题。但是，这一项目的实施大大提升了保险理赔的效率，极大改进了客户体验，为中国人寿带来了良好的市场口碑，提升了客户忠诚度。

【案例分析】

中国人寿的“三险一体化”直付理赔服务是金融科技在保险行业应用的典型案例。目前，除了众安保险等互联网保险公司迅速发展之外，我国传统大型保险公司也在积极应用金融科技，力争保持竞争优势，甚至实现弯道超车。这些传统大型保险公司不断加大对于金融科技的资金和人才投入，积极转型并升级服务。此外，这些传统大型保险公司结合传统保险业务，围绕人工智能、大数据、区块链以及云平台等核心金融科技，实现科技与业务、生态圈结合，拓展“保险+科技”与“科技+生态圈”的业务形式，实现保险产品以及业务模式的不断创新，改进客户体验，提升经营效率和效果。

任务一　了解保险科技与互联网保险的不同内涵

由于我国金融业起步较晚，保险业在我国发展的历史只有短短几十年时间，但科技在保险领域的运用却并不比银行、证券业晚，金融科技正深刻地影响着保险业的方方面面。保险科技在它的兴起和发展阶段，呈现出了“大保险公司开荒，第三方平台浇水，电商平台助力”的特征。

一、保险科技的内涵

根据金融稳定理事会的定义，金融科技是指技术带来的金融创新，它能带来新的业务模式、应用、流程和产品，从而对金融市场、金融机构和金融服务方式产生重大影响。金融科技在保险领域的应用即保险科技。根据上述定义，保险科技既包括大数据、云计算、物联网、区块链、人工智能等普遍适用于金融服务诸多领域的基础技术，也包括和保险行业应用场景结合相对更加紧密的车联网、无人驾驶、基因诊疗、可穿戴设备等应用技术。②

大数据在互联网保险行业的产品创新、营销创新和服务创新中发挥着重要作用。保险公司运用公司内部数据、互联网公开数据、行业平台数据、政府免费开放数据、第三方大数据，将客户的个人属性与客户业务订单数据、客户类别数据、客户财务状况数据、客户

① 清华大学五道口金融学院，中国保险与养老金研究中心．2018全球保险科技报告［M］．北京：清华大学出版社，2018.

② 朱进元，刘勇，魏丽．保险科技［M］．北京：中信出版集团，2018.

浏览数据、客户行为数据多个账号链接在一起，通过建立客户标签，可以做到建立客户衣食住行的全方位画像，帮助保险公司准确找到客户真实需求。保险公司通过对客户消费数据的深入挖掘和分析，实现市场专业化，提高经营水平和提升服务质量。互联网保险利用互联网数据的先天优势，可以完成产品创新定价的优化、服务的提升、营销的改进，以及预判风险等。

在人工处理的委托代理关系中，由于信息不对称，会产生信用问题。利用人工智能技术，可以极大地改善这一现象。现阶段，语音处理、图像识别和智能机器人在与客户的智能交互、欺诈检测、索赔处理等环节已经开始应用。对于更加复杂的保险业务，如厘定保费、个性化评估风险、提高精算与实际风险水平的契合度方面，人工智能的应用存在更大的空间。

物联网是以互联网为基础，通过传感设备搭建的一个物品识别和管理自动化系统。车联网技术和可穿戴设备领域是物联网在保险行业的具体应用。通过车联网技术，保险公司可以厘定车险的费率，并能更精准地进行保险定价和风险管控，同时更加细分了车险市场。在人身险方面，可穿戴设备应用到医疗设备上，通过收集被保险人身体状况的数据，对被保险人的健康进行管理，降低发病率和死亡率，达到主动管理风险的目的。在财产险方面，保险公司可以通过智能家居和移动设备的组合运用，对家庭财产实现风险防范事中监督，打通保险的全流程服务。

区块链技术的主要特点是通过改变数据的存储和使用方式，提升数据的使用价值。在目前的条件下，区块链的应用还没有涉及保险较为核心的业务。通过与物联网生物识别等技术的结合，保险公司目前尝试通过区块链技术确认风险事故发生的时间、空间以及保险标的的唯一性。通过区块链建立的投保人可信信息系统，将大大减少信息不对称问题，对保险行业风险定价发挥更为重要的作用。

二、保险科技与互联网保险的区别

（一）互联网保险的内涵

互联网保险是伴随电子商务在保险业的渗透应运而生的，可以理解为保险公司或保险中介机构以互联网和电子商务技术为工具来支持保险经营管理活动的经济行为，也可以认为是保险公司通过网络和电子商务技术实现全方位的保险服务，即在网上实现投保人的咨询、投保、审批、交费、理赔、投诉等业务流程，对业务员和代理人提供服务以及后台的一系列管理工作，比如与保险监管、税务、市场监管等机构之间的信息交流活动等。从互联网保险目标来看，主要是通过互联网实现投保、核保、理赔、给付等。

2020 年 12 月出台的《互联网保险业务监管办法》将互联网保险定义为“保险机构依托互联网订立保险合同、提供保险服务的保险经营活动”。与 2015 年 7 月出台的《互联网保险业务监管暂行办法》中“互联网保险业务，是指保险机构依托互联网和移动通信等技术，通过自营网络平台、第三方网络平台等订立保险合同、提供保险服务的业务”相比，新的概念更加简练。《互联网保险业务监管办法》规定：“保险机构通过互联网和自助终端设备销售保险产品或提供保险经纪服务，消费者能够通过保险机构自营网络平台的销售页面独立了解产品信息，并能够自主完成投保行为，适用于本办法。”同时，《互联网保险业务监管办法》还规定：“互联网保险业务应由依法设立的保险机构开展，其他机构和个人不得开展互联网保险业务。保险机构开展互联网保险业务，不得超出该机构许可证（备案表）上载明的业务范围。”可以看出，新规的一大变化就是剔除了第三方网络平台，其目的是加强对互联网保险销售的监管，维护消费者的利益。

《互联网保险业务监管办法》明确了经营互联网保险的主体，具体如下：

“本办法所称保险机构包括保险公司（含相互保险组织和互联网保险公司）和保险中介机构；保险中介机构包括保险代理人（不含个人保险代理人）、保险经纪人、保险公估人；保险代理人（不含个人保险代理人）包括保险专业代理机构、银行类保险兼业代理机构和依法获得保险代理业务许可的互联网企业；保险专业中介机构包括保险专业代理机构、保险经纪人和保险公估人。”

“本办法所称自营网络平台，是指保险机构为经营互联网保险业务，依法设立的独立运营、享有完整数据权限的网络平台。保险机构分支机构以及与保险机构具有股权、人员等关联关系的非保险机构设立的网络平台，不属于自营网络平台。”

（二）保险科技与互联网保险的区别

提起保险科技，很多人认为它就是互联网保险。其实这两者既有紧密的联系，又有一定的区别。中国银保监会副主席梁涛曾指出：“金融科技和保险科技是近两年的提法，以前我们叫互联网金融和互联网保险，叫法不同，但实质是一样的，都强调传统行业与信息技术的相互融合。”互联网保险是保险科技发展的前身，金融科技是互联网保险的传承和发展。随着科技在保险行业的应用，保险科技开始有了新的内涵。两者的区别主要体现在以下几个方面：

第一，涵盖面不同。互联网保险更多强调的是与互联网保险相关的各种业务，而保险科技则提出“金融科技在保险领域的应用即为保险科技”。金融科技在保险行业的应用不局限于保险公司及保险业务，与医疗、物联网等领域的融合是保险科技的典型特征。因此，保险科技的概念要比互联网保险更广泛。

第二，参与主体不同。开展互联网保险业务的主体是保险公司和保险中介机构。参与保险科技的主体要丰富得多。比如：保险科技新兴发展的基因诊疗领域，需要大量医院及医疗系统的参与；保险科技在车险中的创新、OBD 等车载诊断系统的研发，依赖于制造行业的助力；目前用来监控人体健康的可穿戴设备，离不开电子、人工智能领域企业的努力。

第三，监管不同，起始时间不同。对于互联网保险，中国银保监会有明确的监管规定。2011 年 9 月，中国保监会出台《保险代理、经纪公司互联网保险业务监管办法（试行）》，明确了保险公司、保险专业中介机构开展互联网保险业务的资质条件和经营规则，这标志着互联网保险行业监管正式开启。对于保险科技来说，2004 年 8 月，国务院发布的《中华人民共和国电子签名法》规定“电子签名与手写签名或印章具有同等的法律效力”，这可以被认为是科技监管运用在保险行业的标志。现在中国银保监会对保险科技的监管主要还是体现在互联网保险公司相关业务上。随着科技在保险行业的加速运用，相信对保险科技的监管内容也会大大拓展。

三、保险科技在我国的发展历程

第一阶段：萌芽期（1997—1999 年）

1997 年 11 月 28 日，中国保险学会和北京维信投资股份有限公司成立了我国第一家保险网站——中国信息保险网，这是互联网保险在我国的开端。

第二阶段：起步期（2000—2002 年）

2000 年 8 月 1 日，平安公司的 PA18 正式成立，这是国内首家集证券、保险、银行及个人理财等业务于一体的个人综合理财服务网站。8 月 6 日，中国太平洋保险公司搭建成功国内第一家全国联网的保险互联网系统。9 月 22 日，由泰康人寿保险股份有限公司独家投资建设的大型保险电子商务网站——“泰康在线”开通。9 月，国内唯一外资全资公司友邦保险上海分公司的网站开通，通过互联网为客户提供保险的售前咨询和售后服务。这标志着国内的互联网保险进入了起步阶段。

第三阶段：探索期（2003—2007 年）

2003 年，条款相对简单的航空意外、交通意外、任我游（自助式）等 3 款保险可以通过中国太平洋保险的官方网站在线投保。从 2006 年起，太平洋保险、泰康人寿、中国人寿保险几家大型传统保险公司开始对自身的官网进行改版升级。2006 年，买保险网以“互联网保险超市”概念上线运营，采用了“网络直销＋电话服务”的保险营销模式。

第四阶段：积累期（2008—2011 年）

在此阶段，互联网保险出现市场分层，保险中介网站开始发展，但由于互联网保险公司电子商务保费规模相对较小，电子商务渠道的战略价值尚未体现，因此在渠道资源配置方面没有优势。后期随着市场的变化，慧择网、优保网、向日葵等以保险中介和保险信息服务为定位的保险网站出现，并且获得了风险投资。

第五阶段：发展期（2012—2013 年）

2012 年，我国全年保险电子商务市场在线保费收入规模达到了 100 亿元。保险科技的应用通过官方网站、保险超市、门户网站、O2O 平台、第三方电子商务平台等多种方式展现。互联网业务管理模式开始形成，保险公司开始成立新渠道子公司开展集团内部代理，成立事业部进行单独核算管理。第三方电子商务平台凭借其流量、结算和信用优势，日益成为推动互联网保险快速发展的中流砥柱。消费者也逐渐认识到互联网保险绝不等同于互联网保险产品的互联网化，而是一种新的商业模式，是保险公司对商业模式的创新。

第六阶段：爆发期（2014 年至今）

电子商务、互联网支付等相关行业的高速发展，为保险行业的电商化奠定了产业及用户基础。2014 年，互联网保险保费规模呈爆发式增长，保险产品种类繁多，互联网保险渗透速度加快，传统保险公司向互联网渠道的投资力度加大。保险公司意识到保险科技深刻改变了保险公司运营的规则与习惯，对现有保险产品、运营与服务模式产生了深刻影响。

做中学

登录逸景保险欺诈数据挖掘虚拟仿真实验平台，选择相关实验课程，通过系统内置的保险欺诈大数据分析模型，自动识别系统内置的保险数据中可能存在的保险欺诈疑点。

步骤一：登录实验软件，学习保险欺诈数据挖掘模型与客户数据。

步骤二：选择相应的模型，读入客户保险数据。

步骤三：系统读取并识别客户保险数据，得出是否存在欺诈疑点的结论。

思考：保险欺诈大数据分析模型识别保险欺诈数据的原理及规则是什么？

随堂测试

一、单项选择题

1. 保险科技的萌芽期是（　　）。

A. 1997—2000 年　　B. 2000—2003 年

C. 2003—2007 年　　D. 2008—2011 年

2. 保险科技的爆发期是（　　）。

A. 2017 年至今　　B. 2014 年至今　　C. 2015 年至今　　D. 2018 年至今

3. 物联网技术在保险行业的应用主要体现在（　　）和可穿戴设备领域。

A. 车联网技术　　B. 大数据　　C. 区块链　　D. 人工智能

二、多项选择题

1. 从互联网保险目标来看，主要是通过互联网实现（　　）。

A. 投保　　B. 核保　　C. 理赔　　D. 给付

2. 现阶段，语音处理、图像识别和智能机器人在与客户的（　　）环节已经开始应用。

A. 智能交互　　B. 欺诈检测　　C. 索赔处理　　D. 购买

3. 保险科技包括（　　）、人工智能等普遍适用于金融服务诸多领域的基础技术。

A. 大数据　　B. 云计算　　C. 物联网　　D. 区块链

三、判断题

1. 大数据在互联网保险行业的产品创新、营销创新和服务创新中发挥着重要作用，其前提是依据大数据的客户画像。（　　）

2. 物联网是以互联网为基础，通过传感设备搭建的一个物品识别和管理的自动化系统。（　　）

3. 消费者可以通过各种平台购买互联网保险产品。（　　）

4. 保险科技就是互联网保险。（　　）

任务二　认识保险科技对保险产品的影响

保险科技的发展，改变了传统保险的销售途径和销售模式，使消费者在购买保险时的选择大大增加。目前保险产品主要分为两类：一类是传统保险通过互联网渠道销售，如互联网财产险或者人身险；另一类是基于大数据、物联网、区块链等新技术、新场景下的产品创新。

一、财产保险

财产保险（Property Insurance）是指投保人根据合同约定，向保险人交付保险费，保险人按保险合同的约定对所承保的财产及其有关利益因自然灾害或意外事故造成的损失承担赔偿责任的保险。财产保险包括家庭财产保险、农业保险、责任保险、保证保险、信用保险等以财产或利益为保险标的的各种保险。

（一）家庭财产保险

家庭财产保险是以城乡居民室内的有形财产为保险标的的保险。根据保险责任的不同，普通家庭财产保险又分为灾害损失险和盗窃险两种。

灾害损失险的保险标的包括被保险人的自有财产、由被保险人代管的财产或被保险人与他人共有的财产。通常包括：日用品、床上用品；家具、用具、室内装修物；家用电器、文化娱乐用品；农村家庭的农具、工具、已收获入库的农副产品等。实际价值很难确定的财产，如金银、珠宝、玉器、首饰、古玩、古书、字画等，必须由专业鉴定人员进行价值鉴定，经投保人与保险人特别约定后，才作为保险标的。

普通家庭财产保险的保险期限为 1 年，即从保单签发日零时算起，到保险期满日 24 时止。互联网家庭财产保险的种类很多，如平安百万家财损失险、人保家庭百万责任险等。

盗窃险的保险责任指在正常安全状态下，留有明显现场痕迹的盗窃行为，致使保险财产产生损失。除自行车、助动车以外，盗窃险规定的保险标的的范围与家庭财产、灾害损失险完全一样。对于由被保险人及其家庭成员、家庭服务人员、寄居人员的盗窃或纵容行为造成的损失以及如房门未锁、门窗未关等非正常安全状态下的失窃损失，保险人均不承担赔偿责任。盗窃险保险金额的确定以及保险期限的规定，均与灾害损失险相同。互联网盗抢损失险往往与家财险捆绑销售，如泰康在线的百万家财及盗抢损失险、人保五百万家财综合险等。

（二）企业财产保险

企业财产保险是以投保人存放在固定地点的财产和物资作为保险标的的一种保险。任何属于被保险人所有或与他人共有而由被保险人负责的财产、由被保险人经营管理或替他人保管的财产、其他具有法律上承认的与被保险人有经济利害关系的财产，都可在保险标的范围内。投保金银珠宝等贵重物品须事先与财产保险公司进行特别约定，但有价证券等不在本保险范围内。在本保险项下，财产保险对火灾、爆炸、雷击等原因造成保险财产的损失承担赔偿责任，但对由于暴雨、洪水、台风、暴风、龙卷风、雪灾、雹灾、冰凌、泥石流、崖崩、滑坡、水暖管爆裂、抢劫、盗窃、被保险人故意行为等原因造成保险财产的损失不承担赔偿责任。互联网财产保险的种类很多，包括：财产基本险、利润损失险、财产一切险、计算机保险、营业中断保险、锅炉压力容器保险、建筑工程一切险、财产综合险、机器损坏保险、现金险。

（三）运输工具保险

运输工具保险指保险人承保运输工具因遭受自然灾害和意外事故造成运输工具本身的损失和第三者责任。运输工具保险的险种主要有机动车辆保险（车险）、船舶保险、飞机保险、其他运输工具保险。其中车险是互联网保险中销售最为广泛的种类，车险因为核保简单、保险条款同质化，很适合通过互联网渠道销售。太平洋保险公司、人保财险、阳光财险等财险公司都采取线上和线下相结合的车险销售方式。

（四）农业保险

保险人承保种植业、养殖业、饲养业、捕捞业在生产过程中因自然灾害或意外事故而造成的损失。基于互联网技术的农业保险如今有以下几种形式：第一，深度嵌入电商物流体系和农产品销售体系，在工业品下乡环节开办农资农具品质保证保险，在农产品进城环节开办冷链物流保险、终端农产品品质保证保险。第二，智能农机设备的责任保险。随着无人驾驶大型农机、农业植保无人机数量的增加，误操作、系统崩溃造成设备碰撞、失控引发的财产损失、人身伤害事件有所上升。目前已有保险公司针对植保无人机推出了提供高额维修保障、备用机快速替换、第三者责任保险等保险保障服务。第三，利用大数据、气象传感、GPS 等数据开发的指数保险等。指数保险是指把一个或几个风险因素（如天气、市场价格等）对投保标的（如产量、预期价格等）的损害程度指数化，每个指数都对应一个损益值，保险合同以这种指数为基础，当指数达到一定水平并对投保标的造成一定影响时，投保人就可以获得相应标准的赔偿。

（五）责任保险

责任保险指保险人承保被保险人的民事损害赔偿责任的险种，主要有公众责任保险、第三者责任险、产品责任保险、雇主责任保险、职业责任保险等险种。如太平洋保险公司针对 10 周岁以下未成年人因过失导致的第三者身故和财产损失推出的个人责任险、人保推出的燃气责任保险卡、平安保险公司的骑行三者责任险等。

（六）保证保险

保证保险是指在约定的保险事故发生时，被保险人需在约定的条件和程序成就时方能获得赔偿的一种保险方式，包括合同保证保险、忠实保证保险、产品保证保险、商业信用保证保险、出口信用保险、投资（政治风险）保险。如中国人保为有贷款需求、但无法提供担保或者抵押的个人提供个人信用贷款保证保险。

二、人身保险

目前，互联网人身保险主要分为三类，即人身意外险、健康险和人寿保险。

（一）人身意外险

人身意外险也称意外伤害保险，提供被保险人因遭受意外伤害事故而死亡、伤残或门诊、住院医疗等的保险赔偿。它一般指投保人缴纳一定数额的保险费，保险人承诺在被保险人遭遇特定范围内的灾害事故，致使身体受到伤害而造成残疾或死亡时，给付保险金的行为或合同。

寿险公司和财险公司都拥有经营意外伤害险的资格，因此通过互联网平台可以从很多渠道买到人身意外险。如众安保险的无忧保综合意外险、国泰财险的萌宝保少儿综合意外险、国华人寿的私家车驾乘意外险等。

（二）健康险

健康险指保险公司对被保险人因健康原因或者医疗行为的发生给付保险金的保险。寿险公司和财险公司都拥有经营健康险的资格，因此通过各种第三方平台可以看到多家公司经营的健康险：中国人保健康保险公司的好医保、国泰财险的健康福重疾保险、泰康在线的少儿门急诊医疗险等。

（三）人寿保险

人寿保险是以被保险人的寿命为保险标的，以被保险人的生存或死亡为给付条件的人身保险。人寿保险包括定期人寿保险、终身人寿保险、年金保险、分红保险、投资连结保险、万能人寿保险等。

1. 定期人寿保险

定期人寿保险简称“定期寿险”，是以被保险人在保险合同规定的期间死亡为给付条件的一种保险。如果被保险人在保险合同规定的期限届满后仍继续生存，保险人无须支付保险金，也不返还保险费。该保险大都是对被保险人在短期内从事较危险的工作提供保障。如蚂蚁保险的全民保、信美人寿相互保险社的支柱保定期寿等。

2. 终身人寿保险

终身人寿保险是一种不定期的死亡保险，简称“终身寿险”。其保险责任从保险合同生效后一直到被保险人死亡之时为止。由于人的死亡是必然的，因而终身寿险的保险金最终必然要支付给受益人。由于终身寿险保险期长，故其费率高于定期寿险，并有储蓄的功能。如信美人寿相互保险社支柱保终身寿险、弘康人寿的大红包增额终身寿险等。

3. 年金保险

年金保险是指在约定的期间或被保险人的生存期间，保险人按照一定周期给付一定数额的保险金。年金保险的主要目的是保证年金领取者的收入。纯粹的年金保险一般不保障被保险人的死亡风险，仅为被保险人因长寿所致收入损失提供保障。年金保险多用在教育金或者养老金方面，如中荷人寿的金生无忧年金、国华人寿的国民月领养老金、泰康人寿的全民保教育金等。

4. 分红保险

分红保险保单持有人在获取保险保障之外，可以获取保险公司的分红，即与保险公司共享经营成果。该保险是抵御通货膨胀和利率变动的主力险种。分红保险的红利主要来源于“三差”：利差、死差和费差。利差是保险公司实际投资收益率和预定投资收益率的差额导致的收益或者亏损；死差是预定死亡率和实际死亡率的差额导致的收益或者亏损；费差是保险公司预定费用率和实际费用率的差额导致的收益或者亏损。一般来说，在规范的保险市场，保险公司之间死差和费差差异不大，红利主要来源于利差收益。

互联网分红险有些是基于年金险设计的，像中国人保寿险的全民保终身养老金就是既可以领取年金，又可以领取公司因为“三差”带来的分红。

5. 投资连结保险

投资连结保险保单持有人在获取保险保障之外，至少在一个投资账户拥有一定资产价值。投资连结保险的保险费在保险公司扣除死亡风险保险费后，剩余部分直接划转客户的投资账户，保险公司根据客户事先选择的投资方式和投资渠道进行投资，投资收益直接影响客户的养老金数额。投资连结保险并不保本保息，因此有些保险公司为了吸引资金，通过降低该产品投资门槛来帮助投资人规避风险。如国华人寿通过手机淘宝“娱乐宝”平台销售的互联网投资连结保险产品，投资门槛为 100 元。

6. 万能人寿保险

万能人寿保险具有弹性、成本透明、可投资的特征。保险期间，保险费可随着保单持有人的需求和经济状况的变化而变化，投保人甚至可以暂时缓交、停交保险费，从而改变保险金额。万能人寿保险将保险单现金价值与投资收益相联系，保险公司按照当期给付的数额、当期的费用、当时保险单现金价值等变量确定投资收益的分配，并且向所有保单持有人书面报告。

万能人寿保险不仅期限短、收益高、购买方便，而且还有保底收益率，在市场利率下滑的背景下收益率依然非常坚挺，普遍超过银行理财，2015—2016 年，很多万能人寿保险的收益率都高达 6%～7%。但是由于万能人寿保险市场扩张太快，发行方大多是一些中小型保险公司，这些中小型保险公司为了达到弯道超车的目的，大肆发行中短期且高收益的万能人寿保险，从而导致市场积聚了很大的风险，因此 2016—2017 年，国家对保险理财市场进行了全面整治，包括一年期以内的中短存续期产品被叫停，大部分产品期限需在 5 年以上，年金人寿保险不得附加万能险，并且 5 年内不得返还等。

三、金融科技推动保险产品创新

金融科技推动保险产品创新主要体现在以下三个方面。

（一）保险需求的重新定义和获取

服务互动化与产品碎片化是互联网场景化的突出特征，一些细小的场景往往被传统保险所忽略，这为互联网保险市场提供了机会。场景化保险是基于当今社会大众的互联网消费习惯而产生的，它将功能明确的保险产品融入消费者的生活场景中，如在电商交易、支付账户、在线旅游等具体场景中嵌入保险，并结合特定场景下客户的风险管理需求开展保险服务。基于新的互联网服务场景，出现了很多新的保险类型，如退货运费险、共享单车骑行险，以及网络不断发展之后的网络安全险、账户安全险等。

（二）打破传统保险定价模式，依靠互联网设备或互联网大数据定价

由于 IOP 技术不断发展，让人们可以结合智能硬件，对于风险发生的可能性做更加精准的定义。在车险领域，保险公司致力于使用车联网设备收集驾驶里程和驾驶行为数据，开发按照驾驶里程计费（PAYD）或按照驾驶行为计费（PHYD）的保险产品。在寿险领域，保险公司基于社交大数据，完善既有的基于生命周期表的定价系统，洞察细分人群，实现精准定价。在健康险领域，保险公司利用可穿戴设备实时监控人体各项指标和健康状

况（运动量、睡眠、心跳等），通过保费返还的方式鼓励人们积极运动。

【案例】

按驾驶里程和驾驶行为计费

UBI（Usage Based Insurance）车险是基于驾驶行为数据的差异化车险，它通过在标的车辆上安装的车载诊断设备（On-Board-Diagnostic，OBD）、车联网和智能手机等联网设备，将驾驶者的驾驶习惯、驾驶技术、车辆信息、周围环境等数据综合起来，建立人、车、路（环境）多维度模型，并据此进行定价。

美国俄亥俄州的前进保险公司（Progressive Insurance）自从1937年建立以来，就一直是美国汽车保险行业的一股创新力量。美国前进保险公司主页（https://www. progressiveinsurance. com. my）如图6－2所示。

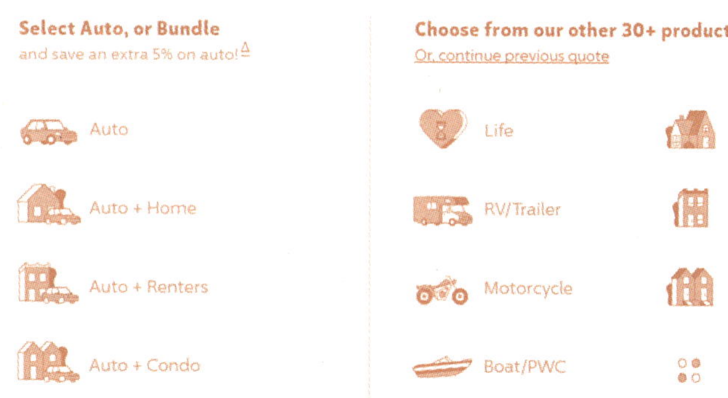

图6－2 美国前进保险公司主页

前进保险公司的Snapshot是美国领先的车联网保险产品。它给被保险人提供免费的车载诊断设备以收集车辆行驶的里程、加速减速、转弯、驾驶时间等数据，通过对这些数据的分析，可以给有安全驾驶习惯的客户最多30%的保费折扣，这种手段可以奖励少开车、行车安全以及在安全时段驾驶的行为。前进保险公司收集了超过一百万英里的驾驶数据。大量的数据使得公司可以更精准地对不同用户定价。截至2014年底，Snapshot产品总保费突破25亿美元，保单数量突破250万，如果将Snapshot产品单独作为一家保险公司，也将跻身美国前15大车险公司。

（三）个性化产品的定制

传统保险产品大多是标准化的，拥有统一的条款和类似的定价方法。但从消费端来看，日益增长的个性化需求无法被标准化产品所满足，而互联网保险提供了解决方案：一方面，互联网降低了定制化产品条款设计和销售的成本；另一方面，物联网等新技术让个性化的定价方式成为可能。

【案例】

为需求类似的群体统一协商定制化的保险条款

英国互联网保险经纪公司 Bought By Many 为需求类似的群体统一协商定制化的保险条款。客户按照不同需求在不同的群里注册，Bought By Many 统一为某个群体的个性化需求去与保险公司协商议价，以团购的力量提高了个体议价能力，帮每个客户节省保费。由于这些保险产品是针对某些小众群体或专业需求的，其保费水平一般高于平均值，但比用户单独购买要便宜，因此解决了小众客户保费极贵的痛点。另外，定制化保险团购产品是在 Facebook、Twitter 等社交媒体上精准触达目标客户并自动生成的，不需要大量的营销费用。Bought By Many 考虑到许多人因个人情况或兴趣的原因导致其在投保旅行保险、宠物保险、房地产保险等各类保险时要么较为困难、要么费用高昂，于是运用 25 万名客户集体的力量帮助客户与保险公司谈判，获得价格优势。这些特殊保单包括为法国斗牛犬投保宠物险、为糖尿病人士投保特殊旅行保险。

截至 2016 年 5 月，该公司运营的平台上共有 285 个不同种类的小组，如宠物保险、家财险、私人健康保险等，用户数量超过 17 万，保费的折扣平均为 18.6%。

英国 Bought By Many 公司主页（https：//boughtbymany. com）如图 6－3 所示。

图 6－3　英国 Bought By Many 公司主页

做中学　利用互联网保险为客户创造新需求

随着空气污染的加重和人们环保意识的提高，越来越多的人开始关注和讨论空气质量问题和雾霾对工作、生活的影响，PM2.5、API 等专业指数也常被人们挂在嘴边。你意识到，如果能够通过科学分析，替客户识别这种潜在需求，将其与理财需求合并，开发出互联网金融创新产品，就能够满足客户的理财需求，并能够进一步唤起民众的环保意识，获得市场的广泛认可。于是，你从市场调研入手，开始了产品设计的尝试。

步骤 1：调查周围朋友的关注度和相关认知。

步骤 2：科学分析调查结果，替客户识别潜在需求。

步骤 3：设计满足客户新需求的结构化理财产品。

步骤 4：设计附加互联网保险产品。可以设计互联网“雾霾险”产品，附赠给认购上述结构化理财产品达到了一定金额的客户。该“雾霾险”挂钩客户所在城市的 PM 2.5 指数，保险期限与理财产品的存续期相同，保险金额按照认购理财产品金额的一定比例分两档确定。如某客户购买了 M 元结构化理财产品，则在产品存续期内（保险期限内），当某日所在城市 PM 2.5 指数超过 200 时，次日该客户可获得赔付：$M\times2\%/360$ 元；当某日所在城市 PM 2.5 指数超过 500（爆表）时，次日该客户可获得赔付：$M\times5\%/360$ 元。

步骤 5：包装、宣传产品，进一步挖掘客户的潜在新需求。

随堂测试

一、单项选择题

1. 普通家庭财产险的保险期间为（　　）。

A. 1 年　　B. 2 年　　C. 1 个月　　D. 3 个月

2. 互联网盗抢险往往与（　　）捆绑销售。

A. 管道破裂险　　B. 家财险

C. 责任保险　　D. 信用保险

3. 企业财产险不能承保的内容包括（　　）。

A. 厂房　　B. 货物

C. 有价证券　　D. 现金

4. 下列选项中，属于责任保险的是（　　）。

A. 骑行三者险　　B. 水渍险

C. 地震险　　D. 盗抢险

5. 互联网上销售的运输工具险最主要的是（　　）。

A. 机动车辆保险　　B. 船舶保险

C. 飞机保险　　D. 其他运输工具保险

6. 意外伤害保险提供被保险人因遭受（　　）事故而死亡、伤残或门诊、住院医疗等的保险赔偿。

A. 意外　　B. 突发

C. 被保险人本人具有的风险　　D. 疾病

7. 人寿保险以被保险人的（　　）为保险标的。

A. 身体　　B. 收入　　C. 寿命　　D. 疾病

8. 定期人寿保险是以被保险人在保单规定的期间发生（　　），受益人有权领取保险金的保险。

A. 生存　　B. 死亡　　C. 残疾　　D. 失业

9. 终身寿险保险责任从保险合同生效后一直到被保险人（　　）之时为止。

A. 退休　　B. 大学毕业　　C. 死亡　　D. 工作

10. 年金保险的主要目的是保证（　　）的收入。

A. 被保险人　　B. 投保人
C. 年金领取人　　D. 保险人

11. 利差是保险公司（　　）和预定投资收益率的差额导致的收益或者亏损。

A. 利润率　　B. 实际投资收益率
C. 利息率　　D. 收益率

12. 投资连结保险的保险费在保险公司扣除（　　）后，剩余部分直接划转客户的投资账户。

A. 死亡风险保费　　B. 现金价值
C. 运营成本　　D. 代理人佣金

13. 场景化保险是基于当今社会大众的（　　）而产生，将功能明确的保险产品融入消费者的生活场景中。

A. 普通习惯　　B. 投资习惯
C. 互联网消费习惯　　D. 生活习惯

14. 在健康险领域，保险公司利用可穿戴设备实时监控人体各项指标和健康状况（运动量、睡眠、心跳等），通过（　　）的方式鼓励人们积极运动。

A. 赠品　　B. 返还保费
C. 现金奖励　　D. 礼品

15. 传统保险产品大多是（　　），拥有统一的条款和类似的定价方法。

A. 分类的　　B. 标准化的
C. 个性定制的　　D. 非附和式

二、多项选择题

1. 互联网财产保险包括（　　）等。

A. 家庭财产保险　　B. 农业保险
C. 责任保险　　D. 保证保险

2. 以下选项中，属于企业财产险承保范围的是（　　）。

A. 水暖管爆裂　　B. 抢劫
C. 火灾　　D. 爆炸

3. 现代农业险涉及的险种包括（　　）。

A. 责任保险　　B. 保证保险
C. 信用保险　　D. 家财险

4. 下列公司中，具有经营意外险资格的是（　　）。

A. 中国人寿保险公司　　B. 中国人保财险公司
C. 众安保险公司　　D. 泰康保险公司

5. 人寿保险以被保险人（　　）为给付条件。

A. 生存　　B. 死亡　　C. 残疾　　D. 失能

6. 人寿保险包括（　　）。

A. 定期人寿　　B. 终身人寿
C. 年金保险　　D. 分红保险

7. 年金保险多用于（　　）。

A. 终身寿险　　B. 定期寿险
C. 教育金　　D. 养老金

8. 分红保险的红利主要来源于（　　）。
A. 利差　　B. 死差　　C. 费差　　D. 以上皆是

9. 万能人寿保险具有的特征包括（　　）。
A. 弹性　　B. 成本透明
C. 可投资　　D. 以上皆是

10. 保险公司按照（　　）变量确定投资收益的分配，并且向所有保单持有人书面报告。
A. 当期给付的数额　　B. 当期的费用
C. 当时保险单现金价值　　D. 以上皆是

11. 金融科技为互联网保险业务提供创新的技术支持的是（　　）
A. 互联网　　B. 大数据
C. 人工智能　　D. 区块链

12. UBI 车险是将驾驶者的（　　）等数据综合起来，建立人、车、路（环境）多维度模型，并据此进行定价。
A. 驾驶习惯　　B. 驾驶技术
C. 车辆信息　　D. 周围环境

13.（　　）是互联网场景化的突出特征。
A. 服务互动化　　B. 产品碎片化
C. 同质化　　D. 个性定制

三、判断题

1. 互联网家庭财产险是以被保险人的财产或利益为保险标的的保险。（　　）
2. 只要投保了盗窃险，丢东西了都能获得赔偿。（　　）
3. 企业财产险不承担雷击引起的损失。（　　）
4. 三者险属于责任保险的范畴。（　　）
5. 保证保险指保险人承保的信用保险，被保证人根据权利人的要求投保自己信用的保险。（　　）
6. 针对未成年人过失造成的第三者身故的保险属于保证保险。（　　）
7. 健康险以人的寿命为保险标的。（　　）
8. 定期人寿保险是死亡保险。（　　）
9. 终身人寿保险是死亡保险。（　　）
10. 终身寿险比定期寿险的保费低。（　　）
11. 定期寿险有储蓄功能。（　　）
12. 年金保险在约定的期间或被保险人的生存期间，保险人按照一定周期给付一定数额的保险金。（　　）
13. 年金保险为被保险人因长寿所致收入损失提供保障。（　　）
14. 分红险费差是保险公司预定费用率和实际费用率的差额导致的收益或者亏损。（　　）

15. 投资连结险可以保本保息。（　）

16. 万能险保险费可随着保单持有人的需求和经济状况的变化而变化，投保人甚至可以暂时缓交、停交保险费。（　）

17. 传统保险往往忽略一些细小的场景，复杂的保险产品设计通常不愿为此买单。（　）

18. UBI（Usage Based Insurance）车险是基于驾驶行为数据的差异化车险。（　）

19. 互联网可以降低定制化产品条款设计和销售的成本。（　）

任务三　理解科技对保险公司运营模式的影响

【案例】

为中小企业提供保险服务的第三方平台①

Simply Business 是英国一家应用线上技术为中小企业提供保险服务的第三方平台。目前公司主营业务为企业保险和房东保险两类。其中企业保险覆盖了包括股票险、意外伤害险等在内的多种业务。经过 12 年的发展，Simply Business 成为英国最受欢迎的企业保险经纪商，客户人数超过 42.5 万人。

尽管面对的客户群体庞大、承保内容复杂，但是 Simply Business 通过独特的比价系统，对于不同行业的客户的每一种可能的选择都设计了相应的子问题和相关选项。Simply Business 没有开发移动端 App，所有业务均在其官网查询购买，可在其网站上比较同一类保险产品的差异。该平台的产品报价索取流程如图 6－4 所示。

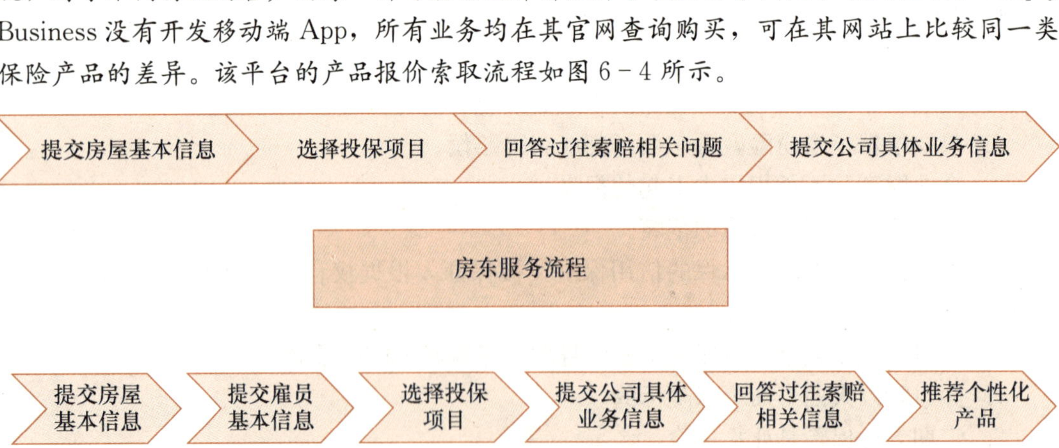

图 6－4　Simply Business 产品报价索取流程

客户在投保时需要填写意欲投保的财产类别（住宅或企业），提供所在地区的邮编，

① 清华大学五道口金融学院中国保险与养老研究中心．2018 全球保险科技报告：专题篇［R］．北京：清华大学出版社，2018.

选择所希望投保房屋的类别、年份、已居住时长及部分租户信息。然后，客户可以在网站上定制自己所需要的险种，Simply Business 的客服人员会将报价发送到客户邮箱，并与客户通过电话交流。

我国的保险行业在经历了大数据、区块链、人工智能等一系列技术的冲击后，逐渐出现数字化、智能化的发展态势。保险公司的运营模式也发生了相应的变化，形成了官方网站模式、专业互联网保险企业模式、专业中介代理模式和网络兼业代理模式并存的局面。

一、保险公司运营模式

（一）官方网站模式

“官方网站”一词是网络上对主办者所持有网站约定俗成的一种称谓，体现了网站主办者的意志，带有“专用的、权威的”意思。互联网保险的官方网站模式指的是保险企业通过自建 B2C 电子商务网站来展现自身品牌，展示保险产品信息，以保险客户为对象将本企业设计的保险产品直接销售给保险需求客户，并提供在线咨询和服务。这种模式大多是一些传统的保险公司利用计算机网络技术对传统保险产业进行改造，全面提高企业整体素质，实现保险行业传统服务模式的重大变革。一般来讲，该类网站拥有明确的业务和客户资源，有母公司的强有力的支持，为传统保险公司提高经营管理水平、整合内部和外部资源实现跨越式发展提供了前所未有的机遇。对于消费者来说，由保险公司设立的网站上面的信息更为真实、可靠。

多数有实力的保险企业，如中国人保、中国人寿、平安保险等，都选择了此种模式。此模式的特点是重视品牌效应，可以为具有品牌忠诚度的客户提供网上购买的渠道，对产品的介绍比较专业、详细和集中，客户可以较方便地选择自己需要的产品。国内保险公司自建网络平台情况如表 6－1 所示。

表 6－1　国内保险公司自建网络平台情况

公司	网络平台	主要业务	运营机构
中国人寿	国寿 e 家	人身险	中国人寿电子商务有限公司
中国平安	网上商城、万里通一账通	人身险、车险、意外险以及小微团险	事业部负责
中国太保	在线商城	在线 e 购、车险直通车、人身险	太平洋保险在线服务科技有限公司
新华保险	网上商城	人身险	新华电子商务有限公司
太平人寿	网上商城	人身险、车险、意外险	太平电子商务有限公司
泰康人寿	泰康在线	人身险	事业部负责

该模式的主要特点是：销售成本低廉，手续简单，流程极快，可以帮助保险公司获得价格优势。网站的客户不受线下销售渠道限制，可以有效拓宽投保群体，发挥大样本数据中和风险的作用。销售手续简单，线上出售的产品高度标准化，但赔付和评估依然在线下，而且投保人在赔付过程中承担全部举证责任，保证了保险公司在快速扩张销售的同时控制赔付风险。由于线上销售并不要求获得投保人详细信息，因此建立官方网站要求保险

公司具备成熟的线上销售线下理赔模式、系统和科学的保险产品设计，以及完善的内部风控，以此来避免缺乏投保人评估步骤带来的风险。

（二）专业互联网保险企业模式

这种模式是指由保险企业、互联网企业或其他主体通过专门设立专业互联网保险企业来经营互联网保险业务。根据保险公司经营业务主体的不同，专业互联网保险公司大致分为三种：产寿结合的综合性金融互联网平台、专注财险或寿险的互联网营销平台和纯互联网的“众安”模式。虽然专业互联网保险公司模式已得到社会广泛关注，但目前其线上成交的保费规模比较小，运营模式也处在不断的探索和尝试之中。随着互联网金融环境的逐步成熟和专业保险电子商务公司的不断创新，预计在不远的将来，线上交易会逐步以其独特的优势成为保险公司的中坚力量。

专业互联网保险公司的优势体现在以下方面：

（1）在数据的收集、归拢、分析方面有先天优势，使得个性化的保险服务成为可能。

（2）可利用大数据手段分析消费者行为，挖掘新的需求，开发新的保险产品。

（3）引入信用评价机制作为承保标准的参照之一，有效解决了道德风险问题。

目前，具有保险牌照的专业互联网保险公司除了众安保险外，还有易安财产保险公司、安心财产保险公司和泰康在线财产保险公司，以及 2015 年 11 月 26 日由百度、安联保险、高瓴资本三方联合发起成立的百安保险。

（三）专业中介代理模式

该模式是指保险代理或经纪公司建立网络销售平台，代理销售多家保险企业的保险产品，并提供相关的服务，客户可以通过该网络平台在线了解、对比、咨询、投保、理赔等。

保监会在 2012 年 2 月正式公布了第一批获得网上保险销售资格的网站，互联网保险公司中介网销的大门就此打开，此后，保险中介业务得以高速发展。国家除了对专业中介代理的资本金、网络系统安全性等多方面提出了要求外，还要求专业中介代理申请网销保险执照，所以专业中介代理模式较网络兼业代理模式更加安全可靠。专业中介代理网站做大做强之后，能吸引庞大客流和现金流，利用保险风险数据、算法模型以及基于大数据的分析进一步加强自身的产品和价格优势，进一步获得与保险公司深入合作的机会。

（四）网络兼业代理模式

网络兼业代理模式是指银行类保险兼业代理机构和依法获得保险代理业务许可的互联网企业通过自己的官网代理销售保险企业的保险产品和提供相关服务。2020 年 12 月中国银保监会出台的《互联网保险业务监管办法》明确规定了银行类保险兼业代理机构可以从事互联网保险业务。

银行类保险兼业代理机构销售互联网保险产品应满足以下要求：

（1）通过电子银行业务平台销售。

（2）符合银保监会关于电子银行业务经营区域的监管规定。地方法人银行开展互联网保险业务，应主要服务于在实体经营网点开户的客户，原则上不得在未开设分支机构的省（自治区、直辖市、计划单列市）开展业务。无实体经营网点、业务主要在线上开展，且符合银保监会规定的其他条件的银行除外。

需要注意的是：互联网保险公司的运营模式中原来包括第三方电子商务平台。第三方电子商务平台模式是指保险公司借助独立于产品交易双方的电子商务网站来销售保险产品，并提供相关服务。该类网络平台不属于任何保险公司或者附属于某大型网站，保险公司可以依托有成熟技术的第三方提供的网站进行保险产品的销售。该模式与现实中的大型超市类似，可容纳大多数保险企业开设门店及网上交易和清算，其代表性网络平台和网站有：中国保险网、淘宝保险频道、易保网、慧择网等。

在互联网保险业务发展过程中，部分第三方网络平台对保险业务不熟悉，合规风控意识薄弱，出现了违规承诺收益、产品信息披露不合规等违法违规现象，引发了社会广泛争议，甚至是对保险业的负面评价和质疑。因此，2019 年中国保监会发布的《互联网保险业务监管办法（征求意见稿）》明确规定：第三方网络平台不得开展保险销售，不得开展保险产品咨询。

2020 年 12 月出台的《互联网保险业务监管办法》则明确把“第三方网络平台”从互联网保险业务中剔除。原先的第三方平台早已转型或者调整，如慧择网获得专业保险经纪牌照，易保网则致力于保险科技研发，不再涉足与互联网保险销售相关的业务。

二、保险公司的业务流程

虽然不同销售模式的保险业务的侧重点各有不同，但是从总体上来说，目前的保险科技企业业务包含以下几个方面。

（一）网络宣传推广业务

一般来说，保险公司的网站主要是在网上针对个人客户和企业客户介绍保险的相关产品、服务、投保信息、经营理念，并对保险公司、保险中介机构和业务员进行介绍和宣传，具有成本低、时间持续长、介绍清晰、个体需求针对性强的特点。另外，不同的保险公司、保险机构也可以互相链接，相互推介，公司内部的业务员也可以通过个性化的保险网页展示自己的素质和特长。

（二）信息咨询业务

保险科技企业可以提供以下服务：向客户提供保险公司的历史沿革、经营管理理念、机构设置、财务数据报告、保险产品种类及费率等信息；向客户提供保险新闻、政策法规、监管机构要求，以及保险知识和课题探讨等信息，使客户对保险机构和保险行业有基本了解和认知；在与客户的交流中，可以通过网页文字说明，对客户的常见问题进行汇总解答，也可以通过网上在线交流，直接解决客户问题。

（三）网上投保和网上理赔

从核心业务来看，互联网保险与传统保险在保险业务的基本环节上并没有发生变化。消费者通过网络平台了解保险产品的特点和功能，并且在网上直接选购所提供的保险产品，计算保费，投保下单，运用多种网上银行支付方式完成电子支付，获得电子保单或者纸质保单，从而实现全流程的网上投保。如果出险，客户可以获得网上报案、理赔单证下载等服务。由于网络的反应比较迅速，因此保险公司可以对客户出险之后的报案、理赔和给付及时作出反馈。

众安在线的业务流程如图 6-5 所示。

图 6-5 众安在线的业务流程

（四）其他业务

对消费者来说，互联网保险流程涵盖了售前、售中、售后服务，还包括保单和产品价格等查询服务、保全服务、续期缴费和咨询投诉等。对保险业务员以及保险公司提供系列管理工具和应用服务，可以提高保险业务员的工作效率及管理控制能力，实现业务系统之间的网上连接。

做中学

请同学们登录典阅保险综合业务技能国赛平台（相关网页见图 6-6），以保险营销员的身份完成分析客户的需求，并按照技能平台的程序完成投保—核保—制单—理赔等程序。

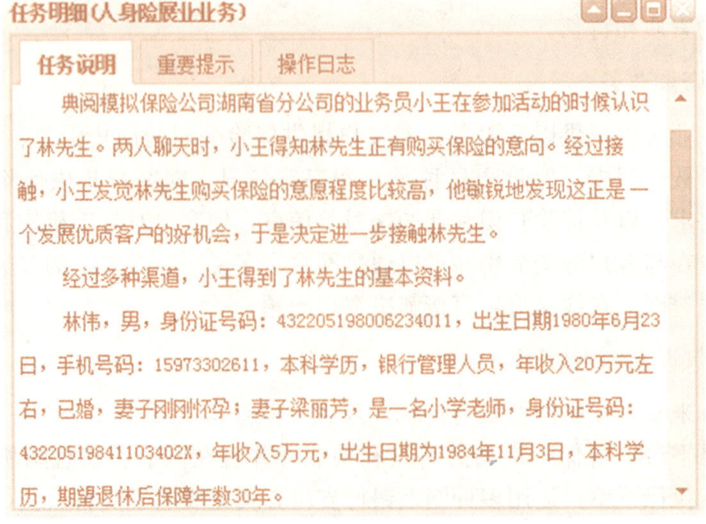

图 6-6 典阅保险技能国赛平台

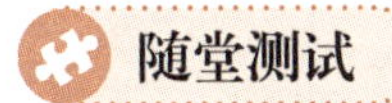

随堂测试

一、单项选择题

1. 第三方电子商务平台模式是指保险公司借助独立于产品交易双方的（　　）来销售保险产品，并提供相关服务。

A. 公司　　B. 代理人

C. 经纪人　　D. 电子商务网站

2. 保监会在 2012 年 2 月正式公布第一批包括中民保险网等（　　）家企业在内的获得网上保险销售资格的网站，互联网保险公司中介网销的大门就此打开。

A. 10　　B. 12

C. 19　　D. 21

3. 只有获得（　　）牌照或全国性保险代理牌照的中介机构才可以从事互联网保险业务。

A. 保险　　B. 经纪

C. 专业　　D. 中介

4. 从核心业务来看，互联网保险与传统保险在（　　）的基本环节上并没有发生变化。

A. 保险业务　　B. 购买

C. 理赔　　D. 核保

5. 互联网的咨询业务可以通过（　　）说明，对客户的常见问题进行汇总解答，也可以通过网上在线交流，直接解决客户问题。

A. 电话　　B. 面谈

C. 网页文字　　D. 海报

二、多项选择题

1. 科技的运用使保险公司的运营模式发生的变化有（　　）和网络兼业代理模式并存的局面。

A. 官网模式

B. 第三方电子商务平台

C. 专业互联网保险企业模式

D. 专业中介代理模式

2. 专业互联网保险公司大致分为（　　）三种。

A. 产寿结合的综合性金融互联网平台

B. 专注财险或寿险的互联网营销平台

C. 纯互联网的“众安”模式

D. 平安官网模式

3. 专业中介代理模式是指保险代理或经纪公司建立网络销售平台，代理销售多家保险企业的保险产品，并提供相关的服务，客户可以通过该网络平台在线了解、（　　）等。

A. 对比　　B. 咨询

C. 投保　　D. 理赔

4. 目前具有保险牌照的专业网络保险公司除了众安保险外，还有（　　）。

A. 易安财产保险公司

B. 安心财产保险公司

C. 泰康在线财产保险公司

D. 百安保险

5. 网络兼业代理模式是指（　　）等非保险企业通过自己的官网代理保险企业销售保险产品和提供相关服务。

A. 银行　　B. 航空

C. 旅游　　D. 证券

三、判断题

1. 官网模式大多是一些传统的保险公司利用计算机网络技术对传统保险产业进行改造。（　　）

2. 第三方电子商务平台模式不属于任何保险公司或者附属于某大型网站。（　　）

3. 从金融监管角度看，第三方电子商务平台模式具有保险中介的资质，在实际意义上不受监管约束，不会给消费者带来一定的风险。（　　）

4. 网络兼业代理模式以其门槛低、程序简单、对经营主体规模要求不高等特点受到普遍欢迎，逐渐成为互联网保险公司中介行业最主要的业务模式之一。（　　）

5. 国家除了对专业中介代理的资本金、网络系统安全性等多方面提出了要求外，还要求专业中介代理申请网销保险执照。（　　）

任务四　掌握保险科技的监管及发展趋势

我国保险科技起步于 2000 年，爆发于 2014 年，在 2017 年之前互联网保险规模飞速上涨，但是同时问题也开始浮出水面，其中最突出的问题是互联网保险消费投诉。

2018 年，中国银保监会及其派出机构共接到互联网保险消费投诉 10 531 件，同比增长 121.01%。其中，涉及财产保险公司 8 484 件，同比增长 128.25%；涉及人身保险公司 2 047 件，同比增长 95.32%。投诉主要反映销售告知不充分或有歧义、理赔条件不合理、拒赔理由不充分、捆绑销售保险产品、未经同意自动续保等问题。

互联网保险消费投诉量居前 10 位的是：众安在线 2 144 件，同比增长 70.16%；安心财险 1 634 件，同比增长 670.75%；泰康在线 1 413 件，同比增长 267.97%；人民健康 849 件，同比增长 3 437.50%；平安财险 548 件，同比增长 51.80%；国泰财险 359 件，同比增长 435.82%；天安财险 337 件，同比增长 1 023.33%；人保财险 298 件，同比增长 8.36%；新华人寿 257 件，同比增长 403.92%；易安财险 213 件，同比增长 326.00%。具体如图 6－7 和图 6－8 所示。

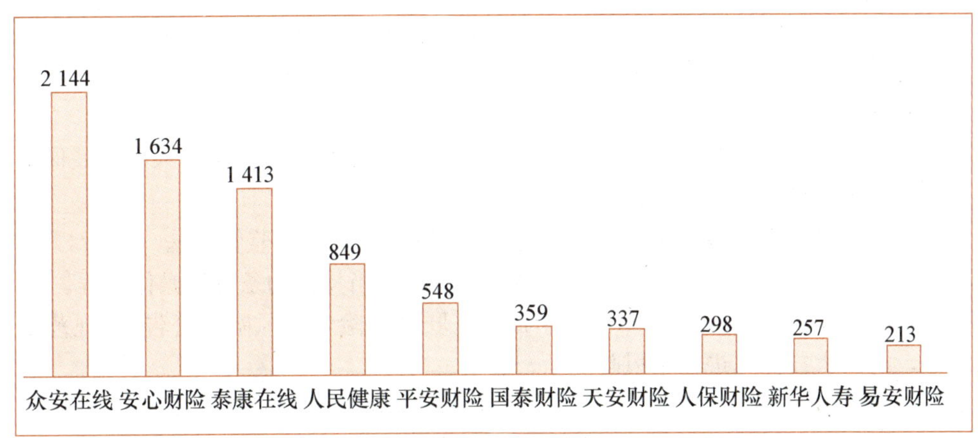

图 6－7　2018 年我国互联网保险公司投诉量前 10 名

资料来源：中国银保监会．中国银保监会办公厅关于 2018 年度保险消费投诉情况的通报［EB/OL］．（2020－4－20）［2021－5－29］．http://www.cbirc.gov.cn/cn/view/pages/govermentDetail.html.

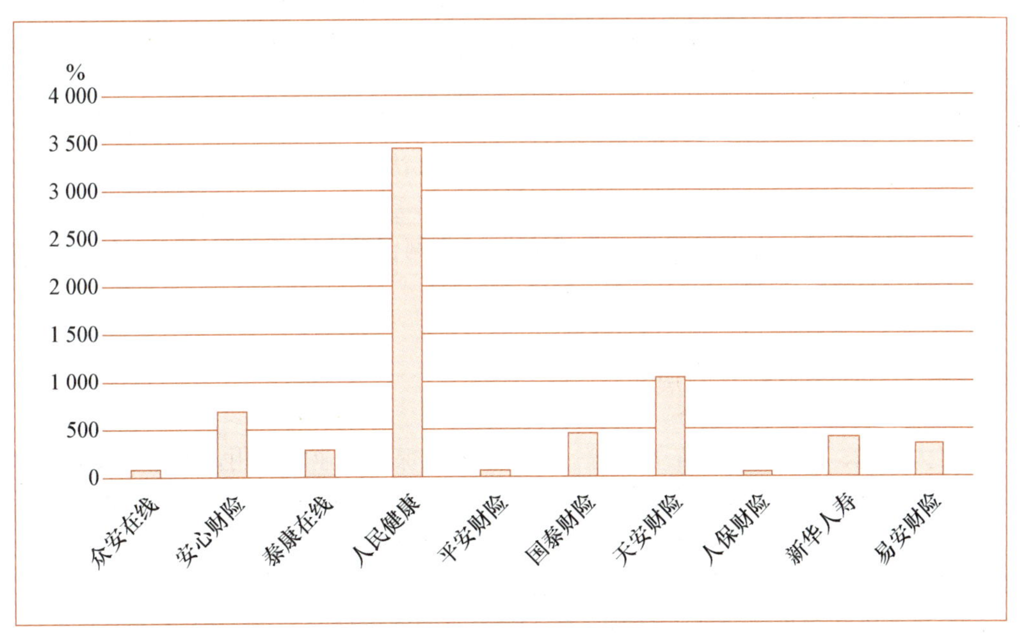

图 6－8　2018 年我国互联网保险公司投诉增长率前 10 名

资料来源：中国银保监会．中国银保监会办公厅关于 2018 年度保险消费投诉情况的通报［EB/OL］．（2020－4－20）［2021－5－29］．http://www.cbirc.gov.cn/cn/view/pages/govermentDetail.html.

一、银保监会对保险科技的监管历程

保险与科技的结合在我国诞生后，银保监会就针对互联网保险的运营规则、产品推动、创新等出台了一系列的监管措施。2004 年 8 月，国务院发布的《中华人民共和国电子签名法》（2015 年、2019 年修订）中规定的“可靠的电子签名与手写签名或者盖章具有同等的法律效力”，可以认为是对保险行业的金融科技监管。随着保险公司与科技结合越来越紧密，特别是互联网保险公司的成立，银保监会推出了一系列有针对性的监管措施。

2011 年 4 月出台的《互联网保险业务规定（征求意见稿）》明确了保险公司、保险专业中介机构开展互联网保险业务的资质和经营规则。

2011 年 8 月出台的《中国保险业发展“十二五”规划纲要》提出要大力发展保险电子商务，推动电子保单的创新应用。

2011 年 9 月出台的《保险代理、经纪公司互联网保险业务监管办法（试行）》（已废止）规定了保险代理、经纪公司开展互联网保险业务应当具备的条件和操作规程。

2012 年 5 月，中国保监会发布《关于提示互联网保险业务风险的公告》，规范了互联网保险业，向广大投保人进行了风险提示。

2013 年 8 月，中国保监会发布《关于专业网络保险公司开业验收有关问题的通知》，补充了专业网络保险公司开业验收的条件，进一步规范了互联网保险的发展。

2014 年 4 月，中国保监会下发《关于规范人身保险公司经营互联网保险有关问题的通知（征求意见稿）》，从多个方面对人身保险公司经营互联网保险业务进行了规范。

2014 年 8 月，国务院颁布《关于加快发展现代保险服务业的若干意见》（简称“保险业‘新国十条’”），明确提出支持保险公司积极运用网络、云计算、大数据、移动互联网等新技术促进保险业销售渠道和服务模式创新，为互联网保险未来的发展指明了方向。

2015 年 7 月 27 日，为规范互联网保险经营行为，促进互联网保险健康规范发展，保护保险消费者合法权益，《互联网保险业务监管暂行办法》正式出台。它围绕放开经营区域限制、产品管理、信息披露、落地服务、信息安全等一系列重要问题，明确了监管政策。

2020 年 12 月 7 日，中国银保监会发布《互联网保险业务监管办法》，自 2021 年 2 月 1 日起施行。

二、我国保险科技发展的趋势

随着大数据、区块链、人工智能等一系列技术在保险行业的应用，保险发展趋势预测从“互联网保险”转向“保险科技”。保险科技将对互联网保险行业产生深刻的影响。同时，我国互联网保险公司暴露出的诸多问题也导致严监管必然进入常态化。总结起来，我国互联网保险行业将会出现以下几个发展趋势：

一是生态化和跨界融合已成趋势。通过跨行业的深度融合，建立保险行业生态系统，企业会在重新整合系统内各种资源的前提下，迎来“行业无边界”的新时代。

二是传统保险企业将成为保险科技领域越来越重要的参与者。传统保险公司对于科技的投入都在加大，尤其是大型保险公司，如中国人寿推出的“三险一体”打通了理赔直付，平安布局大医疗健康产业，等等。2020 年“新冠”疫情的发生，促使传统保险行业改变当面销售的模式，迅速开发出网上销售的数字化流程，这会对互联网保险公司造成一定的冲击。除此之外，实力雄厚的传统保险公司将数字化转型作为重要的发展目标，凭借资金和体量优势，对数字化建设进行大量投入。我国的线上销售渠道将出现传统保险公司与互联网保险公司竞争的局面。

三是保险科技与其他金融科技的交叉会逐渐增多。

四是保险流程自动化、智能化的发展趋势日益明显。目前，人工智能等技术已介入保险核心业务流程，未来，保险业务自动化、智能化等创新方式必将成为保险行业竞争的焦点。

五是保险行业成为大数据、区块链应用探索的关键领域，商业化应用加速。在我国保险行业中，区块链应用集中于以智能合约系统减少文书工作、以区块链架构个人授权的健康数据查证。大数据的应用将在信用风险监控、量化投资、精准营销等方面发挥作用。区块链技术可以应用于包括支付转账、金融智能合约、金融审计等领域。

六是保险科技强监管进入常态化。保险科技的高速发展方兴未艾，但由于保险科技采用了前沿的数字技术，应用规模日趋扩大，因此不可避免地给保险监管的有效性和能力提升带来了巨大的挑战。科技创新带来的新风险，使传统监管方式和技术能力在面对业态变化时有脱节的危险。监管法规滞后或监管真空地带的出现，也可能会打破创新、风险与监管三者之间的动态平衡。中国银保监会将加强和完善互联网保险监管体系，加快推动制度建设工作，探索建立互联网保险分级分类和沙盒监管机制，支持保险公司在符合一定条件的情况下开展具有突破性的创新试点。

做中学

请大家仔细对比 2015 年与 2019 年中国保监会对互联网保险业务定义的异同，并查找资料说明这一概念发生变化的背景。

随堂测试

一、单项选择题

1. 2018 年我国互联网保险消费投诉量排第一的是（　　）。

A. 泰康在线　　B. 人民保险　　C. 众安在线　　D. 天安财险

2. 2018 年我国互联网保险消费投诉增长率排第一的是（　　）。

A. 众安在线　　B. 人民健康　　C. 泰康在线　　D. 安心财险

3. 中国银保监会以统一监管规则、（　　）为根本任务。

A. 促进销售　　B. 保护互联网保险公司

C. 防范风险　　D. 保护消费者利益

二、判断题

1. 2004 年 8 月，国务院发布的《中华人民共和国电子签名法》中规定的“可靠的电子签名与手写签名或者盖章具有同等法律效力”可以认为是对保险行业的金融监管。（　　）

2. 中国保险科技监管方面最突出的是互联网保险的消费投诉问题。（　　）

项目七

金融科技与银行

智慧网点

学习目标

知识目标：

1. 了解电子银行的概念及业务种类。
2. 理解互联网银行的概念。
3. 掌握金融科技在银行领域的应用。

能力目标：

1. 能够处理简单的电子银行业务。
2. 理解金融科技对银行业带来的影响并积极予以运用。

导入案例

【案例介绍】

全国第一家民营银行——微众银行①

2014 年 12 月 28 日，深圳前海微众银行股份有限公司的微众银行官网上线运营，成为我国第一家上线的互联网银行。2015 年 1 月 4 日，微众银行作为国内首家开业的互联网民营银行完成了第一笔放贷业务。该银行既无营业网点，也无营业柜台，更无需财产担保，

① https://baike.baidu.com/item/微众银行.

而是通过人脸识别技术和大数据信用评级发放贷款。

微众银行的主要业务包括：消费金融、大众理财、平台金融。微众银行网页如图 7－1 所示。

图 7－1 微众银行网页

“微粒贷”是微众银行推出的国内首款从申请、审批到放款全流程实现互联网线上运营的贷款产品，具有普惠、便捷的特点。“微粒贷”依托腾讯两大社交平台——QQ 和微信，无担保、无抵押、无须申请；客户只需提供姓名、身份证号和电话号码就可以获得信用额度；500 元～20 万元的额度设置，可以满足大众的小额消费和经营需求。“微粒贷”循环授信、随借随还；1 分钟到达客户指定账户；提供 7×24 小时服务。用互联网技术触达海量用户，将极其便捷的银行服务延伸至传统银行难以覆盖的中低收入人群。2015 年 8 月 15 日，微众银行正式推出首款独立 App 形态产品。依靠微众银行专业团队的风险把控和质量甄选，通过联合优质可靠的行业伙伴，微众银行 App 为用户优选符合多种理财需求的金融产品，且支持实时提现，实现了资金调度的高效便捷，切实帮助用户轻松管理财富。

微众银行 App 产品经过多次反复测试调研，考虑到大众理财时可能遇到的时间受限、知识欠缺等问题，不断降低操作门槛，以清晰明了的产品说明和用户指导，持续优化用户使用体验。

微众银行已与物流平台“汇通天下”、线上装修平台“土巴兔”、二手车电商平台“优信二手车”等国内知名的互联网平台联合开发产品。通过连接有数据、有用户的互联网企业，将微众银行的金融产品应用至它们的服务场景中，将互联网金融带来的普惠利好垂直渗透至普通民众的衣食住行，实现资源有效整合和优势互补，做到合作共赢。

【案例分析】

微众银行作为国内批准成立的第一家互联网银行，是落实国务院关于“金十条”的重要举措，是利用互联网金融发展普惠金融的又一大胆实践和创新，在我国金融发展改革之路上具有里程碑意义。微众银行主攻个人和中小微企业的优质金融服务，这种服务模式必将充分调动市场热情，为其发展带来无限前景和生机。

任务一 了解电子银行的概念及业务种类

一、银行服务发展的四个阶段

按照银行服务提供的方式，以及从网点服务向电子化服务的转变过程，银行服务的发展可以划分为四个阶段：银行 1.0 时代——网点服务阶段；银行 2.0 时代——自助银行阶段；银行 3.0 时代——基于互联网银行服务阶段；银行 4.0 时代——银行即服务阶段。

（一）银行 1.0 时代

银行 1.0 时代从 1472 年延续到 1960 年。在银行 1.0 时代，银行仅靠物理化的网点提供服务。由于银行之间信息传递不顺畅，经营成本相对较高，银行网点往往设置在人口密集、富人相对较多的城镇地区，因此银行服务覆盖的范围有限。这一阶段银行服务的最大特点是银行所提供的服务是受限制的，即银行服务必须在特定的时间、特定的地点进行。这一特点数百年没有改变。

（二）银行 2.0 时代

20 世纪 60 年代，出现了自助银行，有了 ATM，这是客户第一次在银行工作以外的时间可以享受到银行服务，银行服务自此进入银行 2.0 时代。在这一阶段，银行服务随着商业模式的复杂化而不断变化，更多人成为银行的客户。自动柜员机出现的重要意义在于，它使得人们在银行营业时间以外享受银行服务变为可能。支付终端（POS）等同样使得银行服务得以延伸。与此同时，电话银行也在全球各地逐渐兴起。如果说 ATM 打破了时间限制的话，电话银行就是打破了地点限制，但是，两者显然都只是打破了一个界限，并没有从真正意义上取代物理网点在银行服务中的地位。

【案例】

世界上第一台 ATM 诞生 50 周年①

当地时间 2017 年 6 月 27 日，在英国伦敦恩菲尔德，巴克莱银行举行了一场“世界上第一台 ATM 投入使用 50 周年”纪念仪式（见图 7-2），两位身着天蓝色迎宾服的男士友好地向路人招手，邀请过往的行人站到红色地毯前合影。

1967 年 6 月 27 日，全球首台 ATM 在位于伦敦恩菲尔德的巴克莱银行网点亮相，这个后来遍及世界、方便人们生活的设备的发明者为苏格兰人约翰·谢泼德·巴伦。

高中毕业后，巴伦考入剑桥大学，毕业后成为苏格兰当地一家印刷厂的职员。凭着聪明才干，七年后他成为这家印刷厂的总经理。上任的第二天，巴伦便谈了一笔大订单，但他却在支付款项时遇到了麻烦，银行准时关门无法汇款，任凭他怎么哀求都无济于事。为

---

① https://www.thepaper.cn/newsDetail_forward_1719461.

图 7-2 “世界上第一台 ATM 投入使用 50 周年”纪念仪式

了讲信誉和保住这笔生意，他只好亲自驾车往客户那里赶，结果出车祸受了重伤。

在医院疗伤期间，巴伦越想越生气：要不是银行关门，就不会有这一系列问题的发生，简直是太误事了。该如何解决这一问题呢？半个月后，路过商场买礼物的他受到了门口自动巧克力售货机的启发：如果把巧克力售货机里的巧克力换成钱，再制作一个操作系统，不就可以实现钱的自由存取了吗？

巴伦找到英国巴克莱银行的董事长，说出了自己的想法，那位董事长只听了不到三十秒便直接对他说，如果他能想办法设计出来，银行将购买第一台这种机器。经过两年的精心研究和制造，1967 年 6 月 27 日，在伦敦北郊的英国巴克莱银行安装了世界上第一台 ATM（见图 7-3），巴伦称之为“自由银行”。

图 7-3 世界上第一台 ATM

当时，银行卡尚未诞生，银行客户使用一种经过化学加工的特殊支票提取现金。客户把支票放入取款机抽屉，输入个人密码，取款机的另一个抽屉便会开启，提供 10 英镑面额的钞票。随着技术日益更新，这种被巴伦命名为“自由银行”的机器被广泛应用起来，并不断得到改进，最后被命名为自动取款机，即 ATM。

(三）银行 3.0 时代

银行 3.0 是什么？互联网的出现，让网上银行开始进入人们的视线，这对于银行服务方式来说，可以说是突破性的进展。智能手机使我们第一次可以在移动中（车上、路上）享受到银行的服务，不需要到银行的物理网点。新的技术，如互联网、智能手机、移动网络等，使银行的服务和营销渠道发生改变。在这一阶段，尽管许多个人业务都可以通过互联网来解决，但实际上受到安全方面的限制，有些业务依然需要到银行网点进行处理，比如企业开户、挂失凭证等。

(四）银行 4.0 时代

随着金融科技的出现，银行 4.0 时代到来，银行服务变成了全渠道的数字化服务，未来银行的概念是“银行即服务”。在这一阶段，银行则是一个无处不在的服务，不依赖物理设施，提供虚拟银行服务。

现有的银行服务从理论上说是无处不在的，人们可以在各种场景中使用。如查询账户信息、转账付款，以及通过互联网银行直接申请信用贷款等。但是消费者却很难直接知道自己不同银行账户，以及其他支付账户里面的存款和负债情况。消费者希望得到的是完整的银行服务，而不是分散的银行服务。开放银行的出现，正是破解这个问题的优选方法。

“开放银行”用到了开放 API（Application Programming Interface）技术，即：应用程序编程接口技术。开放银行更像是一种平台合作模式，用户通过开放银行这个平台，来实现银行与其他企业或者金融机构之间的数据共享，并以此提升客户体验。

开放银行起源于英国和欧洲的相关监管指令，指令表示各银行应当通过开放银行端开放客户的账户、支付等数据，重申数据的所有权在客户而不是银行，其目的是打破原有的寡头垄断，提升银行之间的竞争，促进金融业的创新发展，有效改善客户体验。

移动互联技术出现之前，客户想要购买储蓄或理财产品，需要去银行网点，但就实际情况而言，最成功的储蓄和理财产品并不来自银行的传统网点，所以在银行 4.0 时代，银行的目的不是适应技术，而是如何利用这些技术来更好地提供服务。

开放银行有很好的商业前景，但与此同时也存在一些风险，比如数据安全性有待考证等，因此开放银行的发展，只有在客户授权、监管合规的前提下，才能完成行业的完美转型。

二、电子银行的概念

(一）电子银行的定义

巴塞尔银行监管委员会对电子银行的定义是：电子银行是通过电子化渠道来提供零售银行服务、小额银行产品和服务、大额电子支付和其他批发银行服务的银行。电子银行采用全方位的电子化运营与管理，充分地了解客户需求，可以同时为客户提供线上和线下服务的银行机构。

(二）电子银行服务的分级与特征

根据境内和境外银行服务的不同，电子银行提供的服务可以分为三个级别，即：通过网站为银行客户和普通大众提供关于银行的产品和服务的一些基本信息；作为一种事务性的网站，提供关于银行客户提交各类业务申请、查询账户信息以及向银行反馈信息，但不提供任何转账服务；可以使银行客户通过其网站实现电子化转账、在线支付及开展其他在线业务。

电子银行的主要特征有以下几个方面：首先，电子银行的服务改变了原有银行柜台的“面对面”方式，采用完全虚拟的电子化服务方式，全方位进行电子化运营与管理。其次，电子银行打破了银行网点时间和空间的限制，客户可以在银行营业时间以外、银行网点地点以外享受银行服务，并且不再仅仅依赖银行的终端设备，而是可以在个人电脑、手机上办理业务。最后，电子银行降低了银行和客户的成本。电子银行服务效率高，业务实时处理，可以减少客户的时间和经济成本，与此同时。大力发展电子银行服务，可以节约银行的人力、物力，降低银行的经营成本。

（三）电子银行的发展阶段

电子银行大致经历了以下三个发展阶段：

第一阶段：银行业务的电子化。这一阶段从20世纪50年代时计算机在银行的应用开始，到20世纪80年代末银行之间形成电子信息网络，货币以电子数据的形式在银行网络间传递，银行的运作效率得以大幅提高。

第二阶段：互联网高速发展。20世纪90年代初至2010年前后，网上银行从诞生到成熟普及，电子银行服务体系初步形成。

第三阶段：移动互联网的崛起。移动互联网的出现和迅速发展，将银行业推向了真正意义上的“任何时间、任何地点的实时交易和业务办理”，实现了银行的立体网络化服务。

三、电子银行业务

我国《电子银行业务管理办法》中对电子银行业务的定义是：商业银行等银行业金融机构利用面向社会公众开放的通信通道或开放型公众网络，以及银行为特定自助服务设施或客户建立的专用网络，向客户提供的银行服务。

按照提供服务方式的不同，电子银行可以分为自助银行、电话银行、网上银行和手机银行。

（一）自助银行

1. 自助银行的定义

自助银行又称“无人银行”，是指不需要去银行柜台，客户通过电子计算机设备实现服务诉求的银行。它是银行业务电子化处理和自动化处理的一部分，是现代化银行的服务方式。

自助银行的作用在于从时间和空间上延伸了银行的服务。自助银行最大的优点就是它不受银行网点营业时间的限制，能够全天候为客户提供服务。

2. 自助银行的两种主要形式

自助银行有两种主要形式：一种是在行式自助银行，也称混合式自助银行；另一种是离行式自助银行，又称隔离式自助银行。

在行式自助银行是在现有的银行分支机构的营业大厅内划分出一块功能区域，该区域在银行网点日常营业时间段与营业大厅相连通，客户可以通过这个区域内的自助设备办理业务，而在银行网点非营业时间，该区域就会与营业大厅隔离，变成独立的自助银行区域。

离行式自助银行本身与银行营业网点是完全独立的，它一般设立在商业中心等人口密集区域，与在行式自助银行一样，它也全天候提供服务。

3. 自助银行的种类及功能

最早的自助银行只提供取款服务，随着技术的不断发展，自助银行的种类和功能也越来越多。走进任何一家自助银行，基本都会有自动取款机（ATM）、存取款一体机（CDS）、自助终端机、存折补登机等，一些银行还会设有个人征信查询机、外币兑换机等。

（二）电话银行

1. 电话银行的定义

电话银行是指利用电话自助语音服务或者人工服务的方式为客户提供银行业务咨询、账户管理、转账汇款、投资理财以及代理业务等金融服务的电子银行。

2. 电话银行的功能

按照接线方式的不同，电话银行可以分为自助语音服务和人工服务两种。自助语音服务的功能包括提供账务查询、转账服务等；人工服务的功能包括账户挂失、业务咨询、业务投诉等。

（三）网上银行

互联网技术的日益成熟和逐渐普及，使得消费者通过个人电脑终端足不出户就能享受到相应的银行服务，这类服务的代表就是网上银行。

1. 网上银行的定义

网上银行也称网络银行，是指银行通过互联网向客户提供服务的银行产品。网上银行可以使客户足不出户就能安全便捷地办理账户管理、存款、转账、支票、信用卡及投资理财等业务。可以说，网上银行是互联网上的虚拟银行柜台。

网上银行又被称作“3A 银行”，因为它不受时间和空间的限制来提供服务，即网上银行能够在任何时间（Anytime）、任何地点（Anywhere），以任何方式（Anyway）为客户提供金融服务。

2. 网上银行的优势

与传统银行相比，网上银行的优势主要体现在以下几点：

首先，可以降低银行经营成本，有效提高银行盈利能力。网上银行业务主要利用网络资源来办理，不需要设立物理的分支机构或营业网点，减少了网点运营成本，节约了银行人力成本，提高了银行后台系统的效率。

其次，打破时空限制，有利于扩大客户群体。网上银行业务打破了传统银行业务需要到银行柜台办理的地域限制，同时也突破了银行网点营业的时间限制，既有利于吸引和保留优质客户，又可以主动扩大客户资源，开辟新的利润来源。

最后，有利于产品及服务创新，可以向客户提供多种类、个性化服务。相比于传统银行服务，网上银行系统更容易满足客户购买银行产品的诉求，提供更加个性化的服务。客户除了可以办理银行业务外，还可以方便地在网上买卖债券、基金等。

3. 网上银行的分类

按照使用终端的不同，网上银行可以分为基于电脑终端的银行服务和基于手机终端的银行服务。为了与手机银行区分开，通常我们说的网上银行一般都是就电脑终端而言的。因此，本项目中所讲的网上银行，基本上都是指基于电脑终端提供的服务。

按照服务对象的不同，网上银行又可以分为企业网上银行和个人网上银行。

（1）企业网上银行。

企业网上银行适用于企业、政府等企事业单位客户。企事业单位客户可以应用企业网上银行实时了解企业的财务运作情况，组织调配内部资金，轻松处理大批量的网上支付和工资发放业务，同时还可以处理信用证相关业务。

企业网上银行的具体功能包括：账户管理、代收付业务、转账付款业务、投资理财业务、代理行业务、网上信用证业务、票据托管业务、企业年金业务和集团理财业务等。

（2）个人网上银行。

个人网上银行业务适用于个人客户，个人可以通过网上银行办理业务。例如，账户信息查询、网上支付和转账汇款等。个人网上银行服务的出现，标志着银行的业务可以在个人客户的计算机上办理，人们可以足不出户享受银行服务。

个人网上银行的具体功能包括：账户管理、转账汇款、投资理财服务和个人财务分析等。

（四）手机银行

手机银行是继银行 ATM、网上银行之后推出的又一与客户沟通的数字化渠道。作为金融科技服务的载体，手机银行使得客户不仅能够在任意时间、任意地点，通过手机银行来处理不同的银行业务，丰富了银行服务的内涵，银行可以用便利、高效又较为安全的方式为客户提供传统和创新的银行服务。

众多商业银行积极顺应社会发展潮流，大力发展手机银行，完善手机银行功能，使得手机银行逐渐在银行与客户沟通中起到中流砥柱的作用。

1. 手机银行的定义

手机银行是指银行以智能手机为载体，利用移动互联网，实现客户与银行的对接，从而为客户办理相关业务或提供银行金融服务。随着通信与智能手机的不断升级，手机银行的业务功能也在不断地更新和完善。手机银行既可以看作银行产品，又可以看作银行提供服务的渠道。

2. 手机银行的功能

从理论上讲，银行的柜台业务，除了现金业务以外，是都可以在手机银行上操作的。手机银行的功能可分为基本功能和拓展功能。

手机银行的基本功能包括账户查询、转账汇款、生活缴费、临时挂失等。手机银行的拓展功能就是在基本功能基础上发展而来的投资理财等功能。提供拓展功能，离不开银行后台的支持。但在现实中，出于财务风险的考虑，目前手机银行基本上都是针对个人客户提供的服务，除了账户查询和对账功能以外，基本上没有企业客户。

3. 手机银行的风险分析与防范

（1）手机银行的风险分析。

手机银行风险与银行网点柜台风险的不同主要体现在提供服务的渠道不同，所以从风险防范和安全控制的角度来看，手机银行产品的风险有着显著的特点，主要表现为：高科技犯罪比重大、安全控制要求高、风险特色强。

（2）手机银行的风险防范。

防范手机银行风险的方法主要有妥善保管好手机以及手机银行密码、设置合理的转账支付限额、开通即时短信通知服务、谨防欺诈和关注手机安全性等。

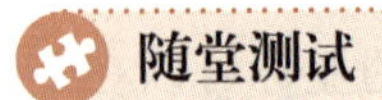

电子银行业务体验

选择一家银行，注册体验这家银行的网上银行，并且下载这家银行的手机银行 App，比较两种产品提供服务的异同点，并撰写体验报告。

思考：人们在什么情况下会使用网上银行而不是手机银行？ 手机银行有没有可能完全取代网上银行？

随堂测试

一、单项选择题

1. 网上银行又被称为“3A 银行”，“3A”具体是指（　　）。

A. Anytime、Anywhere、Anyway

B. Anybody、Anywhere、Anyway

C. Anytime、Anything、Anyway

D. 以上均错

2. 世界上第一台采用 ATM 的银行是（　　）。

A. 瑞士银行　　B. 巴克莱银行　　C. 苏黎世银行　　D. 富国银行

3. 金融科技的应用主要是从（　　）时代开始的。

A. 银行 1.0　　B. 银行 2.0　　C. 银行 3.0　　D. 银行 4.0

4. 电子银行服务体系初步形成是在电子银行发展的（　　）。

A. 第一阶段　　B. 第二阶段　　C. 第三阶段　　D. 第四阶段

5. 通过电子化的渠道提供零售银行服务、小额银行产品和服务、大额电子支付和其他服务的银行称为（　　）。

A. 手机银行　　B. 自助银行　　C. 电子银行　　D. 电话银行

6. 电子银行全方位采用（　　）运营与管理，充分了解客户需求。

A. 网络化　　B. 转型化　　C. 集约化　　D. 电子化

7. 以下不属于网上银行业务范畴的是（　　）。

A. 票币兑换　　B. 转账汇款　　C. 账户查询　　D. 投资理财

8. 按照（　　）的不同，网上银行可以分为企业网上银行和个人网上银行。

A. 服务特点　　B. 服务对象　　C. 服务功能　　D. 服务范围

9. 下列属于手机银行拓展功能的是（　　）。

A. 账户查询　B. 基金理财　C. 转账汇款　D. 临时挂失

10. 下列不属于电话银行可以提供的服务是（　）。

A. 业务咨询　B. 开立账户　C. 临时挂失　D. 账户查询

二、多项选择题

1. 以下属于现阶段电子银行功能的是（　）。

A. 全面提供银行所有业务

B. 全天候的电子通信网络

C. 全面电子化的货币形式

D. 提供各类金融服务

2. 企业客户使用企业网上银行可以办理（　）业务。

A. 集团理财　B. 票据托管　C. 投资理财　D. 代发工资

3. 以下属于个人客户可以通过个人网上银行办理的业务有（　）。

A. 通知提醒　B. 资信证明　C. 财务分析　D. 缴费支付

4. 自助银行属于银行业务处理（　）和（　）的一部分，是一种现代化的银行服务方式。

A. 无人化　B. 电子化　C. 网络化　D. 自动化

5. 银行服务发展经历的阶段有（　）。

A. 网点服务阶段　B. 自助银行阶段

C. 基于互联网服务阶段　D. 银行即服务阶段

6. 以下属于银行发展 2.0 阶段出现的业务是（　）。

A. 自动提款机　B. 网上银行　C. 电话银行　D. 手机银行

7. 手机银行的风险具有（　）的特点。

A. 客户损失小　B. 风险特色强

C. 安全控制要求高　D. 高科技犯罪比重大

8. 自助银行机具可以分为（　）。

A. 自助提款机　B. 存取款一体机

C. 存折补登机　D. 磁码打印机

E. 自助终端机

9. 自助银行的主要形式有（　）。

A. 离柜式自助银行　B. 混合式自助银行

C. 隔离式自助银行　D. 厅堂式自助银行

三、判断题

1. 个人网上银行的出现，标志着银行业务直接延伸到个人客户的计算机上，方便使用。（　）

2. 企业客户不能通过网上银行办理信用证，只能到银行柜台办理。（　）

3. 按照使用终端的不同，网上银行服务可以分为基于电脑端的银行服务和基于手机端的银行服务。（　）

4. 电话银行的服务类型有人工服务和自助语音服务两种。（　）

5. ATM 出现在银行 1.0 时代。（　）

6. 银行自助终端机支持取现功能。 ( )

7. 防范手机银行风险主要有妥善保管好手机和密码、设置合理的转账支付限额、开通即时短信通知服务、谨防欺诈和关注手机安全性等方法 ( )

8. 网点银行或者说银行 2.0 时代最大的特点在于：银行所提供的服务是受限制的，只能在特定的时间、特定的地点进行，数百年没有本质改变。 ( )

9. 所谓的混合式自助银行，指的是在现有的银行分支机构的营业大厅内划分出一块区域，放置各种自助式电子设备，提供 24 小时的自助银行服务。 ( )

10. 自助终端机也可以办理现金存取款业务。 ( )

四、简答题

1. 与传统银行相比，网上银行有哪些优势？
2. 一般自助银行都包含哪些设备？
3. 怎样防范手机银行使用中可能出现的风险？
4. 根据境内和境外银行服务的不同，电子银行提供的服务可以分为哪三个级别？
5. 简述电话银行的定义。

任务二　理解互联网银行的概念

传统银行网络转型之余，新一批互联网银行逐渐兴起，渐成气候。相比定位于“信息中介”的新兴借贷服务机构，互联网银行最大的优势在于资金充裕度较好，可吸收公众存款或者银行同业拆借，资金成本较低。

一、互联网银行的概念及业务范围

互联网银行是指借助现代数字通信、互联网、移动通信及物联网技术提供金融服务的银行。互联网银行可以吸收存款，可以发放贷款，可以做结算支付。大部分互联网银行是纯网络银行，没有物理网点，因此这些银行的全部业务都在线上开展。

二、互联网银行与传统商业银行的区别

互联网银行与传统商业银行的区别主要表现在以下几个方面。

（一）运营模式不同

传统商业银行在组织架构上通常划分为不同层级，开设不同的分支机构，一般由总行、各地分行、支行和分理处或营业所构成。互联网银行设置的物理网点很少，甚至实施纯线上运营，并无分支机构的概念，当然，这也就意味着互联网银行的运营成本比传统商业银行要低很多。

（二）业务办理方式不同

互联网银行在业务办理方式上与传统商业银行也有很大差别。例如，客户首次办理银行卡，需要到银行网点，可以选择柜台办理，也可以选择用自助机具办理，这也就要求客户在银行营业时间内办理。但是互联网银行的开户手续相对便捷很多，不受时间和地域的限制。以微众银行为例，申请开立账户仅需 4 步，大概 3 分钟的时间。用户首先上传身份证和银行卡照片，然后进行核对，接着进行人脸识别，最后用户设置密码。当然，这种足不出户也是会受到一定限制的。互联网银行在申请开户时，需要绑定一张已有的银行卡，这是因为受远程开户的限制，不能为客户办理Ⅰ类账户，只能开立Ⅱ、Ⅲ类账户。

那么，Ⅰ、Ⅱ、Ⅲ类账户有什么区别呢？Ⅰ类账户有实体卡，也就是我们最熟悉、使用最多的银行卡，包含过去银行卡的所有功能：存款、理财、缴费、转账、取现等，而且不限额，但是同一家银行只能开立一个Ⅰ类账户；Ⅱ类账户可以为实体卡的账户，也可以为虚拟的电子账户，客户可以办理存取现金、非绑定账户资金转入等业务，但是日累计限额为 1 万元，年累计限额为 20 万元；Ⅲ类账户是纯粹的虚拟账户，不发放实体卡，且账户余额不得超过 1 000 元，日累计限额为 5 000 元，年累计限额为 10 万元。受到账户类型的制约，互联网银行在汇款转账方面不能完全取代传统商业银行的作用。

（三）负债结构

从资产结构上看，互联网银行贷款的占比大都与全行业较为接近，均在 50%左右，但是其他非信贷资产的配置则较为多样，流动性较强。在负债结构上，互联网银行与传统商业银行的差异较大。前边提到了互联网银行开立账户类型的限制，也就反映出在吸收存款方面，互联网银行比传统商业银行要困难很多，因此其存款占比也就较低，有些甚至大幅低于行业水平，但同时其他融资占比相对更高一些，主要依靠同业拆借。

（四）精准营销、风险防控等方面的不同

相比于传统的商业银行，互联网银行广泛应用大数据和云计算等相关技术，在精准营销、风险防控等方面表现更好一些。

与传统商业银行相比，互联网银行主要依靠大数据、云计算等，实现纯线上运营。纯线上发放贷款是指不与客户见面，依靠所掌握的数据和信息，在线上就实现了客户拓展与营销以及风控。传统商业银行基本都是线下拓展客户，通过网点及人脉关系等挖掘潜在客户、维护存量客户。互联网银行的客户主要源自股东用户、互联网平台等，本身已积累了较多用户数据，通过对这些数据的分析计算，从中定向选取优质客户，进行产品推介、信息投放。在后期风险管理方面，传统商业银行已经具备一套较为完善的风险控制管理体系，云计算、大数据等技术是已有体系的扩充；互联网银行则主要依靠大数据、云计算等技术对用户数据进行分析处理，是其风控的主要手段和途径。

三、互联网银行的类型

国内互联网银行可以分为新型互联网银行和传统银行的直销银行两种。

（一）新型互联网银行

新型互联网银行主要是指近年来新成立的、完全区别于传统商业银行的、依托互联网开展业务的金融机构。这些银行主要是依托社交网络、搜索引擎等互联网公司流量入口，利用互联网公司自身社交、电商、搜索流量所建立起来的互联网金融服务机构。其典型的代表有微众银行、网商银行等。

（二）传统银行的直销银行

1. 直销银行的概念

直销银行主要是针对传统银行的经营模式而言的。传统银行一般由多层的分支架构组成，例如银行的总行、各业务部门、地方的分行、区域的支行和分理处等。这种运营模式会耗费较多的人力和物力成本，而且信息传递起来也相对耗时。因此各家银行纷纷寻找解决路径，直销银行也就由此产生了。直销银行由各家银行总行的后台处理中心直接管理，不设置分支机构，也基本上不设置物理网点，利用电脑端或者手机端，通过互联网或者移动互联工具为客户提供银行服务。

2. 直销银行的主要业务

直销银行以销售金融产品为主要业务，包括存款类产品、贷款授信类产品、货币型基金等，此外还有账户的管理、转账汇款、在线支付等基础功能。因为没有网点经营费用和管理费用，直销银行提供的银行及其他金融产品的手续费等比传统银行网点更低。运营成本的降低，使得客户获得金融产品的成本直接降低，因此，直销银行的核心价值就定位在了更好地回馈客户方面。

3. 直销银行的产品特点

操作便捷、产品简单、购买门槛低是直销银行产品的主要特点。直销银行作为一种新型的银行运作模式，可以算作互联网发展环境下的一种新型金融产物。值得一提的是，直销银行的目标客户以及现有的业务模式，决定了其产品基本是标准化的，品类相对较少，每类产品中客户可选择的余地也不大，这就使得直销银行的产品并不能全面满足客户的诉求，从某种程度上说，如果客户需要定制化的服务，一些直销银行是无法实现的。

4. 直销银行的产品渠道

直销银行的产品渠道主要是采用线上线下融合、互通的方式提供服务。线上服务渠道由互联网的营销平台、网上银行和手机银行等方式的电子化服务渠道构成；线下服务渠道多为直销银行便利店或直销银行体验店形式，其中布放各类自助设备，比如网上银行体验机、VTM、ATM、CRS、自助缴费终端等多种自助操作设备。

做中学　**直销银行业务体验**

选取两家银行，登录该银行网站，查看直销银行经营的产品种类，体验在直销银行办理业务的流程，并比较其与传统银行柜台办理业务的异同点。

随堂测试

一、单项选择题

1. 不设置支付限额和取现额度的账户是（　　）。

A. Ⅰ类账户　B. Ⅱ类账户　C. Ⅲ类账户　D. 以上均错

2. 以下不属于互联网银行运用技术的是（　　）。

A. 现代数字通信　B. 移动通信　C. 物联网技术　D. 冠字号码识别

3. 由于互联网银行与传统银行的（　　）不同，互联网银行的成本比传统银行要低。

A. 运营模式　B. 业务办理方式

C. 负债结构　D. 运用技术

4. 以下不属于新型互联网银行的是（　　）。

A. ING 直销银行　B. 网商银行

C. 微众银行　D. 百信银行

5. 以下属于Ⅱ类账户特点的是（　　）。

A. 可以有实体卡　B. 不设置年累计限额

C. 年累计限额为 10 万元　D. 是纯粹的虚拟账户

6. 以下不属于传统银行组织架构中的机构的是（　　）。

A. 总行　B. 各地分行　C. 各分理处　D. 直销银行

7. 互联网银行不可以为客户办理（　　）账户。

A. Ⅰ类　B. Ⅱ类

C. Ⅲ类　D. 以上账户都不可以办理

8. 属于Ⅲ类账户可以办理的业务是（　　）。

A. 支取现金　B. 转账付款　C. 代扣社保　D. 大额支付

9. 互联网银行主要通过（　　）实现纯线上放贷。

A. 探访客户做贷前调查　B. 审核客户的纸质对账单

C. 大数据和云计算　D. 维护存量客户

10. 与传统银行相比，互联网银行在（　　）方面较为困难。

A. 降低运营成本　B. 为客户开立账户

C. 吸收公众存款　D. 提供消费支付服务

二、多项选择题

1. 目前互联网银行可以办理的业务有（　　）。

A. 吸收存款　B. 发放贷款　C. 结算支付　D. 国际结算

2. 以下属于互联网银行与传统银行区别的是（　　）。

A. 运营模式　B. 业务办理　C. 技术应用　D. 负债类型

3. 新型互联网银行主要依托（　　）挖掘客户、开展业务。

A. 社交网络　B. 搜索引擎流量

C. 电商平台　D. 人脉关系

4. 微众银行开办的主要业务有（　　）。

A. 通知提醒　　B. 消费金融　　C. 大众理财　　D. 平台金融

5. 互联网银行的风险控制主要依靠（　　）。

A. 走访客户，贷后调查　　B. 要求客户提交资料

C. 云计算　　D. 大数据

三、判断题

1. 互联网银行属于纯网络银行，没有物理网点，全部业务在线上开展。（　　）
2. 互联网银行是借助互联网技术开展金融服务的银行。（　　）
3. 直销银行可以提供线上线下融合、互通的渠道服务。（　　）
4. 直销银行和网上银行可以相互替代。（　　）
5. “微粒贷”是从申请、审批到放款实现线上线下结合的贷款产品。（　　）
6. 直销银行具有简单易懂、门槛低、方便快捷等特点。（　　）
7. 直销银行可以办理资信证明业务。（　　）
8. 直销银行的发展可以分为四个阶段。（　　）
9. 微信零钱包属于Ⅱ类账户。（　　）

四、简答题

1. 简述直销银行的产品特点。
2. 互联网银行与传统银行的区别有哪些？
3. 互联网银行可以办理的业务有哪些？
4. 简要阐述Ⅰ、Ⅱ、Ⅲ类账户的区别。
5. 什么是直销银行？直销银行的主要业务有哪些？

任务三　掌握金融科技在银行领域的应用

当前，全球经济进入数字经济时代，随着区块链、大数据等金融科技的发展，用户对商业银行的金融需求也在迅速变化。面对这种变化，金融机构应该重新审视自身业务，借助金融科技重塑传统思维，加速数字化转型进程。

一、金融科技助力银行数字化转型

商业银行想要实现数字化转型升级，必须要借助金融科技的力量，以此实现从产品、运营、服务到银行经营理念的转型升级。

（一）调整经营战略，打造银行科技

1. 与科技公司共同合作分享金融科技成果

银行与科技公司共同合作，借助科技公司的技术力量，加速金融科技的应用，分享金融科技成果。在科技公司选择方面，银行既可以选择金融科技公司，也可以选择拥有先进技术的互联网公司。与这些公司合作，可以使银行通过提高收费或者增加净收入，达到提

高盈利能力的目的，或者通过提供低成本存款服务，减少科技研发的耗时及人力投入，帮助银行降低成本。在这两种情况下，合作关系能够为银行增加收入或降低费用带来直接的正面影响。例如，一家银行可以与一家网络安全金融科技公司合作，以减少银行在这方面的潜在风险。同时，银行可以与提供大数据分析解决方案的金融科技公司合作，以更快地预警借款人的财务困难，从而加强承保，减少冲销。与互联网公司合作，还可以为银行提升客户黏性找到新的切入点。

对于科技公司而言，与银行合作也是提升竞争力的最好选择。虽然金融科技的某些领域因消费者和企业对创新产品和技术的需求而得到增强，但传统银行仍然有强大的客户关系，也更容易获得资金。与传统银行合作可以让金融科技公司更快地扩大规模、降低获取客户的成本，并通过与更成熟的品牌合作来提升自身的品牌价值。正因如此，越来越多的银行与金融科技公司联手，着力打造更有价值的产品，提升核心竞争力。

2. 投资或者并购金融科技公司

除了与科技公司合作以外，国外的金融机构也通过投资或者并购金融科技公司来提升金融科技力量，而这些被并购的公司一般都在金融科技方面表现突出或者颇具潜力。通过投资或者并购，银行等金融机构可以直接获得金融科技公司的全部人力资本和研究成果，从而达到数字化转型的目的。当然，这种并购是需要一定前提的，那就是要保留被收购公司的组织和经营的相对独立性，为高科技金融人才的培养以及产品的创新和业务发展预留出足够的空间。国外的数据显示，传统金融机构在与金融科技企业的合作方式中，投资或并购方式约占 37%。例如，花旗银行集团的花旗风投（City Venture）就致力于投资金融科技股权，其最著名的投资标的是美国软件公司（Square）。美国软件公司是一家专注于提供支付过程中商户服务和综合解决方案的移动支付公司，消费者或商家在智能手机上利用该公司所提供的移动读卡器，可以在接入网络的状态下，通过应用程序匹配刷卡消费，其功能和作用有点类似于国内的拉卡拉读卡器。这些便携读卡器可以让消费者和商家不受 POS 机消费地点的限制，使得消费者、商家可以在任何地方进行付款和收款，保存相应的消费信息，并按日结算，不受传统银行对账限制，从而大大降低了刷卡消费支付的技术门槛和硬件需求，受到了很多消费者和商户的青睐。投资这样的金融科技公司，可以为银行带来更多的客户和收益。

3. 建立银行内部的技术解决方案

除了上述两种从外部提升银行科技的途径以外，银行内部也有自己的解决途径：(1) 建立自己的技术解决方案。目前大部分银行已经开始在银行金融科技建设方面加大投入。例如，成立金融科技子公司、建立专门的部门或者加大信息技术建设力度。(2) 提高研发成本，引入技术高端人才，努力做好技术支撑。(3) 深挖客户需求，不断更新产品设计。(4) 通过技术创新，将不同的金融资产重新组合，达到转移和规避风险的目的等。总之，商业银行在经营过程中，越来越注重科技的力量，为成功转型奠定了基础。

（二）创新商业模式，推进数字化转型，打造“轻型银行”

在互联网时代，金融的发展趋势正在从传统的高消耗、低效能的粗放模式向内涵集约式模式转变。商业银行主要利润来源于存贷差的重资产时代已经终结，逐渐向“轻型”银行转变。这些变化使得传统银行业需要顺应数字化经济发展趋势，以轻型银行为方向，持续推进银行的战略转型。“轻资产、重服务”的经营理念表现在商业银行必须要形成数字化战略，重视金融科技力量，将金融科技作为核心资产，通过金融科技来实现数字化、综合化的转型，实现智能增长。同时，轻型银行要求商业银行真正做到以客户为中心，把服务放到首位，注重客户体验，推出创新型产品，切实了解客户金融诉求，解决实际问题。目前，国内各家银行纷纷积极规划发展方向的“轻”政策，弱化自身吸纳存款、发放贷款的规模和能力，转而把更多的业务放在了拓展轻型业务市场上，例如财富管理、消费金融、金融交易等，并广泛运用社交平台、新媒体、新平台，建立多层次、多样化的轻型智能服务模式。

二、银行发展金融科技的优势

在金融领域，无论是相对于新兴的金融科技公司还是相对于互联网巨头，银行都依然具有很大的优势。

（一）具有牌照与品牌优势

互联网银行或者其他金融行业想要发展，需要获取相应的金融牌照。相对于其他金融行业，受到吸收公众存款资金沉淀量庞大以及影响广泛等的影响，银行的牌照最难申请。因此，已经获取金融许可证等金融牌照的商业银行具有一定的先发优势。另外，传统银行风险控制能力强，经营管理相对新兴的金融科技公司更为稳定，所以在客户中拥有较高的信誉和品牌价值，是客户存放大额资金的首选，当然这也成为传统银行的核心竞争力之一。

（二）具备完善的金融服务体系

商业银行深耕金融领域多年，不仅在金融牌照方面和信誉方面比金融行业的新兴企业更有优势，同时也建立了完善的金融服务体系和全方位的金融服务渠道，并且这些体系和渠道是在不断尝试拓展中沉淀下来的，并非一朝一夕所形成。金融科技公司或是互联网银行等，多受资质的限制，往往只能通过输出技术的方式获得收益，很多服务依然是在银行基础上提供的，变现渠道相对有限。此外，单靠提供解决方案很难形成规模较大而又稳定的营业收入。

（三）拥有庞大的用户数量和海量数据

传统银行在多年的经营管理中已经积累了相当规模的稳定客户群。在依托金融科技实现银行转型升级的过程中，这些规模巨大的客户是银行发展金融科技的有力支撑。传统银行通过金融科技的应用手段，将线下海量客户转移到线上并拓展已有的金融需求，在保留了客户资源的同时，为传统银行发展线上业务提供了广阔的空间。

（四）具备强大的资金实力

金融科技包含的领域很广泛，是囊括了区块链、移动互联、云计算、大数据、人工智能等技术的系统集成。发展金融科技除了需要培养和招聘高新技术人才做支撑以外，还需要有购买、配置硬件设备的大量资金作为保障，因为发展金融科技不仅前期投入巨大，而且开发周期相对较长。此外，在开发金融科技过程中，需要不断测试新系统、调试设备、优化模型以及积累数据等。以上特点决定了发展金融科技需要长期而庞大的资金量作支持。金融科技已经逐渐变成资金密集型行业，传统银行尤其是大型商业银行凭借其稳定的现金流和累积的金融数据，天然具有发展金融科技的优势。

三、金融科技在银行领域的应用

随着信息技术的不断发展，金融科技在金融行业中的应用范围逐步扩大、应用程度逐渐深入，尤其是在银行日常经营中的广泛应用，给银行业带来了巨大影响。

（一）移动互联在银行领域的应用

1. 移动互联的概念

移动互联即基于移动终端和通信网络的连接，进行信息的获取、发布和交互。简单来说，移动互联主要通过连接来对大数据进行获取和传递。

2. 移动终端打破银行服务界限

移动互联在银行领域的应用范围较广，推行时间较其他金融科技更早一些，例如我们熟悉的电话银行、网上银行、手机银行终端设备等。有了这些终端，客户可以不受银行工作时间以及分支机构或 ATM 的位置限制，全天候享受银行提供的服务，客户可以随时登录账户进行交易。比起传统的银行网点服务和基于电脑端的网上银行，手机银行操作更为便捷，因此越来越多的客户选择手机银行服务。在数字化的时代，客户更加倾向于选择定制化、个性化的服务，因此各家银行都意识到了提升客户个性化服务体验的重要性。用户通过移动端进行操作，银行还可以更广泛地收集客户行为和偏好数据，为个性化服务提供参考，为用户创造独特的体验，提升用户满意度。智能化的手机银行可以实时帮助用户掌握自己账户的所有信息，提供便捷的交易方式，例如存款查询、转账汇款、投资理财等。同时，就银行而言，移动终端可以帮助银行实现无纸化，既环保又节省印刷和交付费用，而且无须雇用额外的员工，降低了银行的运营成本。

3. 移动支付丰富银行支付服务

随着移动互联网的广泛应用，移动支付逐渐替代了传统的现金支付，人们的消费习惯也在悄然发生改变。银行的移动支付主要用于手机银行转账、银行卡绑定消费、投资理财和公共事业缴费等。如招行手机银行推出“刷脸”转账功能，客户通过远程视频进行面部识别确定身份后，能够在线办理 20 万～100 万元的大额转账业务。南京银行推出多功能、可穿戴智能支付设备“智 e 鑫”，可由闪付终端受理小额免密支付等。

（二）人工智能在银行领域的应用

1. 智能投顾定制资管方案

传统银行的理财顾问需要站在投资者的角度，结合掌握的客户信息分析客户特征，配置符合该客户风险偏好特征、适应特定时期市场表现的投资组合产品，并在投资后还要持续跟进。这些工作需要以人工方式完成，而完成这些任务的投资顾问或理财经理必须具备非常高的专业素质，这也就使得财富管理服务的准入门槛相对较高，几乎只面向高净值人士开设。智能投顾的出现，使银行能以最少人工干涉的方式进行投资组合管理，用计算机代替专业的理财顾问来管理客户资产，同时客户群体也不只是高净值人士。运用人工智能技术，智能投顾能做到对大量客户进行财富画像，为每一位客户提供量身定制的、个性化的资产管理和投资方案。

2. 智能客服便捷解决客户诉求

所谓智能客服，是指以语音识别、自然语言处理等人工智能技术为基础，协助企业在用户数量巨大时处理客服业务的技术。对商业银行来说，传统的客户服务以电话、线下柜台人员面对面交流为主，面临着服务形式单一、效率低、专业水平参差不齐等问题。对于拥有巨量客户的商业银行来说，组建和保持一支规模庞大的客服团队，不仅会使银行内部组织变得臃肿，而且运营成本会很高。智能客服技术在银行业有广泛的应用场景。面对数量众多且类型繁杂的客服要求，智能客服可以对客服任务进行分类、评估，再传递给相应的人工客服。对于简单的客服任务，智能客服可以直接解决，无须人工介入。随着技术的进步与基础数据的积累，智能客服的功能会愈加强大，能独立解决的客服问题也逐渐增多。这种趋势将会对现有的银行客服团队、客服系统产生巨大的冲击。传统商业银行尤其是大型商业银行的网点优势将日益削弱，需要重新组建更加智能化、专业化的客服团队。

（三）大数据在银行领域的应用

1. 实现精准营销，助力产品创新

“了解你的客户”是银行开展业务的重要前提之一，基于对客户的了解，银行才能制订更合适的营销方案，开发相应的产品和服务。在大数据时代，仅仅对客户的身份真实性、合法性进行验证已无法满足银行竞争需求。银行可以建立大数据平台，利用先进的大数据分析能力来获取客户的消费习惯、消费偏好、消费水平和兴趣爱好等多方面的信息。

利用大数据进行客户画像，实际上也就解决了精准营销的问题。客户在认知产品的过程中，会通过网络或者其他私人渠道对产品信息、类别进行检索，了解相应的产品信息，留下行为轨迹，形成偏好数据。在已有客户画像基础上，结合产品搜索数据信息，形成完整的客户关系（CRM）系统，从而精准推送给消费者相应的金融产品，实现精准化营销。

另外，银行还可以根据大多数客户的共同特征，制定以客户为中心的产品设计和营销推广模式，使得产品更加具有针对性和有效性，提供更有价值的服务，从而提升客户的使用体验和忠诚度。例如，中信银行的“信 e 付”可以全程记录企业交易过程中的企业客户信息，捕捉背后暗藏的价值信息。

2. 增强银行风险控制能力

传统银行在对企业进行贷款时，需要进行贷前审查、贷中审查和贷后检查，需要花费大量的时间和人力。当银行使用大数据技术时，可以构建针对用户贷款的评分模型，根据用户自身的信用程度、消费信息、收入水平等自动对申请的贷款进行审批。银行可通过企业的生产、流通、销售、财务等相关信息，结合大数据挖掘方法，进行贷款风险分析，量化企业的信用额度，更有效地开展中小企业贷款。

大数据可以帮助银行降低信息不对称，增强风险控制能力。银行可以逐渐将以往过度依靠客户提供财务报表获取信息的风险管理模式，调整为对客户财务状况、资金流动性数据进行动态的、全过程的监控分析模式。目前，金融科技应用领先的银行，例如富国、瑞银等，已经能够利用大数据技术对客户的资产负债、交易活动、流动性状况、纳税和信用记录等进行整合，进行全方位的综合评价，计算客户的动态违约概率和损失率，以此来提高贷款决策的可靠性。

3. 提供新的反洗钱方法

大数据技术为反洗钱领域提供了新的方法。现有的反洗钱系统，大多是基于规则模式的。这些规则很大程度上是根据历史数据总结得来的，而且非常依赖人工经验，容易造成疏漏。不仅如此，目前反洗钱系统的筛选规则通常是针对单个账户的，而事实上，金额巨大的洗钱活动往往是团伙作案。通过大数据技术的运用，金融机构可以在短时间内搜索出客户身份、资产负债对比及收付交易等各方面信息，这些数据经过专业的分析和挖掘，能够对用户的洗钱行为进行甄别和分析。商业银行可以利用账户所有人的基本信息、客户历史行为模式等，通过智能引擎进行动态的交易分析。

（四）区块链在银行领域的应用

1. 降低运营成本

金融行业发展的基础是信任。为了建立信任机制，金融行业在发展过程中催生了大量的中心化机构，包括第三方支付平台、银行、交易所等。现有的银行体系中，想要进行账目核对，基本都要通过商业银行总行的电子账本。从本质上来说，目前银行的数据储存结构是一个中心化的结构。对这个电子档案中心进行运维需要付出大量的成本。区块链技术的出现，使得电子数据存储有了新的发展方向，去中心化的特点决定了区块链技术在银行领域的应用可以节约大量的运维成本。同时，分布式的特点为数据查询提供了更便捷的方法。因此，越来越多的银行开始了对区块链技术的应用研究，成立了专门的实验室研发这项技术。

除了电子档案或者数据存储成本高以外，国际贸易结算成本也非常高。现有的结算方式主要是通过环球银行金融电信协会（SWIFT）进行银行间清算和结算。这种跨境支付结算必须通过多家中介行、结算行等环节，多个中介角色的涉入正是因为信任机制对跨境交易的完成至关重要。然而，操作单笔跨境汇款不但中间环节繁多，非常耗时，还需要支付大量的手续费。由于各个国家的清算程序不同，会导致一笔汇款需要 2～3 天才能到账，效率很低，在途资金额高也提升了交易成本。将区块链技术应用到现有的跨境结算中，通过分布式账本实现收付款双方点到点的直接连接，可以彻底改变现有资金转移方式，能迅速降低跨境支付交易成本。此外，通过区块链技术不但可以减少资金中转费用、提高资金周转效率，而且可以大幅提升跨境汇款的安全性。

2. 防范欺诈风险

区块链分布式记账的开源、透明等特点，使经济活动参与者能够清楚地知晓经济活动的规则。在区块链技术应用背景下，所有账本内容在每个数据节点都可以被验证，构造历史真实性和完整性，这使得经济活动在一定程度上可追责，能够降低系统信任风险。在区块链形成的网络中，任何节点发生交易，所有的账簿都会生成相应的记录。这也就意味着，一旦有人试图入侵和修改单个账簿，其他的所有账簿都会自动侦测到这种欺诈行为，并记录下来。

做中学 **银行网点体验**

去一家银行网点进行体验，判断该网点应用了哪些金融科技，撰写一份调研报告。

随堂测试

一、单项选择题

1. 商业银行需要利用金融科技来实现转型升级，从产品、运营、（　　）到银行经营理念，渐进式变革商业银行发展模式。

A. 账户　　B. 服务　　C. 业务　　D. 以上均错

2. 目前没有在国内商业银行普遍实施的发展金融科技手段的是（　　）。

A. 建设自己的技术解决方案　　B. 与互联网公司寻求合作

C. 并购金融科技公司　　D. 合资分享金融科技成果

3. 下列不属于我国目前的移动支付主要方式的是（　　）。

A. 电子信用卡　　B. 银联　　C. 支付宝　　D. 微信

4. 以下关于智能客服的说法，不正确的是（　　）。

A. 智能客服可以对客户问题进行分类、评估

B. 智能客服可以取代所有的人工客服

C. 智能客服可以让银行服务丰富起来

D. 智能客服技术在银行有广泛的应用场景

5. 现有的国际结算，具有交易时间长、（　　）的特点。

A. 操作简单　　B. 无交易风险　　C. 手续费高　　D. 点对点结算

二、多项选择题

1. 大数据在银行服务领域的应用优势有（　　）。

A. 实现精准营销　　B. 增强风控能力

C. 解决客户诉求　　D. 提供反洗钱方法

2. 区块链技术的应用可以帮助银行（　　）。

A. 实现定制化服务　　B. 打破时间界限

C. 降低运行成本　　D. 防范欺诈风险

3. 实现轻型银行，传统商业银行要通过金融科技实现（　　）转型。

A. 服务化　　B. 数字化　　C. 智能化　　D. 综合化

4. 金融科技在银行领域的应用有（　　）。

A. 人工智能　　B. 移动互联　　C. 区块链　　D. 大数据

三、判断题

1. 智能投顾可以为每一位客户提供定制化的资产管理方案。（　　）

2. 目前区块链技术在银行领域的应用还没有完全实现。（　　）

3. 商业银行经营的基础是客户，因此还会继续加大存款吸纳力度。（　　）

四、简答题

1. 商业银行的轻型化表现在哪些方面？

2. 区块链技术的应用对商业银行有哪些积极的影响？

3. 简述传统银行发展金融科技的优势。

项目八

金融科技与第三方支付

Pay Pal 与支付宝的异同

学习目标

知识目标：

1. 了解第三方支付的基本概念及基本原理。
2. 认识第三方支付的业务类型与主流平台。
3. 理解国内外第三方支付行业的发展状况。
4. 掌握第三方支付的风险防范措施。

能力目标：

1. 能够灵活使用第三方支付平台。
2. 能够运用适当的措施防范第三方支付风险。

导入案例

二维码上的中国商业变革①

【案例介绍】

便捷的移动支付工具，在短短几年间让人们的支付行为跨过“IT 时代”，商业、金融生态走进了“移动互联网时代”。这些变化，我们从微信支付官方在 2018 年拍摄的纪录片《二维码上的中国商业变革》中可略见一斑。该纪录片展示了四名背景、阅历各不相同的人：

---

① 纪录片《二维码上的中国商业变革》(https://www.iqiyi.com/v_19rqybrpl4.html)；米宗几．二维码上的中国商业变革［J］．西部大开发，2018 (8).

人物 1：潘艳卿。69 岁的阿婆潘艳卿多年来到果园里摘水果上街售卖，收入一直微薄，而且由于年纪和身体状况方面的原因，零钱和假钞以及清点问题是困扰她的最大的难题。自从她在水果摊的箱子上贴了微信支付的收款二维码后，移动支付对她来说就是整个生意的飞跃，她不需要再背着一个大的零钱包出门，也不用担心收到假钞，微信支付里的“收款小账本”功能，让那些像阿婆一样不懂技术甚至连智能手机也不太懂的小微商户，也能用上简便的收银管理系统——收款有语音提示，有收款收入简报、提现免费等功能，每天可以知道自己赚了多少钱，可以灵活调整工作的时间和节奏。

人物 2：刘家睿。某连锁饮品店督导，他所辖店铺用上了微信支付的智慧餐饮系统，通过自助点餐，人们可预约点餐、现场点餐免排队，无论人在不在门店里都可以使用，通过小程序点餐还有“猜你喜欢”功能，该功能根据消费者的消费历史向消费者推荐餐食。

人物 3：王牧牧。2016 年底，亚马逊的无人商店概念开始传到中国，几乎同时，微信发布了小程序。看到契机的王牧牧离开了媒体行业创业，利用微信支付和小程序开发出一套无人便利店的解决方案 EasyGo——用户扫码进门，选取商品，到支付离店，都不需要有人值守。过去，开一家便利店至少需要二三十万元，而且还有六七个员工的人力成本，现在无人零售店只要过去 1/4 的成本。

人物 4：李剑。他是 PP 停车创始人，通过使用微信“无感支付”功能重新调配社会资源，他设计出了一个更高效的停车场模式：用摄像头拍摄并且识别车牌，开通免密支付之后，车主出入停车场不需要长时间停下来。停车难问题的背后，其实是交通运转效率慢、人们出行需求增长比较快等问题。

上述四名背景、阅历各不相同的人，通过移动支付，切实改变了自己和其他人的生活。尽管这是微信支付拍摄的商业纪录片，但它大致回答了这样一个问题：要做引领时代走向的科技，引发真正的“互联网变革”，到底需要我们为他人和社会提供什么价值、扮演怎样的角色？

【案例分析】

移动支付在我国出现后短短几年，“出门不带钱包”就成为中国领先于全球的生活方式。

纪录片《二维码上的中国商业变革》讲述的并非只是 4 个不同背景的人的故事，而是我国各行各业数字化进程的缩影。消费者的体验升级、商业创新和社会资源配置交织在一起，渗透并改变了绝大部分移动互联网使用者的生活。

以微信支付为代表的移动支付技术，从一个简单的二维码支付工具，迅速发展成了我国各行业数字化进程中最重要的推动力量。

任务一　了解第三方支付的基本概念及基本原理

一、第三方支付的产生背景及概念

第三方支付是为满足电商的需要而存在的。在现实的有形市场，异步交换权可以附加信用保障或法律支持来进行，而在虚拟的无形市场，交易双方互不认识，不知根底，支付问题曾经成为电子商务发展的瓶颈之一：卖家不愿先发货，怕货发出后不能收回货款；买家不愿先支付，担心支付后拿不到商品或者商品质量得不到保证。博弈的结果是双方都不愿意先冒险，网上购物无法进行。为了满足市场需求，第三方支付平台应运而生。第三方支付平台是买卖双方在缺乏保障或者法律支持的情况下的资金支付“中间平台”。买方将货款付给买卖双方之外的第三方，第三方为此笔资金提供安全交易服务，等到卖方将货物发给买方并得到买方的确认后，第三方再将这笔资金转汇给卖方，这笔资金只有双方的意见达成一致后才能完成支付。第三方在这一过程中履行对这笔资金进行托管和监督的职能，实现了支付安全保障，但其本身并不需要承担任何风险。

第三方支付的这种支付托管行为，使网上支付更具有安全性和可靠性，解决了卖家和买家彼此不信任的问题，同时也有效解决了传统支付方式中买方先付款后不能按时保质收到货物的缺点，以及卖方先交货后不能按时收到全部货款的问题。它是针对网上交易产生的便捷支付平台。如今，第三方支付凭借其诸多优点，已成为人们在网上购物与投资时的首选平台。

中国人民银行2010年制定的《非金融机构支付服务管理办法》对非金融机构支付服务进行了概念界定。从广义上讲，第三方支付是指非金融机构作为收、付款人的支付中介所提供的网络支付、银行卡收单以及中国人民银行确定的其他支付服务，其中网络支付包括互联网支付、移动支付、固定电话支付和数字电视支付。

二、第三方支付实现原理

第三方支付的出现，满足了电子支付中卖家和买家双方对信誉和安全的需求，促使越来越多的企业选择网络支付，因为这种支付方式在进行网络支付时，银行卡号及密码的披露绕过了商家，只在持卡人和银行之间进行，降低了因通过商家进行而导致的风险。第三方支付可以为企业提供与银行支付结算系统端口和通道服务，从而实现资金转移和支付结算。

第三方支付按照以下逻辑完成：首先，持卡人或商户和第三方平台以电子数据的形式传递账户信息，避免了持卡人将银行信息直接透露给商家的风险。持卡人或商户不必登录各家银行的网上银行界面，而是在每次登录时，都能看到相对熟悉和简单的第三方机构的界面。其次，第三方机构与各个主要银行之间签订了有关协议，使得第三方机构与银行可以进行眸子形式的数据交换和相关信息确认。在这个过程中，中国人民银行监督第三方机构与各个商业银行间的清算。这样，第三方机构就能实现在持卡人（付款人）、银行、商户（收款人）之间建立一个支付的流程，其支付实现原理如图8-1所示。

第三方支付之所以能够成功实现买家和卖家之间的交易，是因为第三方支付解决了卖家不愿先发货、怕发出货后不能收回货款和买家不愿先支付、担心支付后拿不到想要商品的双重矛盾。

第三方支付的安全、有效，为企业在网上进行转账、汇款提供了方便，使企业减少了很多不必要的费用，越来越多的企业开始选择使用网上支付。

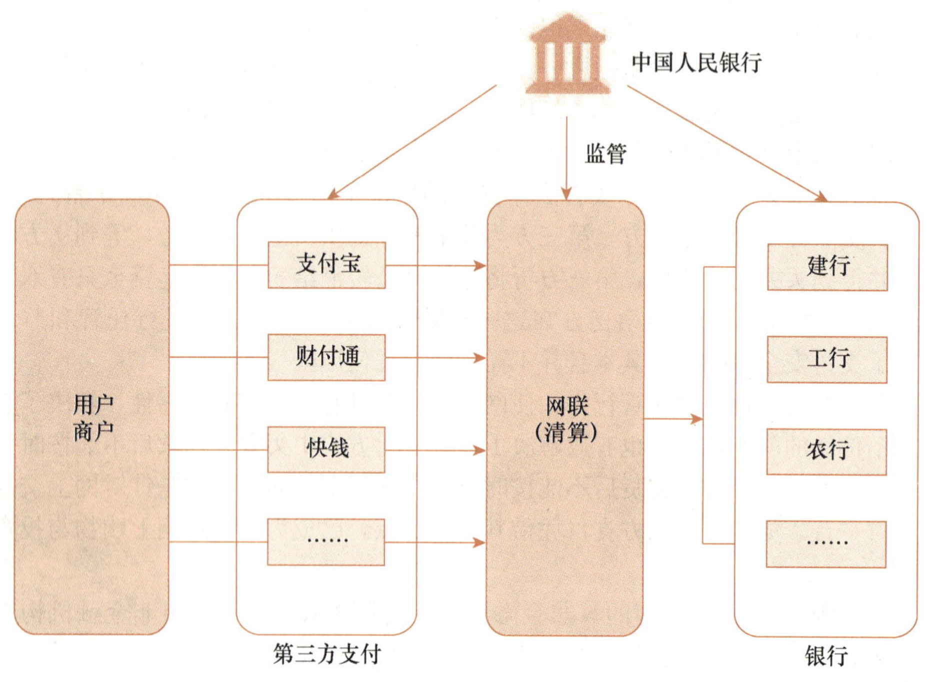

图 8-1 第三方支付实现原理

图片来源：木一. 支付冰火两重天：第三方支付缝隙求生，聚合支付活得滋润［EB/OL］.（2018-07-05）［2019-11-09］. https://3g.163.com/dy/article/DLVLA6E605199F1P.html.

三、第三方支付的优缺点

（一）第三方支付的优点

1. 比较安全，能降低个人信息和账户信息失密的风险

第三方支付是消费者和卖方之间的中介平台，消费者只要把银行卡和账户信息用电子数据的形式传递给第三方机构，而不必传递给每一个收款人或卖家，这就大大减少了消费者银行卡信息泄露的风险。第三方支付是由国家统一颁发营业执照的正规支付平台，它有着一定的实力和信誉，这使企业用户能放心地将自己的账户信息告知第三方支付平台。第三方支付利用技术创新，与银行系统之间通过加密传输数据，使企业用户信息泄露的风险大大降低。

2. 支付成本较低

对于个体用户来说，第三方支付平台给予个体用户免费使用的权利，使用户大大减少了直接去银行网点办理业务的时间和交通成本。对于企业用户来说，第三方支付平台是通过集中大量的小额交易以形成规模交易来赚取利润的，所以第三方支付平台仅收取企业用户少量费用。对于银行来说，银行利用第三方支付平台提供的服务，不但大大缓解了银行柜台压力，而且还增加了银行的中间业务收入。除此之外，政府、企事业单位和银行通过第三方支付平台降低了直接联系成本。

3. 操作简单，使用方便

第三方支付只需要企业用户在网上注册一个账户，再通过账号将企业想要购买商品的款项打到第三方账户即可。当企业收到想要的货物后再次确认付款，交易就会完成。第三方支付不需要复杂的技术操作，支付流程简单、易操作，用户能切实感受到网上支付的方便、快捷。第三方支付平台采用了与多家银行合作的方式，这使得企业用户无论使用哪一家银行的信用卡，都可以利用第三方支付平台进行交易。与此同时，卖家不需要安装各个银行的认证软件，这在一定程度上也简化了操作流程。

4. 支付的担保业务可以在很大程度上保障付款人的利益

支付担保业务就是买方将所付款项先打到第三方支付平台，等到买方收到货、确认无误后，才将钱转入卖家的账户中。支付担保业务可以保障企业用户的资金安全，因为只有在企业用户收到商品之后，货款才会划到卖家账户中。在此期间，资金将被冻结在企业账户中且正常计息，避免了企业的利息损失。支付宝的第三方支付担保业务页面如图 8－2 所示。

图 8－2　支付宝的第三方支付担保业务页面

图片来源：怎么用支付宝担保交易［EB/OL］.（2009－08－14）［2019－10－12］. https://zhidao.baidu.com/question/111988806.html?%20sort=11&rn=%205&pn=5#wgt-answers.

（二）第三方支付面临的问题及缺点

第三方支付以其高效、便捷的优势在互联网行业中迅速发展起来。第三方支付的蓬勃发展，已经影响到越来越多的企业与社会公众，并形成巨大的资金规模。但是第三方支付也存在很大缺陷。

1. 风险问题

在第三方支付流程中，交易资金会在第三方支付服务商处滞留沉淀。同时，第三方支付平台已突破现有很多特许经营限制，比如先代收买家款项、再付款给卖家。如果缺乏对第三方支付机构的有效监管，极有可能出现挪用资金、套现等金融风险。

2. 电子支付经营资格的认知、保护和发展问题

按照《非金融机构支付服务管理办法》的规定，第三方支付结算属于非银行类金融业务，需要以发放牌照的形式提高门槛，第三方支付平台需获取牌照才可开展支付清算业务。因此，第三方支付机构不但要思考如何赚取利润，更要把拿到牌照作为开展业务的基础。

3. 业务革新问题

支付服务客观上提供了金融增值服务和金融业务扩展。由于信息技术瞬息万变、行业竞争激烈，第三方支付业务要大胆推行革新。到目前为止，全球拥有智能手机的人多于拥有电脑的人，相对于其他几类第三方支付业务类型，移动支付领域将有更大的发展空间。第三方支付机构能否抓住移动支付领域的机遇，更新、完善自己的业务模式，是决定第三方支付机构能否获得更好更快发展的关键因素。

4. 恶性竞争问题

第三方支付行业存在损害支付服务甚至给电子商务行业发展带来负面冲击的恶意竞争的问题。例如，大多数第三方支付机构与商业银行之间采用纯技术网关接入服务，这种接入模式不但容易造成市场的同质化，还会挑起第三方支付机构之间激烈的价格战，这必然导致第三方支付行业利润下降速度快于市场增长速度。

做中学

下载手机支付宝和银闪付 App，列出支付宝和银闪付的主要功能，分析总结这两款 App 的优点和缺点。

随堂测试

一、单项选择题

1. 在第三方支付方式中，（　　）不是买家面临的安全问题。

A. 卖方发布虚假信息

B. 泄露隐私信息

C. 卖方不履行服务承诺

D. 恶意退货

2. 第三方支付依附于大型门户网站，与具有较高可信度的银行合作，能较好地解决在线交易的信用问题，这体现了第三方支付的（　　）特点。

A. 支付中介

B. 技术中介

C. 信用保证

D. 个性化与增值服务

3. 以下不属于第三方支付优点的是（　　）。

A. 比较安全，能减少个人信息和账户信息失密的风险

B. 节省支付成本

C. 技术操作简单，使用方便

D. 行业恶性竞争

二、判断题

1. 第三方支付是电子商务产业链中的重要纽带。（　　）

2. 第三方支付只有支付宝和微信支付两家。（　　）

3. 第三方支付的诞生促进了电子商务的发展。（　　）

4. 第三方支付市场目前的竞争非常激烈。 ( )
5. 任何一个机构都可以开展第三方支付业务。 ( )
6. 第三方支付平台起到了资金托管的作用。 ( )
7. 电子商务的发展促进了第三方支付平台。 ( )

三、讨论题

1. 第三方支付存在哪些风险？如何防范？
2. 试论述第三方支付的实现原理。

任务二 认识第三方支付的业务类型与主流平台

一、第三方支付的业务类型

第三方支付是商户与客户之间的支付结算中介，依据交易量的比例向商户收取服务费。第三方支付业务类型主要分为三种：第一种是网络支付，包括互联网支付、移动支付、固定电话支付和数字电视支付；第二种是银行卡收单，如银联商务、拉卡拉等机构提供的 POS 机刷卡业务就属于银行卡收单业务；第三种是预付卡的发行与受理，在第三方支付受到严格监管的背景下，预付卡行业的红利逐步消失。

第三方支付的业务类型如图 8-3 所示。

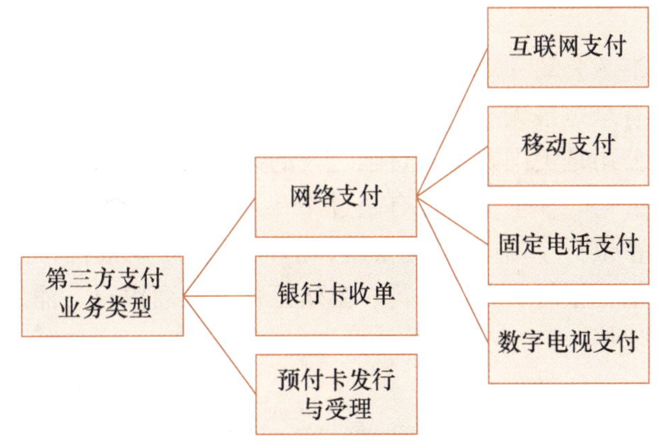

图 8-3 第三方支付的业务类型

由于固定电话支付、数字电视支付和预付卡发行与受理市场空间相对较小，因此本书将着重介绍银行卡收单、互联网支付和移动支付三种支付模式。

银行卡收单是指通过销售点（POS）终端等为银行卡特约商户代收货币资金的行为，主要应用场景就是线下刷卡消费，交易过程是持有收单牌照的第三方支付机构向线下实体特约商户布放 POS 机用于替商户收单，消费者刷卡后由 POS 机完成资金结算和收单业务。

互联网支付是指通过电脑端连接互联网，搭建线上支付渠道，完成消费者与商户之间的在线货币支付、资金清算等行为。

移动支付又称手机支付，是指消费者使用移动终端（通常是手机）对其所消费的商品或服务完成账务支付。移动支付分为远程支付和近场支付。远程支付指利用信息通信技术和移动互联网技术，通过手机的移动上网功能，利用手机客户端软件实现无线支付；近场支付包括众所周知的二维码支付及 NFC 支付。NFC 是利用近距离无线通信技术，通过射频、红外、蓝牙等通道，实现与自动售货机、POS 机等终端设备之间的近距离通信。

二、第三方支付的主流平台

下面来介绍国内外主流的第三方支付平台。

（一）贝宝

贝宝（PayPal）是易贝（eBay）旗下的一家公司，总部位于美国加利福尼亚州圣何塞市，于 1998 年 12 月由彼得·蒂尔（Peter Thiel）及马克斯·列夫琴（Max Levchin）建立，是目前全球最大的在线支付提供商。PayPal 致力于让用户通过电子邮件，简单、便捷、安全地完成在线付款和收款业务。PayPal 公司推出的 PayPal 账户是安全的网络电子账户，有效降低了网络欺诈的发生。据统计，目前的跨国交易中，有超过 90%的卖家和超过 85%的买家认可并正在使用 PayPal 电子支付平台。

PayPal 从 2000 年开始陆续扩充业务，包括在其他国家推出业务及加入美元以外的货币单位。2002 年 10 月，全球最大的拍卖网站 eBay 以 15 亿美元收购 PayPal，PayPal 便成为 eBay 的主要付款途径之一。

（二）西联汇款

西联汇款是国际汇款公司（Western Union）的简称，成立于 1851 年，是世界上领先的特快汇款公司，拥有全球最大、最先进的电子汇兑金融网络，代理网点遍布全球近 200 个国家和地区。西联公司是美国财富五百强之一的第一数据公司（FDC）的子公司。西联公司是一家金融服务公司，在全世界拥有超过 480 万个合作网点，并且仍在不断扩展。光大银行、中国邮政储蓄银行 、中国建设银行、浙江稠州商业银行、吉林银行、哈尔滨银行、福建海峡银行、烟台银行、龙江银行、温州银行、徽商银行、浦发银行等多家银行是西联汇款的中国合作伙伴。

（三）速汇金汇款

速汇金汇款是美国 Money Gram 公司推出的一种快捷、可靠的国际汇款方式，目前该公司在全球 150 个国家和地区拥有 50 000 多个代理网点。其汇款手续简单，汇款人无须选择复杂的汇款路径，收款人无须预先开立银行账户。国内目前有工行、交行、中信银行三家代理了速汇金收付款服务。

（四）易派全球支付

易派全球支付（Epay Global）是国内第一家全球支付平台，注册资金 2 亿美元，全球注册用户过百万，是跨境电商以及全球汇款等最合适的付款方式。该公司支持 5 种货币的在线兑换，包括美元、欧元、英镑、港币、日元，支持 Perfect Money（完美钱包）、Adv-

Cash、Payeer 等国际主流电子钱包收付款，并提供国际电汇、USDT（泰达币）等加密数字货币充提业务，目前更是推出了与美元 1∶1 锚定的官方稳定币 EUSD，运用于易派全球汇款网络中，实现全球法币的无缝汇款，满足全球各地用户兑换的需求。其主要客户是银行、汇款公司、互联网金融平台等。

（五）Worldpay（英国）

Worldpay 是英国苏格兰银行的一家子公司，成立于 1993 年，总部设在英国剑桥，该付款方式支持多币种、多种信用卡，例如：Mastercard、Visa、Visa Purchasing、Visa Delta、Visa Electron、Maestro 等。在英国，Worldpay 也是一种常用的在线支付方式。

网上流传的 Worldpay 支付接口开发方式是 Worldpay 的普通支付方式，客户在网站完成订单，点击付款，会跳转到 Worldpay 的一个付款页面，客户在这个页面填写信用卡信息完成付款。实际上，Worldpay 有一种 xml 接口，可以让客户不离开网站就能完成付款，只要网站通过 PCI（支付卡行业数据安全标准）扫描就可以申请。

（六）支付宝

2003 年 10 月 18 日，淘宝网首次推出支付宝服务。

2004 年，支付宝从淘宝网分拆独立，逐渐为更多的合作方提供支付服务，支付宝通过担保交易等创新手段，有效地解决了网络购物中的信任问题。

2013 年 6 月，支付宝推出“余额宝”，通过余额宝，用户不仅能够让闲钱得到较高的收益，还能随时用于消费支付和转出，且无任何手续费。

2013 年 11 月 13 日，支付宝手机支付用户规模超 1 亿，“支付宝钱包”用户数达 1 亿，支付宝钱包正式宣布成为独立品牌。

2019 年 1 月 9 日，支付宝正式对外宣布，支付宝全球用户数已经超过 10 亿。

支付宝凭借技术上的优势与全球化发展的战略，稳坐国内移动支付领域“老大哥”的位置，在全球移动支付领域也有不小的话语权。支付宝的用户数量已经从 2005 年的 44 万人增长到 2020 年年初的 10 亿人，支付宝在淘宝和天猫“双十一”活动中发挥了极其重要的作用，“双十一”活动中使用支付宝的成交量从 2010 年的 9.36 亿元增长到 2018 年的 2 100 亿元。支付宝已发展成为融合生活服务、政务服务、支付、社交、保险、理财、公益等多个场景与行业的开放性平台。

（七）财付通

财付通（Tenpay）是我国最大的互联网综合服务提供商之一腾讯公司创办的在线支付平台，致力于为互联网用户提供便捷、安全、专业的在线支付服务。

财付通的起步比较晚，2005 年，为了配合拍拍平台的发展，财付通在线支付成立，至今也未从腾讯独立出来，但其发展相当迅猛。2013 年，财付通在第三方支付市场的份额已达到 20.4%，位居第二位，注册用户数超过 2 000 万，合作商户数突破 20 万。

财付通着眼于构建全新的综合支付平台，业务覆盖 B2B、B2C 和 C2C 等领域，提供卓越的网上支付及清算服务。针对个人用户，财付通提供了包括在线充值、提现、支付、交易管理等丰富的功能；针对企业用户，财付通提供了安全可靠的支付清算服务和极富特色的 QQ 营销资源支持。财付通与拍拍网、腾讯 QQ 有着很好的融合。

财付通与微信支付之间的关系如下：

（1）财付通是平台，微信支付是产品。财付通是一个第三方支付平台，而微信支付包括 QQ 钱包都是这个支付平台上的产品，财付通为微信支付做基础支付能力的支撑和技术上的支持。

（2）财付通是“领导”，微信支付是“职员”。微信支付的架构隶属于财付通，也就是说，微信支付只是财付通在产品模式上的一种新表达方式，其内核和牌照都对应财付通。对于银行来说，财付通是和银行签约的支付机构，所以银行卡的提示信息就是开通了财付通功能。

（3）财付通 2011 年 5 月获得第三方支付牌照，微信目前未单独申请第三方支付牌照。从本质上来讲，微信是个前端渠道，后端业务走的是财付通，完成支付转移的是财付通。换言之，微信端完成的是业务场景，支付转移系统等后台处理是财付通。

（八）快钱

快钱是国内领先的独立第三方支付企业，成立于 2005 年，旨在为各类企业及个人提供安全、便捷和保密的综合电子支付服务。快钱是支付产品最丰富、覆盖人群最广泛的电子支付企业，其推出的支付产品包括但不限于人民币支付、外卡支付、神州行支付、代缴/收费业务、VPOS 服务、集团账户管理等众多支付产品，支持互联网、手机、电话和 POS 等多种终端，满足各类企业和个人的不同支付需求。

从成立至今，快钱在国内已形成了完善的战略布局。公司总部位于上海，在北京、广州、深圳等 30 多地设有分公司，在天津设有金融服务公司，并在南京设立了全国首家创新型金融服务研发中心，形成了一支超过 1 300 人的专业化服务团队。如今，快钱正在与超过 300 万家各类商业合作伙伴一道，共同见证着信息化金融服务的巨大价值。快钱创新的信息化金融服务广泛应用于零售、商旅、保险、电子商务、物流、制造、医药、服装等各个领域；合作伙伴覆盖东方航空、南方航空、平安集团、中国人寿、京东商城、当当网、宅急送、百度、新浪、李宁、联想、戴尔、神州数码等各行业内领军企业，也同时延伸到越来越多成长型的中小企业之中。

（九）银联在线

银联在线是银联倾力打造的互联网业务综合商务门户网站，致力于为广大银联卡持卡人提供“安全、便捷、高效”的互联网支付服务。

银联在线依托具有自主知识产权、国内领先的银联互联网安全认证支付系统和银联 EBPP 互联网收单系统，构建了银联便民支付网上平台、银联理财平台、银联网上商城三大业务平台，为广大持卡人提供公共事业缴费、通信缴费充值、信用卡还款、跨行转账、账单号支付、机票预订、基金理财和商城购物等全方位的互联网金融支付服务。

随着业务覆盖范围、应用领域的不断扩大，银联在线受到越来越多发卡银行、收单机构、商户和广大持卡人的欢迎。

（十）拉卡拉

拉卡拉是联想控股集团成员企业，成立于 2005 年，是国内首批获得央行颁发牌照的第三方支付企业、国内领先的金融科技企业。

在第三方支付领域，拉卡拉通过“线上＋线下”“硬件＋软件”的形式提供个人支付、商户收单及相关衍生服务。通过推出智能 POS、收款宝等各类终端产品，拉卡拉实现了全场景终端产品布局。在此基础上，拉卡拉以终端为载体，为餐饮、零售、保险、教育、旅游等各行业提供增值服务，为广大 B 端商户赋能。

拉卡拉此前与电商的合作主要集中在支付环节，即通过支付宝渠道实现线上购物、线下刷卡付款。“开店宝”终端的推出，一方面改变了拉卡拉在电商领域购物、支付分离的用户体验，实现了购物、支付一体化；另一方面，大举铺设线下终端，意味着拉卡拉在电商中扮演的角色将从纯粹的支付工具扩展为“支付＋渠道”。

此外，拉卡拉还为用户提供特惠、团购、账单分期等多种增值服务，为用户制造消费价值。拉卡拉始终坚持“让支付更简单”这一经验目标，整合资源，不断创新，为用户提供个性化的服务体验。

三、第三方支付产业链

第三方支付产业链主要包括监管机构、清算机构、商业银行、第三方支付平台、商户用户及基础支持供应商。

第三方支付行业的监管机构为中央银行、银保监会及清算协会。

银联、网联公司是中央银行指定的支付清算机构，为商业银行、支付机构提供交易处理、资金清算等基础服务。

商业银行负责处理本机构所属账户的支付交易，起到资金归集作用。

第三方支付平台处于第三方支付产业链的核心地位，目前第三方支付平台的经营需要监管机构的牌照许可。

商户使用第三方支付机构提供的服务向自己的客户收取交易资金。商户是大多数第三方支付交易应用的付费者，即第三方支付机构的客户。

基础支持供应商主要包括通信运营商、软硬件技术供应商、渠道服务机构。通信运营商为第三方支付提供支付交易信息的通信渠道；软硬件技术供应商主要提供第三方支付平台、第三方支付网关的搭建以及终端设备应用开发等技术服务；渠道服务机构是指专门为支付公司从事商户的拓展和维护的公司。

做中学

上网查询目前有多少家机构获得了央行颁发的第三方支付牌照，列出市场占有率排名前 10 的第三方支付机构的名称、注册资本、控股股东和经营场所所在地。

一、单项选择题

1. 国内最大的第三方支付平台是（　　）。

A. 支付宝　　B. 财付通　　C. 银联在线　　D. 快钱

2. 在第三方支付领域，快钱支付属于（　　）。

A. 银行卡收单业务

B. 预付卡发行与受理业务

C. 固定电话支付业务

D. 数字电视支付业务

3. 根据中国人民银行发布的《非金融机构支付业务服务管理办法》，第三方支付业务主要分为四种模式：预付卡支付、银行卡收单、网络支付以及中国人民银行确定的其他支付服务。以下关于第三方支付业务模式的说法中，错误的是（　　）。

A. 预付卡包括礼品卡、会员卡、公交卡等

B. 银行卡收单是以 POS 机为介质的

C. 固定电话支付不属于网络支付

D. 网络支付是指依托于公共网络或专用网络，在收付款人之间转移货币资金的行为

4. 以下不是国内知名的第三方支付平台的是（　　）。

A. 支付宝　　B. 财付通　　C. 智付　　D. 乐视

5. 支付宝是在（　　）年作为独立机构服务于电子商务领域的。

A. 2003　　B. 2004　　C. 2005　　D. 2006

6. 腾讯公司开发的第三方支付平台是（　　）。

A. 快钱　　B. 财付通

C. 支付宝　　D. PayPal

7. 第三方支付的产业链中不包括（　　）。

A. 中央银行　　B. 支付平台

C. 清算机构　　D. 证监会

8. 以下关于财付通与微信支付的说法中，错误的是（　　）。

A. 财付通为微信支付做基础支付能力的支撑和技术上的支持

B. 微信支付的架构隶属于财付通

C. 微信是个前端渠道，后端业务走的是财付通

D. 财付通与微信支付是同一个概念

9. 目前全球最大的在线支付提供商是（　　）。

A. PayPal　　B. 西联汇款

C. 支付宝　　D. 财付通

10. 以下属于 eBay 旗下的在线支付提供商是（　　）。

A. PayPal　　B. Amazon Payments

C. Google Checkout　　D. Western Union

二、讨论题

1. 如果支付宝和微信支付只能选一个，你会选哪一个？为什么？

2. 银联商务和银联在线是同一家公司吗？

任务三 理解国内外第三方支付行业的发展状况

一、国外第三方支付行业发展历程

第三方支付最早源于美国的独立销售组织（Independent Sales Organization，ISO）制度，指收单机构和交易处理商委托 ISO 做中小商户的发展、服务和管理工作的一种机制。1996 年，全球第一家第三方支付公司在美国诞生，随后涌现 Amazon Payments、Yahoo PayDirect、PayPal 等一批第三方支付公司，其中以 PayPal 最为突出，其发展历程基本上代表了北美第三方支付市场的发展缩影。随着电子信息技术的兴起以及金融创新业务的发展，提供循环信用功能的维萨（Visa）卡和万事达（Master）卡迅速占领了美国市场，收单机构的商户拓展、评估、风险管理、终端租赁、终端维护、客户服务等工作都需要借助 ISO 完成，此时的 ISO 扮演着商户与收单机构之间中介的角色。

到了 20 世纪 90 年代末，随着计算机网络技术、电子商务等行业的快速发展，完善的信用卡保障机制、金融支付系统及发达的物流体系极大地促进了 B2B、B2C、C2C 等网上交易模式的发展。企业因申请商业账户方面存在障碍，且 ISO 对小额交易收费较高而难以开展电子商务业务。在此背景下，一种可以让商户无须开立商业账户即可接受信用卡消费、交易通过中间商账户处理的、收费较低的新型支付方式——第三方支付系统由此产生。

21 世纪以来，美国电子商务的蓬勃发展进一步推动了第三方支付的兴起，比如知名的 eBay、Amazon、谷歌等电子商务交易商相应地促进了 PayPal、Amazon Payment、Google Checkout 等第三方支付机构的繁荣发展。

总体而言，国外第三方支付市场的发展历程可归纳为两个阶段：一是依托个人电子商务市场（C to C 市场）起源、壮大和成熟；二是向外部专业化、垂直化电子商务网站（B to C 市场）深入拓展。

二、国外第三方支付行业发展经验

以下以美国和欧盟为例，从行业定位、监管模式和监管措施三个方面来介绍国外第三方支付行业发展经验。

（一）行业定位

美国第三方支付起源于 20 世纪 80 年代的 ISO 制度。经过近 40 年的发展，美国形成了成熟的银行支票和信用卡等银行业务系统。随着电子信息技术的发展，美国第三方支付开始逐渐从线下银行业务向互联网媒体方向发展。正因为美国以银行线下业务为主要发展模式，美国将第三方支付平台界定为货币服务机构。

欧盟各国经济发展水平不一，电子商务发展水平也呈现参差不齐的状况。在 1988 年，欧盟将第三方支付机构定位为银行或电子货币公司，开展此项业务必须取得相应的营业执照。

（二）监管模式

美国由金融监管机构、消费信贷监管机构和商业监管机构组成监管部门，以最低限度、审慎监管、过程监督、权力分散为监管原则，采取联邦和州两级政府监管模式。联邦和州政府的具体分工是：第三方支付机构的登记、注册和监督检查由联邦政府负责，第三方支付货币专业业务的经营牌照发放由州政府负责。

欧盟由中央银行负责对第三方支付机构进行管理，主要是对电子货币发行机构的监管，采取的是以审慎监管为主，同时鼓励创新。多元化的管理，致力于搭建欧盟支付区，实现支付区域一体化。

（三）监管措施

为防止第三方支付中沉淀资金被非法挪用，美国规定沉淀资金为负债，不得从事类似于银行存贷款的业务，违规者将受到重罚。在风险管理方面，美国联邦存款保险公司以沉淀资金存放银行产生的利息作为保费为第三方支付机构提供 10 万美元上限的保险额度。

欧盟的中央银行作为第三方支付监管主体，主要通过以下措施对第三方支付进行监管：一是通过资质审核、发放牌照等，对第三方支付机构进行准入管理；二是规定电子货币机构最低资本要求，也将第三方支付中沉淀资金规定为负债，限制投资业务活动；三是开设专门账户并留存适当资金作为风险准备金，以防范风险；四是规定第三方支付机构履行信息披露制度，确保电子货币的可赎回性，建立消费者保护制度。

三、国内第三方支付行业发展历程

（一）网银发展促进行业生长（2005 年以前）

在计划经济时期，单一的国家银行在支付结算中处于主体地位，商业信用受到限制，货币流通依据国家计划进行组织和调节。在改革开放初期，工农中建四家国有专业银行相继恢复营业，由于跨行清算的需要，真正的清算体系逐渐发展起来。1991 年，全国电子联行系统的建成，标志着我国的支付体系初步形成。

随着支付工具的普及，支付需求增长与银行落后的支付系统之间的矛盾日益凸显，这为支付服务的出现提供了契机。2002 年之前，商业银行网银业务处于发展完善期，支付接口没有统一标准，给商户和消费者造成了诸多不便。为解决多银行接口承接问题，经国务院同意和中国人民银行批准，中国银联于 2002 年成立。

中国银联的成立使得异地跨行网上支付成为可能，这主要归功于中国银联向商家提供多银行卡在线支付统一接口，其成本由商业银行共同分担。对于互联网与金融网络的接口承接，则由从电子商务发展而来的其他第三方支付机构承担。

在这一阶段，第三方支付机构提供的支付服务原理是第三方支付机构凭借其较强的银行接口专业技术作为中介方，分别连接商家和银行，帮助商家和消费者在网络支付过程中跳转到各家银行网银界面，然后进行支付操作。这种模式也称支付网关模式。

在支付网关模式下，第三方支付机构的利润主要来自银行端手续费，业务自身附加值和增值空间较小。为了突破支付网关模式带来的制约，第三方支付机构不断发展壮大，以获取规模效应。同时，第三方支付机构不断创新业务，获得新的利润增长点和竞争优势。

（二）互联网浪潮推动爆炸式增长（2005—2011 年）

以互联网支付为代表的第三方支付概念在 2005 年首次被提出，在这一年，第三方支付公司在运营管理、交易规模等方面均取得了较为显著的进步。

第三方支付机构逐步从支付网关模式向账户支付模式转变。在账户支付模式下，第三方支付机构才是名副其实的支付平台，位于交易流程中信息流和资金流的重要停留节点。第三方支付机构利用这些信息流和资金流信息为其打开了更大的服务创新空间和价值创造空间。比如，在这一阶段，第三方支付机构除了提供基础支付服务外，还开始为用户提供缴费、转账、还款、授信等增值服务。随着第三方支付机构提供的业务深入生活，第三方支付的概念也逐渐被大众所认可。2008—2010 年，我国第三方支付行业的发展突飞猛进，交易规模连续三年持续高速增长，其中，互联网支付的发展尤其迅猛。

这一时期的高速发展也暴露出诸多问题，存在第三方支付机构将客户的备付金挪用于企业其他投资等情况。为整顿第三方支付市场乱象，促进第三方支付机构健康发展，第三方支付采用牌照监管。

（三）移动互联网浪潮酝酿重大变革（2012 年至今）

2012 年是移动支付突破元年，基于智能手机的 SNS（社会性网络服务）、LBS（基于位置的服务）等应用都取得了较大突破，以智能终端和移动网络为依托的第三代支付风起云涌。同时，第三方支付与保险、信贷、证券等金融业务的新一轮互相渗透和融合正步入快车道，第三方支付将进入一个新技术、新金融、新体系、新格局不断涌现的重大变革阶段，并逐步走向成熟和完善。

四、国内第三方支付发展现状

（一）第三方支付高速增长接近尾声，进入稳步增长阶段

第三方支付行业自 2011 年纳入中国人民银行监管以来，获得了突飞猛进的发展，2016 年我国第三方支付综合支付交易规模达到 107.3 万亿元，同比增长 105.16%；到 2017 年，我国第三方支付综合支付交易规模达到 154.9 万亿元，同比增长 44.36%；到 2018 年我国第三方支付综合支付交易规模达到 230.4 万亿元，同比增长 48.74%。近几年增速有所放缓，步入稳步增长阶段，但是增速仍维持在 25%左右。

（二）传统银行卡收单业务逐年萎缩，移动支付占比持续提升

2015 年前，银行卡收单对支付行业交易规模的贡献始终最高，占比大于 50%，而 2015 年之后，随着社交支付的兴起，银行卡的使用频率骤降，这对银行卡收单行业中的传统业务产生了巨大打击，但也为古老的银行卡收单业务带来了新的活力。当原本仅用于收单的传统 POS 升级为智能 POS 后，即可同时满足卡基（基于银行卡）和账基（基于移

动支付账户）支付。智能 POS 丰富的线下布局，使得它们天然地成为移动支付线下扩张中的良好助力，并为收单业务带来了新的机会，使收单业务与移动支付高度融合，并形成此增彼涨的态势。

2016 年我国第三方移动支付交易规模达到 58.5 万亿元，同比增长率达 381.97%。随着智能手机的普及和二维码支付市场的爆发，消费者从 PC 端向移动端的迁移速度加快。2018 年我国第三方移动支付交易规模约为 190.5 万亿元。伴随着用户移动支付习惯的建立以及移动支付场景覆盖率的不断提高，我国移动支付市场交易规模占比仍将持续提升。

（三）寡头竞争格局基本形成

财付通和支付宝依然是第三方移动支付市场里的“双寡头”。财付通公司拥有超过 2 亿多 QQ 活跃用户和 10 亿的微信活跃用户资源，以手机 QQ 钱包和微信支付为平台，不断拓展社交金融以及线下零售支付领域，在小额高频的使用场景中非常活跃，微信红包 、微信转账、理财通、乘车码等产品普遍使用于日常生活的方方面面，网络支付和条码支付交易位居国内前列，与支付宝形成双寡头格局。在移动支付市场格局里，2018 年支付宝和财付通公司分别占全国的 54.5%、39.8%，国内其他支付机构占比则不到 6%。在互联网支付市场格局里，2018 年支付宝和财付通分别排第一和第二，各自比例分别为 31.5%、19.3%。

（四）支付服务与产业形态深度融合

多家法人支付机构的股东是行业龙头，其自身的支付业务首先是为股东提供支付服务。如平安付公司为平安集团内保险、基金、证券等金融行业公司提供定制化支付服务，并逐步向互联网、房产、汽车等行业输出支付账户服务；顺丰恒通公司紧紧围绕集团中心业务深耕细作，为顺丰速运及其合作商户提供集“物流、信息流、资金流”于一体的支付解决方案；美的支付围绕美的集团内部及上下游产业链，基于不同业务场景提供多样化的支付产品。

（五）市场乱象逐步得到整治

第三方支付市场产品同质化严重，市场趋于饱和，导致第三方支付市场竞争较为激烈，利润下降，以致部分支付机构在商户资质审核、外包管理、接口管理、账户设置、交易监测、个人信息保护等方面放松要求，出现违规获利现象，加快了行业风险积累，严重扰乱了市场秩序。近年来，监管部门重拳出击，整治力度持续加大，具体措施有：一是大额罚单频频出现，形成震慑；二是中国人民银行以检查持证机构为切入点，切断无证机构的支付业务渠道，无证经营支付业务行为持续得到清理处置；三是加强信息透明度，减少信息不对称的现象。监管部门对支付领域违法违规行为查处并重，使支付服务市场乱象得到有效遏制，支付机构持牌合规经营意识有所增强，支付业务活动逐步走向规范。

做中学

登录互联网金融虚拟运营平台，选择“第三方支付”模块。 该模块通过模拟第三方支付公司、个人用户和商家用户，创造出一个第三方交易的平台和场景。 学生通过扮演不同的角色，了解并学习第三方支付公司的运作过程和原理。 具体步骤如下：

第一步：公司创始人注册支付公司，个人用户和商家用户注册账户。

第二步：个人用户购买商品，商家查询购买记录、个人用户发出退款申请；运营专员和风控专员审批退款。

第三步：财务专员结算，商家查询结算情况。

思考：第三方支付对商户和客户分别有什么好处？

随堂测试

一、单项选择题

1. 目前国内第三方支付公司中，（ ）的用户规模最大。

A. 支付宝 B. 银联 C. 首信易 D. 易宝

2. 在我国，以互联网支付为代表的第三方支付概念是在（ ）年提出的。

A. 2002 B. 2003 C. 2005 D. 2008

3. 中国人民银行在（ ）年正式发布《非金融机构支付服务管理办法》。

A. 2005 B. 2008 C. 2010 D. 2012

4. 移动支付突破元年是（ ）年。

A. 2005 B. 2008 C. 2010 D. 2012

5. 第三方支付最早源于（ ）。

A. 支付宝 B. 银联 C. 财付通 D. ISO

6. 以下不属于欧盟采取的监管模式的是（ ）。

A. 以审慎原则为主 B. 适度监管，鼓励创新

C. 多元化的管理原则 D. 过程监督

7. 美国将第三方支付平台界定为（ ）。

A. 货币服务机构 B. 银行

C. 清算机构 D. 证券经纪机构

8. Amazon 旗下的第三方支付平台是（ ）

A. Paypal B. Google Checkout

C. Amazon Payment D. ISO

二、判断题

1. 未来第三方网上支付会进一步向各细分领域渗透。（ ）

2. 2002 年之前，各大商业银行已形成统一标准的网银支付接口。（ ）

3. 目前，我国移动支付市场交易规模已结束快速增长期，进入稳步增长阶段。（ ）

4. 第三方支付服务与产业形态深度融合。（ ）

5. 2015 年后，银行卡收单业务在第三方支付行业中的占比依旧很高。（ ）

6. 第三方支付与保险、信贷、证券等金融业务的新一轮互相渗透和融合正步入快车道。（ ）

7. 电子商务的蓬勃发展进一步推动了第三方支付的兴起。（ ）

8. 国外第三方支付市场的发展先后经历了“B to C”和“C to B”两个阶段。（ ）

9. 美国采取的是以最低限度、审慎监管、过程监督、权力分散为原则，联邦和州两

级的监管模式。 ( )

10. 欧盟的第三方支付机构由欧洲中央银行作为第三方支付监管主体。 ( )

11. 美国将第三方支付平台界定为货币服务机构。 ( )

12. 电子商务在欧洲各国的发展水平参差不齐。 ( )

任务四 掌握第三方支付的风险防范措施

近几年来，第三方支付行业迅速发展，但同时风险、事故也频频发生，泄露用户信息、伪卡欺诈、网络欺诈、套现欺诈等网络犯罪案件迅速攀升。由于互联网交易虚拟性的特点，用户维权比较困难。因此，必须对第三方支付采取一系列风险防范措施。

一、不要轻易打开来源不明的短信和网站链接

如今，很多不法分子通过短信或网络通信工具，发送带有木马病毒的链接给用户。这种链接一旦打开，电脑或手机就会被侵入，不法分子可以借此直接盗取用户的相关信息。因此，平时所收到的不明短信和链接不要轻易点开，也不要扫描来源不明的二维码和来路不明的图片，更不要在非正规网站上输入银行卡信息及身份信息。

与此同时，对于用户使用的一些快捷支付方式，发卡银行与第三方支付平台间多为默认开通，不法分子获得持卡人的银行卡号及手机号后，就会通过向持卡人手机发送不明链接，诱使持卡人点击、将病毒植入受害人手机中，病毒软件可以将用户每次快捷支付的短信验证码截取后转发给不法分子，不法分子借此进行多次小额支付交易，且不易被持卡人发觉。等到持卡人发现自己的账户资金被盗取时，往往已遭受了较大损失。

二、不要轻易使用别人的手机或电脑的支付客户端

在使用第三方支付平台购物时，不要轻易使用别人的手机或者电脑的支付客户端。因为手机或电脑有自动保存浏览记录的功能，它会将用户使用过的痕迹保留在手机或电脑里，以便用户下一次登录时，不需要输入相关的信息便可以直接登录。当用户使用别人的手机或电脑进行第三方支付时，信息就会被保留下来。如果这些信息被动机不良的人利用，就会使用户的财产受到威胁。

所以，为了账户安全，一定不要轻易使用别人的手机或电脑上的支付客户端进行第三方支付。

三、不要在陌生网络环境下使用第三方支付

遇到免费网络时不要轻易使用，而要选择可靠的网络接入点，尤其是在人多的地方，一定要将银行的手机或平板电脑无线网自动连接功能关闭。在公共场所使用陌生的无线网

络时，不要进行与资金相关的任何交易。

四、不要在第三方支付平台留存多余的资金

第三方网上支付平台通过对交易资金的暂时保管，在交易过程中监督和约束买卖双方。在交易过程中，当用户把资金转到第三方账户时，第三方就起到了对资金保管的作用，这时用户仍然是资金所有人。在用户收到商品、确认付款后，货款就会转到卖家账户中。

如果用户在第三方支付平台中存入过多资金，一旦用户的账户和密码不小心被他人知道，就会使账户内的钱轻易被盗取，这个过程不需要任何相关手续。因此，不要在第三方支付平台中留存过多的资金。

五、使用第三方支付平台时，应规范操作

第三方支付操作虽然简单，但是使用它进行支付时仍然要保证规范化。很多用户在使用第三方支付平台时，为简化操作流程，会选择一些不用进行验证的第三方平台。这些平台很多都不是经过政府机构认可的平台，因此存在很大的安全隐患。

做中学

请列出微信支付的详细功能，探讨微信支付的安全隐患，同时，请设计出一款你心目中理想又安全的第三方支付 App，列明其主要功能。

随堂测试

一、判断题

1. 由于互联网交易虚拟性的特点，维权比较困难。（ ）

2. 应做好第三方支付的风险防范，使其成为网上支付发展的助推器。（ ）

3. 平时所收到的不明短信和链接不要轻易点开，也不要扫描来源不明的二维码和来路不明的图片。（ ）

4. 在第三方支付平台中存入过多资金，会增加资金被盗的风险。（ ）

二、案例分析

1. 利用支付宝免密诈骗①

王某接到电话，对方称自己是厚本金融的合作伙伴，可以提供“网络借贷”服务。经过电话沟通后，王某收到对方发送的一条包含联系方式的短信，王某添加了客服好友并按“客服”的要求提供了自己的芝麻信用分截图，花呗、借呗额度截图等信息。

随后，“客服”要求王某配合扫描“提额码”。此时，王某对支付订单产生怀疑并进行

① 360 安全卫士. 2018 年中国手机安全状况报告 [OL]. (2019-03-04) [2020-12-20]. https://www.freebuf.com/articles/paper/196664.html.

询问，“客服”回复说是通过虚拟订单搭建“网络借贷”通道，王某信以为真。

王某按“客服”的要求使用了一张没有钱的银行卡进行了支付并向客服提供了“余额不足”的截图。随后，王某又按要求使用“花呗”进行支付，并输入收到的支付验证码。王某输入验证码后显示支付成功：5 198 元。王某对此产生怀疑。“客服”称此次交易是王某错误操作导致的，并承诺如果按照要求进行操作稍后可以退款。

随后，“客服”又向王某发送了支付二维码并要求王某使用另外一个手机进行操作。由于王某卡内没有余额，因此没有造成第二笔损失，但再询问“客服”时已无人回复，王某意识到自己被骗了。

请同学们根据上述案例，总结骗子诈骗的手段，并制定相应的防范措施。

2. 冒充公检法机关工作人员进行手机银行登录诈骗①

李女士接到一个陌生来电，对方自称是公安机关人员，并告知李女士的信用卡逾期未还，要求李女士配合调查。虽然李女士解释称并不是本人所为，但对方以用户个人信息泄露为由要求李女士进行案件协查并要求其添加微信进行沟通。

添加好友后，李女士收到了一张协查通知图片，在确认头像处确实是自己的身份证照片后，李女士相信了对方的说辞。

对方首先要求李女士新办理一张银行储蓄卡且开通网银与手机银行服务，并告知李女士协查第一步需要验证用户的所有资金，以方便验证公安系统与银行系统的核查连接是否正常，对方同时向李女士索取了相关验证码。随后，李女士将钱款转入新办理的卡内用于验资。

由于对方的要求是向自己的账户内转账，因此李女士打消了戒备心。由于是新办理的卡，匆忙之中并没有开通扣款短信提醒，在转账操作完毕后，李女士与对方失去了联系。这时李女士察觉有问题，使用手机银行登录账户总是提示密码错误，于是到 ATM 上查询账户余额，发现卡里的钱已全部被转走。

请同学们根据上述案例，总结骗子诈骗的手段，并制定相应的防范措施。

---

① 360 安全卫士. 2018 年中国手机安全状况报告［OL］.（2019-03-04）［2020-12-20］. https://www.freebuf.com/articles/paper/196664.html.

项目九

金融科技与征信

大数据征信

学习目标

知识目标：

1. 了解征信的基本概念。
2. 认识大数据征信。
3. 掌握国内外大数据征信的发展历程。

能力目标：

1. 理解大数据对征信系统的作用，能够利用征信系统判断企业信用状况。
2. 能够分析国内外征信机构的特点，理解征信系统的最新发展趋势。

导入案例

大数据征信助力江苏银行小微企业信贷风险管理

【案例介绍】

作为第一批同政府机构合作运用大数据征信的银行之一，江苏银行把大数据技术与传统的信用风险管理模式有机结合，于 2014 年率先在业界建设了基于大数据的信贷风险预警系统，配置了近 700 条预警规则，预警对象覆盖了对公客户、个贷客户、信用卡客户以及网贷客户。2014 年 9 月，江苏银行与江苏省国税局合作，共同打造了第一款基于大数据征信的网贷产品“税 e 融”，并针对“税 e 融”开发了 104 项信贷风险预警专项规则。

2015 年 6 月，“税 e 融”产品上线。在短短 1 个月的时间里，给江苏省内 500 多家小微企业发放了超过 3 亿元的资金，每家企业的贷款平均额度为 60 万～70 万元。之后几年，“税 e”产品的授信客户数量、授信额度均稳步上升，成为江苏地区小微企业的首选信贷产品。截至2020年末，“税e融”累计发放贷款26万笔、贷款总额高达368亿元。

在信贷风险管理方面，江苏银行通过“融创智库”大数据平台筛选出优质目标客户，利用反欺诈侦测和人脸识别技术来核实客户提供的信息是否真实，通过大数据信贷风险评估模型和预警系统全天候动态监控客户状况，形成了比较完善的信贷风险管理流程。截至2020年末，江苏银行不良贷款率仅为1.39%，大大低于城市商业银行1.79%的平均水平。

【案例分析】

大数据征信可提升信贷产品的运营效率，改进客户体验，增加银行信贷产品的市场占有率。此外，利用大数据征信技术可以切实改进信贷风险管理，提升商业银行的风险管理水平。商业银行运用大数据征信，在提高自身信贷风险管理水平的同时，也有助于促进实体经济的发展。当我国商业银行运用大数据征信构建出企业信用的数据库，实现各个数据平台信用信息共享共联时，也为全社会信用体系的建立作出了贡献。

任务一　了解征信的基本概念

一、认识征信

（一）征信的定义

征信是指征信机构作为信用交易双方之外的独立第三方，收集、整理、保存、加工个人、法人及其他组织的信用信息，协助授信人或投资人进行风险管理的一种信息服务活动。征信是介于授信人和投资人之间的信息分享机制，目的是为授信机构或投资人的决策提供信息参考。

征信与授信联系紧密，它广泛应用于金融机构对企业的贷前审批、风险定价和贷后风险管理等环节。为了更好地了解企业的信用，需要以数据资料的采集、整理、保存、加工为基础开展征信业务。

（二）征信的特征

1. 征信收集的是信用数据

信用数据是指能够反映主体信用状况的相关信息，包括授信、履约等信用交易的数据，也包括主体的名称、身份证件、地址、性别等相关数据信息。

2. 征信服务主要是微观中介服务

从企业征信和个人征信两方面来看，征信服务都是一种中介服务。在采集数据过程中，征信机构会尽可能地记录信息主体的信用，形成信用报告，它包括在各行业授信业务、消费和投资活动中形成的历史信用记录。

3. 征信是一种信息分享机制

分享不等同于公开披露，而是在一定范围内相互透明。征信产品应依法依规使用，不可随意使用，因为信用信息也是具有敏感信息特征的商务信息。信息的敏感程度不同，分享的范围也不同，因此，分层共享是一种更好的、精细的分享机制。征信系统报送的数据和分享的同步对应，也能够满足不同客户的需求。

4. 征信服务须由第三方提供

征信服务只有独立于信用交易当事人，才能保持较高的公信力，这体现了征信行业的特点。以大型商业银行为例，虽然就其能力而言完全可以提供授信过程中的征信服务，但因为交易当事人之间存在着利益分配关系，所以都是由独立于信贷业务之外的专业征信机构来从事此项工作。

二、征信活动的流程

征信活动包括两类：一类是个体活动，由征信机构调查被征信人的信用状况，征信机构直接收集所调查客户的信用情况反馈给客户；另一类是商业银行等授信机构将信息定期报送征信机构，依靠授信机构建立被征信人的征信。这两类征信活动的方式不同，但基本流程一致。

由于反映被征信人信用状况的信息范围广泛，为提高效率、节省成本，征信机构应提前制订数据采集计划，做到知己知彼。作为征信基本流程中的一个重要环节，一份好的计划能够有效减轻后面环节的工作压力。总体来说，征信流程包括以下几部分内容。①

（一）数据采集计划

1. 采集数据项

征信机构要以客户的实际需求为基础，本着实事求是、不重不漏的原则，确定所需采集数据的种类。要考虑不同客户的需求，去规划被征信人的短期和中长期商业决策，需要采集的数据项主要有个人和机构的基本情况、资金周转、信贷记录和财务状况等。

2. 采集方式

采集计划中的另一项重要内容就是要确定合理的采集方式。在确定采集方式的时候，要考虑到经济性和便捷性，考虑到时间和空间的限制。因为数据项种类较多，信息量比较大，征信机构要考虑到报送数据的方式，向授信机构和其他机构按照设定模板格式报送相关数据。

3. 其他事项

在实际征信过程中，对于特殊情况和突发状况要备注说明。

（二）采集数据

数据采集计划完成后，征信机构就可以按照计划采集数据了。在采集数据过程中，征信机构要全面考虑数据的规模和可用性，明确数据的真实性和全面性，在合适的范围内采集。这些数据一般来自征信机构从各渠道了解到的信息、已经公开的信息、征信机构存档资料和授信机构等提供的信用信息等。

---

① 唐明琴，缪铁文，叶湘榕. 征信理论与实务［M］. 北京：中国金融出版社，2015.

（三）分析数据

征信机构获取的数据不能直接使用，需要经过一系列科学分析后才具有参考价值。数据分析主要包括以下几个步骤。

1. 数据查证

这是保证征信产品真实性的关键环节。第一，保证数据的真实性。对于不确定的数据，征信机构需要比较各自的来源渠道或者通过实地调查去确认数据的真实性。第二，保证数据来源的可信度。不可忽视的是，为了获取某些不正当的利益，被征信人可能会提供虚假信息以达到自己的目的。对于这样的行为，征信机构需要有筛选和查伪机制，并记录该被征信人的“不诚信”行为。第三，核实缺失的数据。通过不同渠道获得的信息有可能不够完整，征信机构可以依据全面信息进行合理推断，补充其缺失的部分。第四，启动异议处理程序。由于一些数据属于批量报送，征信机构无法一一查证数据的真实性，被征信人如果发现自己的信用信息不正确，可向征信机构提出申请和异议。

2. 信用评分

作为征信活动中最重要的部分，信用评分使用先进的数据挖掘技术和统计分析方法，创建不同类型的评分模型，通过对被征信主体的基本情况、历史信用记录、行为记录、交易记录等数据进行全方位的分析，挖掘数据中体现的行为规律和信用特征，推测已发生信息和未发生信息之间的联系，用信用评分的形式对被征信主体可能出现的信用行为进行全面评估，预测未来的信用分数。常见的信用评分有信用局破产评分、征信局收益评分、申请风险评分、申请欺诈评分等。

（四）形成信用报告

作为最基本的终端产品，信用报告是征信机构前期工作的智慧结晶。在形成信用报告的过程中，征信机构要努力贯彻客观性、全面性和隐私性等原则。征信机构完成数据采集后，依据收集、分析的数据，进行综合整理，形成信用报告。这不仅是征信机构制定相关决策的重要依据，也体现了征信机构的整体业务水平。

三、征信体系

由于各国经济文化背景不同，其社会信用模式也各不相同。经过近百年来市场经济的快速发展，西方发达国家形成了相对完整的社会信用体系。征信体系主要指与征信活动有关的法律规章、市场管理、文化建设、组织机构宣传等共同构成的一个体系。世界征信体系模式主要有三种，如图 9-1 所示。

1. 政府主导型模式

这种模式以中央银行建立的“中央信贷登记系统”为主体，同时有私营征信机构的社会信用体系。中央信贷登记系统获取的信息数据包括企业信贷和个人信贷信息。政府主导型系统是非营利性的，信息主要由银行内部使用，用来为商业银行信贷风险防控和央行的金融监管服务。这种模式的代表国家有法国、德国、意大利。

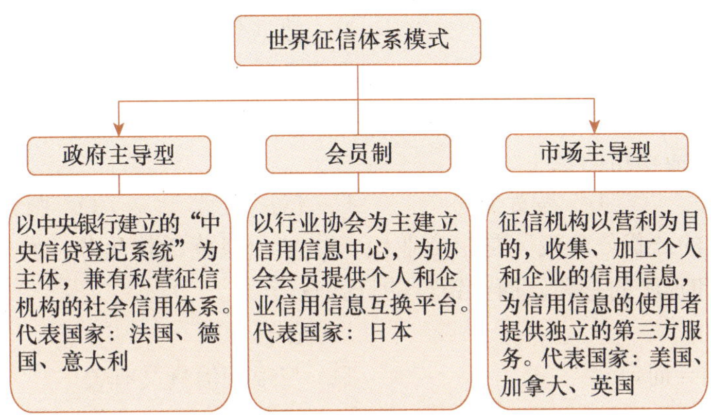

图 9-1　世界征信体系模式

2. 会员制模式

这种模式以行业协会为主建立信用信息中心，为协会会员提供个人和企业的信用信息互换平台，利用内部信用信息共享机制实现获取和使用信用信息的目的。在这种模式下，会员向协会信息中心免费提供自身掌握的信用信息，同时协会信用信息中心也仅限于向协会会员提供信息查询服务。协会信用信息中心不以营利为目的，只收取成本费用。这种模式的代表国家有日本。

3. 市场主导型模式

在这种模式下，征信机构以营利为目的，收集、加工个人和企业的信用信息，为信息的使用者提供独立的第三方服务。政府主要负责落实信用管理立法和贯彻监督相关法律的执行等工作即可。这种模式的代表国家有美国、加拿大、英国。

征信体系具有很强的外延性，它不仅为信贷市场服务，还向商品交易以及劳动力市场提供服务。在具体实践中，征信机构、金融机构、企业、个人及政府都是征信体系的主要参与方。作为市场经济发展的必然产物，征信发展状况是衡量社会信用水平的重要指标。只有将征信广泛运用于社会各领域，才能保证社会信用体系建设的稳步推进，满足新形势下社会主义市场经济体制建设的要求。

做中学

登录中国人民银行征信中心（http://www.pbccrc.org.cn），查找征信基本知识。

根据最新更新数据，思考：二代征信系统提供的信用报告有哪些变化？对个人、企业经济生活有什么影响？

随堂测试

一、单项选择题

1. 征信按照业务模式可分为（　　）。

A. 企业征信、个人征信　　B. 区域诚信、国内征信

C. 公共征信、非公共征信　　D. 信贷征信、商业征信

2. 征信机构应事先制定（　　），做到有的放矢，提高效率，节省成本。

A. 采集数据　　B. 数据分析
C. 形成数据报告　　D. 数据采集计划

3. 在交易中，作为交易的一方向对方承诺在未来偿还的前提下，对方为之提供资金、商品或服务，这种活动指的是（　　）。

A. 征信交易　　B. 易货交易　　C. 信用交易　　D. 服务交易

4. 商业银行的“贷款政策”是指商业银行指导和规范贷款业务、管理和控制风险的各项方针、措施和程序的总和。商业银行的贷款政策（　　）。

A. 是相同的　　B. 各有不同
C. 视银行领导而定　　D. 与银行信贷员有关

5. 个人信用报告反映了个人的信用状况，通过（　　）途径，可以获取个人信用报告。

A. 通过本人授权、法定目的、本人授权与法定目的相结合
B. 通过非本人授权、法定目的
C. 只能通过本人授权
D. 只能通过法定目的

6. 一个人贷款逾期达到一定次数和金额，是不是银行就不给贷款了？（　　）

A. 是的
B. 不是的
C. 不一定。由于各家银行有不同的信贷政策，对申请人的审查没有统一标准，所以各家银行在审查时对信用报告中的逾期次数和金额没有统一规定
D. 以上都不对

7. 还款行为显著地影响个人信用状况，下列观点中不正确的是（　　）。

A. 提前还款对于增强个人信用益处很大
B. 判断个人的信用状况时，主要是看过去信用行为的记录，也就是过去还款或使用信用卡的记录
C. 一般来说，一个的信用历史越长，过去信用行为的记录越丰富，越能说明他过去的信用状况
D. 正常还款时的信用记录要比提前还款时的信用记录丰富得多，更有助于反映借款人的信用状况

8. 有负面记录后，个人可以采取（　　）措施修复自己的信用记录。

A. 找人修改不良记录
B. 永远不再发生贷款
C. 树立良好的信用意识，不再发生新的不良信用记录
D. 以上都不对

二、多项选择题

1. 征信体系模式包括（　　）。

A. 政府主导型模式　　B. 会员制模式
C. 市场主导型模式　　D. 政府监督型模式

2. 从全球实践来看，征信机构一般分为（　　）。

A. 企业征信系统　　B. 个人征信机构
C. 信贷登记系统　　D. 企业征信机构

3. 以下对个人在征信活动中的义务的描述，正确的是（　　）。
A. 提供正确的个人基本信息
B. 及时更新自身信息
C. 提前归还银行贷款
D. 关心自己的信用记录

4. 世界上大的征信机构所建立的征信系统都会采集（　　）三类信息。
A. 身份识别信息　　B. 合同信息
C. 非银行信用信息　　D. 信贷交易信息

5. 征信按照用途可分为（　　）。
A. 公共征信　　B. 非公共征信　　C. 准公共征信　　D. 信贷征信

6. 在个人信用报告中，以下体现出负面信息的有（　　）。
A. 欠税未缴信息　　B. 违约信息
C. 拖欠话费信息　　D. 逾期还贷

7. 征信的主要作用有（　　）。
A. 降低交易成本　　B. 减少交易风险
C. 鼓励守信履约　　D. 惩戒失信
E. 增加交易机会

8. 个人的信贷信息主要包括（　　）。
A. 担保情况　　B. 还款情况
C. 借款金额　　D. 使用信用卡的情况

三、判断题

1. 征信是征信机构作为信用交易双方的一方，收集、整理、保存、加工个人、法人及其他组织的信用信息。（　　）

2. 征信不需要建立信息账户。（　　）

3. 征信体系的主要功能是为信贷市场服务，但同时具有较强的外延性，还向商品交易市场和劳动力市场提供服务。（　　）

4. 信贷登记系统起源于美国。（　　）

5. 征信是适应现代经济的需要而发展起来的，它在帮助每个人积累信用财富的同时，也激励每个人养成守信履约的行为习惯，方便每个人在更大的范围内从事经济金融交易。（　　）

6. 征信是适应现代经济的需要而发展起来的。（　　）

7. 本人不能查自己的信用报告。（　　）

8. 不贷款、不用卡，信用一定就好。（　　）

任务二 认识大数据征信

一、大数据征信概况

现代金融体系的运转离不开信用的支撑。征信作为信用体系中的关键环节，奠定了金融信用风险管理的基础。随着大数据和互联网金融时代的发展，传统征信业备受冲击，其中最主要的表现有信用信息不对称、数据采集渠道受限、数据隐私保护不力等问题。互联网技术以低成本建立共识信任，以新模式激发行业的新动力，通过上层的对等直联、安全通信和匿名保护，加快各行业信用数据的汇聚沉淀，加强用户数据的隐私保护，在征信领域迅速发展起来。

（一）互联网金融征信概况

互联网金融征信是依托独立的第三方机构对征信主体在互联网上的相关信息进行收集、整理，利用有关信用评估模型和大数据技术，对征信主体进行信用评价，并对信用信息进行使用的过程。

传统金融征信的基础数据是征信主体的信贷数据，主要来自中国人民银行，以结构化数据为主，数据源单一，影响了对征信主体信用度的客观评估，容易造成信用评价失真。

互联网金融征信可以使用评级模型和方法，利用区块链中的信任机制和生物识别技术、大数据和人工智能技术对征信主体进行信用评级。在用户授权的情况下，国内的互联网金融征信一般通过用户信用历史、行为偏好、履约能力、身份特质、人脉关系等各个维度客观体现个人信用状况的综合分值，对用户进行信用评价。这些互联网金融征信机构根据用户在互联网上的各种消费数据，运用云计算等技术，通过逻辑回归、决策树等模型算法，对各维度数据进行综合处理和评估。

互联网金融模式下，征信机构的主要运营模式就是对金融客户的精细化营销、个性化服务和批量化处理。要实现以上目标，征信机构需要更准确地把握消费者的消费习惯、风险偏好和信用概况，从单个借款主体信用报告，发展到网络营销和服务渠道，达到共享防范信用风险、降低交易成本的目的。

大数据征信是指运用大数据技术重新设计征信评价模型和算法，通过多维度的信用信息考察，形成对个人、企业、社会团体的信用评价。大数据融入传统征信渐成趋势，以大数据为依托和支撑构建征信体系，可提高信用评价的全面性、实时性和信贷效率。

国家在政策方面鼓励大数据在征信业的应用和发展。2015 年 7 月，国务院印发《促进大数据发展行动纲要》；2015 年 9 月，国务院办公厅印发《关于运用大数据加强对市场主体服务和监管的若干意见》。

大数据征信数据主要源自网络上的公开数据、用户授权数据以及第三方合作伙伴提供的数据。互联网企业通过电子商务活动建立了珍贵的信用资源，从电商、微博各个平台获取客户网络轨迹，进而评估借款人的信用分数，形成整体风险计算，完善大数据的积累。

(二) 大数据征信的优势

大数据在征信信息搜寻方面存在着前所未有的优势，主要表现在以下几个方面。[①]

1. 运用互联网，扩大覆盖范围

大数据征信使人群辐射范围更大。征信机构可以通过全国个人征信数据库查询到关于收入情况、社保缴纳、信用卡消费等信用记录，从而进行相应的风险评估。同时，只要个体在互联网上有登记注册、开立银行账户、纳税等活动，征信机构就能用网络的痕迹，深层挖掘相关数据，从而获得有价值的信用信息。

2. 获取广谱数据源，多方渗透

传统征信主要采用结构化数据，而大数据征信依托互联网平台，不仅获取现金流等财务数据，还获取客户的交易行为、社会关系等半结构化的数据。通过对这些半结构化的数据进行各种维度、各种层次的探究与分析，可以得到关于人心理、行为、性格等有价值的数据源，并将这些数据源纳入征信体系。因此，大数据提供多方面的信息源，对征信业务的信用评估渗透力非常显著。

3. 横向时间展开，实现数据实时性

当数据的纵向挖掘与横向扩宽相结合时，信用评价的处理速度与决策效率将更加高效。在“互联网+金融”时代，人们不能只关注、分析考察对象历史信息，而要把重点转换至数据相关性方面。在大数据征信的研究对象中，既包括考察目标的历史记录，还包括在时间的横向维度上加入当前信息。依靠大数据所具备的存量和热数据的典型特征，数据已处于一种在线实时更新的状态。

4. 构建多元变量，实现结果精确性

传统征信一般只针对以财务数据为核心的小数据构建单一变量。大数据征信可以更多地采用海量数据，在信用评价模型中构建更多的变量，为量化信用评价结果提供全面保障，从而适应快速发展的信息时代。

二、大数据征信的流程

征信机构最基本的作用就是将分散在不同授信机构中的碎片化的局部信息加工融合成为具有完整视图效果的全局信息，从中挖掘出风险信息，解决交易过程中的信息不完整的问题，减少风险，降低交易成本，帮助商业机构更加有效地进行决策。大数据技术有助于将分散、碎片化、底层的数据加工处理成为更加完整的全局信息，更加有效地减少信息不对称。

征信大数据的应用流程如图 9-2 所示。

大数据技术的应用是一个综合性过程，征信机构的业务流程可以理解为将征信数据整合为信用信息的过程，包括数据采集、数据处理、数据分析和挖掘以及数据服务的一体化过程。征信大数据处理流程中的各个环节都要考虑数据质量、数据安全、消费者隐私保护和监管合规性等各项要求。在大数据时代，大数据技术为征信发展提供了新的可能。大数

---

① 何平平，车云月．大数据金融与征信［M］．北京：清华大学出版社，2017.

图 9-2　征信大数据的应用流程

据技术可以嵌套在整个征信的业务流程中，同时可以根据大数据服务的需求，不断更新和探索新的大数据来源。

三、大数据征信的特点

从其本质上来看，大数据征信是将大数据技术运用到征信活动中，虽然体现出处理批量数据、多维度刻画信用、动态呈现信用状况等特点，但其本质仍然是对信息的采集、整理、保存、加工和公布。

大数据使征信产品更加丰富、多元、及时和动态化，使得征信的服务范围更加广阔，能够考虑不同客户群体的细分需求，提供更加多样化的征信信息服务。大数据使征信从面向金融服务业转向在保险、汽车、医疗护理、电信、零售、消费和法律执行等经济和社会领域帮助用户作出关于信用和风险管理的及时决策。

因为大数据处理具有强大的匹配连接能力，需要有别于传统工具的新技术方法来完成数据处理和分析任务。

大数据下的征信体系的特点如下。

（一）处理海量数据

大数据技术可以处理、研究和分析跨越多个运行系统、数据库和文件类型的海量数据，同时处理急速变化的结构化和非结构化数据，加上每天数十亿的交易和数以兆计的数据交换。大数据技术提供了高度的适应性、高效率和客户定制化，对于机构的解决方案，配合一些专业技术（如图形化开发和业务规则环境），可以很方便地与客户的工作流程进行整合。

（二）增强数据匹配连接能力

大数据商业价值实现的关键路径之一就是匹配、连接、整合不同类型和来源的数据。

对于大数据技术来说，首先是明确多个数据源中信息对应的消费者，然后匹配消费者具体的信息选项，将可能存在冗余的信息进行合并或修剪，得到消费者全方位视图。

（三）挖掘潜在信息，释放大数据价值

一般来说，信息能够提供更好的风险评估。在实际操作中，因为多样化的平台和多元化的商业模式，商业实体之间的关联性不断加强，风险和商业机会在不断增加。大数据技术可以对消费者或信贷产品水平进行风险测算和分析，使信用审批和定价更加精确。利用大数据分析技术可以解决对来自多个信息渠道的海量信息进行处理的问题，挖掘潜在信息，提高实时响应速度，帮助客户及时作出决策。

总之，征信大数据使提供更多的信息服务、面向更多领域成为可能，大数据之间的各种形式的融合拓宽了征信产品和征信服务的范围。征信机构通过提供综合的数据、先进的分析技术和决策能力等服务，努力帮助客户提高效率、降低成本和增加收入。

做中学

登录逸景互联网金融风险控制实训平台，找到小额信用贷（需要征信）相关的实验课程，并根据案例中的模拟个人征信数据进行贷款规则分析，得出模拟的个人贷款额度。

步骤一：进入相应的实验课程，学习风控模型规则与客户征信数据。

步骤二：进行客户贷款准入规则分析判断。

步骤三：进行客户贷记卡、贷款交易明细等分析。

步骤四：进行评分卡内容分析。

步骤五：得出最终贷款额度。

思考：征信数据对个人银行贷款额度会产生怎样的影响？

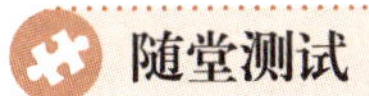

随堂测试

一、单项选择题

1.（　　）是由独立的第三方机构对征信主体在互联网上的相关信息进行收集、整理，利用有关信用评估模型和大数据技术，对征信主体进行信用评价，并对信用信息进行使用的过程。

A. 大数据征信　　B. 传统征信

C. 互联网征信　　D. 公共征信

2.（　　）是指运用大数据技术重新设计征信评价模型和算法，通过多维度的信用信息考察，形成对个人、企业、社会团体的信用评价。

A. 国内征信　　B. 传统征信

C. 互联网征信　　D. 大数据征信

3. 古典的信用评级主要是信贷风险评价，应用较为广泛的评估方法是（　　）。

A. 模型评估法　　B. 单一评价法

C. 专家评价法　　D. 综合评价法

4. 传统征信主要使用（　　）数据，其主要来源为借贷范畴。

A. 借贷数据　　B. 非结构化数据
C. 结构化数据　　D. 维度数据

5. 互联网金融征信收集的海量数据，对征信主体的描述更加及时、客观、全面和完整。征信机构还可以把（　　）与（　　）获得的结构化数据相结合，全面刻画征信主体的行为特征，评级结果较为客观公正。

A. 线上数据　线下调查　　B. 线上调查　线下数据
C. 实地调查　一手数据　　D. 一手数据　实地调查

6. 传统金融征信的基础数据是征信主体的信贷数据，主要来自（　　），以结构化数据为主，数据源单一，影响了对征信主体信用度的客观评估，容易造成信用评价失真。

A. 中国人民银行　　B. 商业银行
C. 芝麻信用　　D. 蚂蚁金服

7. 征信机构最基本的作用就是将分散在不同（　　）的碎片化的局部信息加工融合成为具有完整视图效果的全局信息，从中挖掘出风险信息，解决了交易过程中的信息不完整的问题。

A. 消费者　　B. 授信机构　　C. 交易双方　　D. 商业银行

8. 互联网企业通过电商活动建立了宝贵的信用资源，从电商、微博等平台获取客户网络痕迹，从中判断借款人的（　　），形成整体风险导向，完善大数据的积累。

A. 信用信息　　B. 还款能力　　C. 信用等级　　D. 信用评价

9. 与传统征信相比，互联网金融征信可以提高交易双方的（　　）。

A. 信息透明度　　B. 信息重要度　　C. 交易成本　　D. 信用等级

二、多项选择题

1. 在互联网金融模式下，对金融消费者的精细化营销、个性化服务和批量化处理将成为主要运营模式，需要更准确地把握（　　）。

A. 消费习惯　　B. 风险偏好　　C. 消费记录　　D. 信用状况

2. 大数据征信是指运用大数据技术重新设计征信评价模型和算法，通过多维度的信用信息考察，形成对（　　）的信用评价。

A. 个人　　B. 企业　　C. 社会团体　　D. 机构团体

3. 大数据技术可以在（　　）水平上进行风险测量和管理，使信用审批和定价更加精确。

A. 消费者　　B. 供销商　　C. 信贷产品　　D. 运营商

4. 大数据技术的应用是一个综合性过程，是（　　）的一个一体化的过程。

A. 数据采集　　B. 数据处理　　C. 数据分析　　D. 数据服务

5. 大数据下的征信体系的优势有（　　）。

A. 处理海量数据　　B. 增强数据匹配连接能力
C. 挖掘潜在信息和模式　　D. 释放大数据价值

6. 大数据技术应用到征信活动中，突出强调的是处理数据的数量大、刻画信用的维度广、信用状况动态呈现、交互性等特点，本质上仍然是对信息的（　　）和公布。

A. 采集　　B. 整理　　C. 保存　　D. 加工

7. 在使用大数据进行征信信息的搜寻中，也存在前所未有的优势，主要有（　　）。

A. 覆盖范围大　　　　B. 获取光谱数据源

C. 实现数据实时性　　　　D. 多元变量

8. 征信机构利用先进的（　　）可以实时捕捉到征信主体各方面信息的变化，及时反映征信主体的信用波动，作出信用风险预警，为防范和规避信用风险提供技术手段。

A. 互联网技术　　　　B. 数据抓取技术

C. 区块链技术　　　　D. 风险分析技术

9. 互联网金融征信把广大（　　）纳入征信系统，扩大了征信范围，有效弥补了传统金融征信范围狭窄的缺陷。

A. 大中型企业　　　　B. 城市低收入民众

C. 农村居民　　　　D. 中小微企业

三、判断题

1. 我国建立了全球规模最大的征信系统，广泛应用于金融机构的贷前审批、风险定价和贷后风险管理等环节。（　　）

2. 企业征信系统中，借款人基本信息的来源只有人民银行分支行。（　　）

3. 目前，个人信用信息基础数据库不采集个人在境外的信用交易信息。（　　）

4. 个人信用报告有查询次数的限制。（　　）

5. 目前在互联网上可以直接查询个人信用报告。（　　）

任务三　掌握国内外大数据征信的发展历程

一、国外大数据征信发展历程

（一）美国征信发展概述

美国的消费金融业历史久远，征信体系相对完善，信用分数和信用记录既是民众耳熟能详的基本概念，也是民众非常看重的无形资产。美国的征信业始于1841年，第一家征信所是由纽约的一名纺织批发商刘易斯·塔潘建立的。1870年，R. G. 邓恩接管了这家征信所，后来又与布雷兹特里特征信所合并，组成邓白氏（Dun & Bradstreet）。

美国的征信业以商业性征信公司为主体，由民间资本投资建立和经营。按照市场经济的法则，美国的征信业独立于政府和金融机构之外，以营利为目的，以第三方征信机构的身份向社会提供有偿的商业征信业务。

美国征信业的发展大体上经过了四个阶段：快速发展期、法律完善期、并购整合期及成熟拓展期。美国个人征信产业链主要由以下几个环节组成：数据收集—数据标准化—数据处理—形成数据产品—产品应用。其中，数据处理和形成数据产品是产业链中的关键环节。迄今为止，美国征信行业已经形成了成熟的法律环境和产业链模式。

在美国，信用报告被看作征信机构提供的商品。征信机构按照商品交换的原则把信用报告出售给需求者或委托人。征信机构除了收集直接信息外，也从其他独立征信公司购买数据，内容既包括正面信息，也包括负面信息。这些机构面向全社会提供信用信息服务，依靠各自的产品差异形成核心竞争力，共同推动着美国征信行业的稳步发展。

美国有较多有影响力的企业征信机构、个人征信机构、信用评级机构，如标准普尔（Standard & Poor's）公司、穆迪投资服务公司（Moody's Investors Service）和惠誉国际信用评级有限公司（Fitch Ratings）。其中，除了惠誉由欧资控股之外，其他两家都是美国本地的公司。美国征信体系状况如图 9-3 所示。

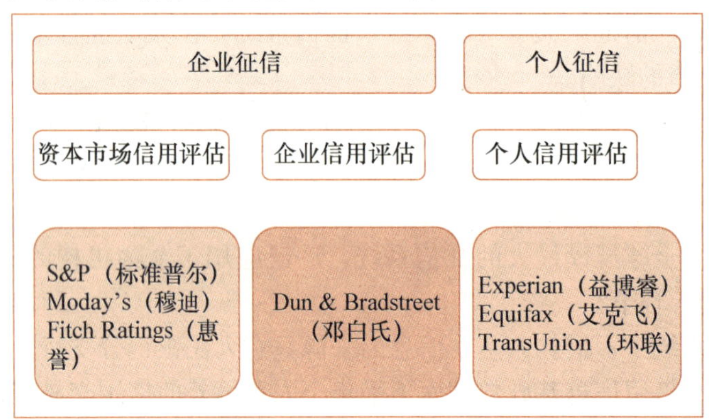

图 9-3 美国征信体系状况

其中，标准普尔更擅长企业评级方面，穆迪更擅长机构融资方面，而惠誉则更侧重于金融机构的评级。这三大机构的评级，尤其对相对安全的债券的评级有高度的正相关性，也因为其权威性，三大机构在资本市场和经济界具有很强的话语权。

（二）环联企业征信概述

美国征信机构 TransUnion（简称 TU 或环联）成立于 1968 年，总部设在芝加哥。环联是美国第三大个人征信机构，仅次于益博睿和艾克飞，主要为客户提供信用信息和信息管理服务。

第二次世界大战之后的经济繁荣促进了发达国家私营征信机构的快速发展，随着经济金融对信用信息服务需求的增加，美国新的投资主体进入征信市场，设立征信机构，开展征信业务，征信机构的数量持续增加，市场竞争愈加激烈。环联在这一时期成立后，通过不断并购重组，逐渐成为美国第三大消费信用服务机构。

随着大数据技术的快速发展，信用风险变得更加复杂。环联作为经过资本市场考验的全球个人征信机构，运用自身技术和专业的优势，快速应对市场变化，提出了未来发展的六大战略方向，具体如图 9-4 所示。

2013 年 12 月，环联收购了 TLO 公司的资产，次年 11 月收购了德国 DHI，2014 年收购了创新型公司 L2C。环联这一系列动作，都是为了提升数据分析能力。由于以上的收购行为，环联的规模迅速壮大。基于深厚的数据积累、专业化的征信技术和成熟的业务模式，环联为未来全球个人征信的发展勾勒出清晰的发展规划；第一，业务领域，环联进行金融行业的垂直领域以及相似行业的拓展。第二，服务对象方面，环联服务对象既包括商业机构，也要积极延伸到个人消费者。第三，地域方面，环联积极规划海外征信市场，加大创新力度，提升征信专业水平。

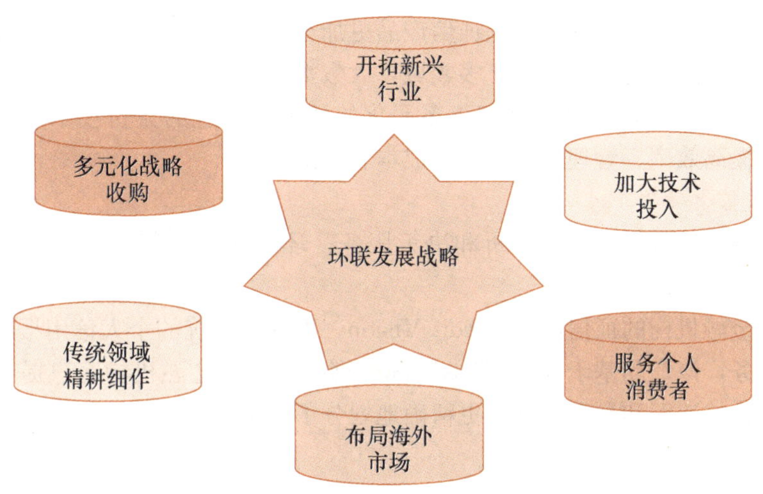

图 9－4　环联全球发展战略图

（三）环联大数据技术

1. 环联大数据技术方面的优势

环联自主研究开发了基础征信大数据技术，这为快速执行环联的应用和更新解决方案提供了灵活性。在环联官网的服务行业列表中，在汽车贷款、催收、医疗、资产管理、住房抵押贷款市场、金融机构、政府和保险行业以外，特地增加了金融科技（FinTech）行业。

环联目前已经利用一些大数据分析和可视化技术来应对海量的数据、分散的数据源处理，比如大数据处理软件平台技术、开源分布系统的基础架构、IBM 基于数据仓库的分析技术等。环联的大数据技术可以同时处理、组织和分析跨越很多运行系统、数据库和文件类型的大量数据，数据匹配技术能够处理多个数据源，整合多种信息，产生新的数据集，更好地评估信用风险和挖掘信用数据。

为了充分挖掘征信大数据的价值，基于技术、设备和人力资源等方面的投入，环联已经通过大量研发去提高数据分析和决策水平。

（1）开发新的分析技术。环联的分析师利用下一代技术和数据匹配能力实时读取来自不同数据源的数据并分析这些数据。分析师拥有不同的建模和分析工具箱，能够在一天之内利用自服务的数据接口产生模型开发、模型验证和用于客户分析的数据样本。例如利用大数据分析工具，传统工具和技术需要一个月的时间，而环联 Credit-Vision 解决方案却只需要不到 1 天的时间。

（2）分析团队。环联拥有经验丰富的分析团队，他们具有丰富的行业经验，并且对消费者信用数据有着全面的知识储备，这正好满足了在大数据时代征信业发展需要大量各类型的高级综合型专业人才的要求。这些分析人员能够很好地开展海量数据的存储、加工、处理、分析等工作。

（3）研发分析工具。数据分析工具是挖掘和分析征信数据的基础软件组件。为了满足不同客户的需求，环联开发了基本预测模型和评分、消费者细分、业务标杆比较、欺诈建模、运营最优化等分析工具。

(4) 大数据服务。大数据使环联征信产品更加丰富、多元、及时和动态化，征信大数据能够提供更多的信息服务并面向更多领域，大数据之间的交叉融合拓宽了征信产品和服务的广度和深度。环联通过提供丰富、多元化的数据，先进的分析技术和决策能力的服务，帮助客户提高效率、管理风险、降低成本和增加收入。

2. 环联征信大数据产品

通过提供特别的数据资源、分析和决策服务，环联研发了很多征信大数据产品和服务，主要产品如下：

(1) 面向金融机构的征信产品 Credit-Vision。不同于传统的个人信用报告只提供当月时点数据的服务，该产品基于 30 个月的时间序列数据，向金融机构客户提供个人消费者风险随时间变化的速度和严重程度，更精确地划分了风险，因此对顾客信用各个方面的预测更为准确。

(2) 面向保险公司的征信产品 Driver-Risk。比如整合至少 3 年的司机驾驶的违规记录和其他大数据，高效地识别司机违规的可能性，进而考察司机风险，降低保险公司的成本。

(3) 面向商业机构的市场营销产品 Ad-Surety。基于环联自身的大数据，利用 O2O（互联网数据和数据库数据）匹配技术，帮助机构用户从庞大的美国消费者网络中识别潜在顾客，显示其个人信息并且测算效果，增加了找到目标顾客的可能性。

(4) 面向商业机构用户的决策分析产品 Decision-Edge。这是一款软件即服务的产品，允许商业机构客户在和消费者交互情况下识别并验证消费者用户，对数据和预测模型的结果进行解释，根据机构客户定义的消费者标准帮助机构客户实现实时和自动化决策。

环联的大数据技术应用是一个全方位的过程，是从数据采集、处理、分析、挖掘到服务的一体化的过程。目前环联的大数据是以结构化数据为主，基本不涉及非结构化数据，比如社交网络、微博、论坛、互联网行为数据等。当然，这与美国的数据专业化运营和数据开放的大环境有关，另外一个重要的原因在于，世界本质上是结构化的，风险和商业信息首先主要隐含在结构化的数据中。

因此，征信大数据的研发应首先解决好结构化大数据的处理和分析问题，提炼出主要的风险和商业信息。

二、国内大数据征信发展历程

(一) 我国征信发展概述

我国的征信业起步较晚，最早出现于 1932 年的“中华征信所”。我国的个人征信业直到 20 世纪 90 年代才逐步发展起来。当前，我国征信体系模式属于政府主导型模式。因此，政府主导型的征信机构占据绝对优势。外商独资型公司的服务对象主要是外商且规模较小，而中外合资的征信机构发展势头较快，私营征信机构发展受到的限制最大。

与美、德、日相比，我国公共征信机构占主导地位，私人征信机构数量和规模都很小，发展前景广阔。根据国际经验，一国个人征信机构体系应与本国征信业的发展特点相匹配，相较于美国的完全市场化模式和日本的协会模式，我国与欧洲的政府主导模式更为相近一些。

中国人民银行征信中心（以下简称征信中心）是国家金融基础设施的重要组成部分，它负责建设、运行和维护全国集中统一的企业和个人征信系统。截至2019年11月底，个人征信系统接入各类放贷机构共3 693家，已经基本实现对个人金融信用信息的全面覆盖。2019年个人和企业征信系统累计查询量分别为24亿次和1.1亿次，日均查询量分别为657万次和29.6万次。征信系统的信息可以用于金融机构对借款人进行信用风险评估的全流程。

为保证征信服务供给能力，征信中心自征信系统上线运行以来，一直积极开展系统优化升级，确保征信系统的平稳运行。近年来，随着金融科技的不断发展和经济社会发展，社会对征信服务水平提出了新需求。金融科技的发展也为进一步提升征信系统服务能力提供了技术支撑。为了更好地满足金融机构和社会各方面的征信需求，依托金融科技的技术支撑作用，征信中心积极启动二代征信系统建设工作，优化升级征信系统。目前，二代征信系统已经具备上线条件。

（二）征信体系的框架构成

2012年12月26日，《征信业管理条例》经国务院第228次常务会议通过，自2013年3月15日起施行。征信体系是伴随着信用经济的发展逐步形成的相互联系的整体结构。它是客观存在的系统性体系结构，包含许多信用经济乃至市场经济发展过程中必备的子领域，这些子领域共同构成信用经济发展不可或缺的市场服务和监督系统，保障信用经济的健康稳定发展，维护正常的信用经济秩序和环境。

我国征信体系如图9－5所示。

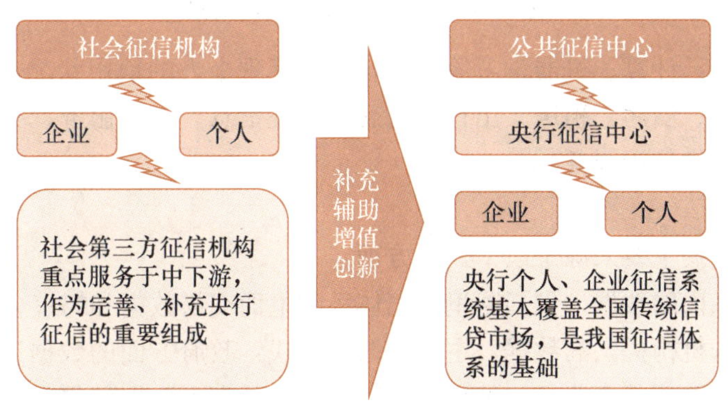

图9－5　我国征信体系

作为我国重要的金融基础设施，征信系统要不断发挥“政府＋市场”双方驱动优势，充分调动市场各主体的积极性，合理均衡发展，全力推动我国征信业的可持续发展。与此同时，征信中心也应以市场需求为导向，设定征信业高水平战略，积极引入优质信息技术等资源，建立并完善适应我国发展现状的现代征信体系。

（三）蚂蚁金服征信模式概述

蚂蚁金服的全称为浙江蚂蚁小微金融服务集团股份有限公司，成立于2014年，影响巨大的支付宝、余额宝和芝麻信用都在该公司旗下。芝麻信用是一家独立的第三方征信机构，是蚂蚁金服旗下的信用评估与管理机构，着眼于打造面向社会的信用服务体系。

蚂蚁金服征信模式的运行机制是一个自成体系的循环过程。蚂蚁金服旗下有四大平台，即支付平台、融资平台、理财平台和保险平台，以阿里巴巴为依托，其诚信通和淘宝中个人和企业的交易数据会通过支付宝收录到支付平台，再将支付数据传递输出给蚂蚁金融云大数据库。融资、理财、保险三大平台以自身的客户数据为基础，一方面将操作过程中的客户业务数据传递到蚂蚁金融云大数据库，另一方面也会通过支付平台来进行支付结算，而这部分交易数据也会随同支付平台输出到大数据库。蚂蚁金融云专注于云计算领域大数据的研究和开发，可以把各行为主体纷繁复杂的信息数据映射为其自身详细的信用评价，形成芝麻信用分和企业信用报告，其芝麻分计算及应用场景如图 9-6 所示。

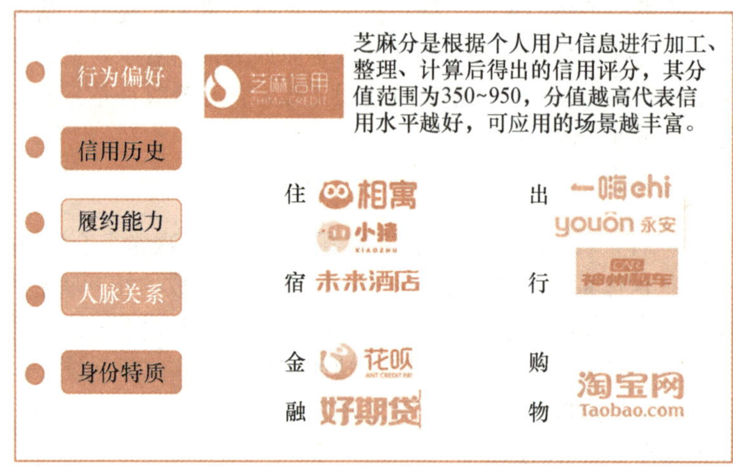

图 9-6 芝麻分计算及应用场景

芝麻信用利用云计算、机器学习等技术，全面展现个人的信用状况，它在信用卡、消费金融、融资租赁、酒店、租房、出行、婚恋、分类信息、学生服务、公共事业服务等上百个场景为客户提供信用服务。

1. 数据来源

芝麻信用的数据主要来源于以下三个方面：

（1）阿里体系内的数据，包括阿里巴巴体系的电商交易数据和蚂蚁金服的金融数据。

（2）外部合作机构提供的数据，主要有两种方式：政府方面的数据以购买方式获取为主，比如购买电力等公共事业机构的数据；一些本身具有大数据积累的商业公司也是芝麻信用的合作对象，比如运营商、P2P 公司等。

（3）用户自主上传的信用数据。芝麻信用在 2015 年 7 月上线了上传功能，用户可以主动上传包括学历、学籍、单位、邮箱、公积金等相关个人信息。

目前，芝麻信用带有购物、金融和社交三种不同维度的数据，其接入的外部数据源高于 80%，而阿里的数据源已减至 20%以下。

2. 大数据处理技术

芝麻信用在构建信用评分模型体系时，利用云计算、机器学习等技术，能以较低的成本对海量数据的关联性进行分析，同时探究和吸收传统征信评分模型算法的优势，积极尝试随机森林、决策树、神经网络等模型算法，挖掘出和信用表现有稳定关联的特性，从而更加高效和科学地发现大数据中蕴含的信用评估价值。

目前，芝麻信用应用了一种改进的树模型 GBDT，深入挖掘特征之间的关联性，衍生出具备较强信用预测能力的组合特征，并将该组合特征与原始特征一起使用逻辑回归线性算法进行训练，从而获得一个具备可解释性的、准确的线性预测模型。

3. 大数据产品与服务

芝麻信用体系包括芝麻信用评分、信用报告、反欺诈、行业关注名单等一系列信用产品，提供反欺诈信息验证服务、芝麻数据变量服务、负面信息披露、还款提醒等服务。

芝麻信用评分即芝麻分是芝麻信用产品中的核心产品，并为用户提供信用评分服务。芝麻分看似一个简单的分数，背后却是芝麻信用对海量信息数据的综合处理和评估。

2015 年 1 月，芝麻信用开始在部分用户中进行公测，并推出芝麻信用分，这是我国首个个人信用评分。芝麻信用分与国际通行的信用评分类似，分区间设定为 350～950 分，分数越高，代表信用程度越好，违约可能性越低。芝麻信用评分如图 9－7 所示。

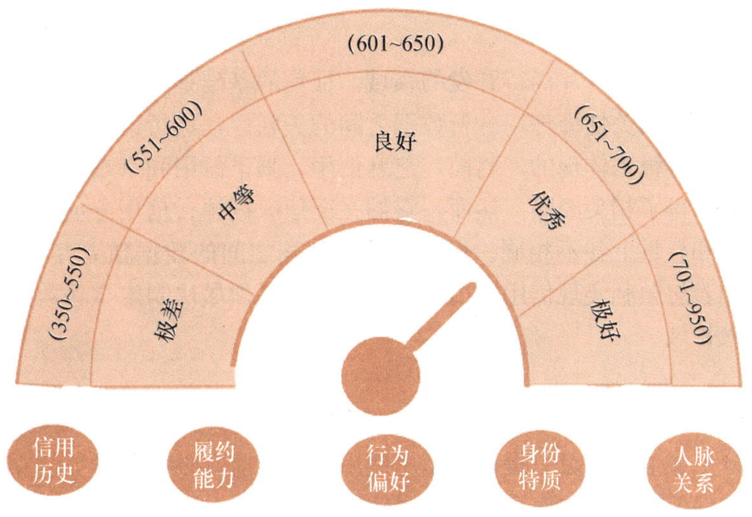

图 9－7 芝麻信用评分

目前，芝麻分综合考虑了个人用户的信用历史、行为偏好、履约能力、身份特质、人脉关系等五个维度的信息。①

（1）信用历史。这个维度的信息反映个人用户过往信用账户的还款记录及信用账户历史。这部分内容大多来自支付宝，特别是支付宝转账和用支付宝还信用卡的历史。

（2）行为偏好。这个维度的信息反映个人用户在购物、缴费、转账、理财等活动中的偏好及稳定性。如果一个人经常买纸尿裤，那这个人便被认为因为为人父母而相对更有责任心。

（3）履约能力。这个维度的信息反映个人用户享用各类信用服务并确保及时履约的情况，例如透支是否按时归还、水费是否按时交纳等。

---

① 于泽博，樊懋，李文森，等. 基于交易大数据的平台型企业金融业务研究——以蚂蚁金服、苏宁金融、京东金融为例［J］. 科技视界，2020（6）：203－206.

(4) 身份特质。通过在公安、法院等机关获得的个人资料去推测个人信息，比如通过打字速度、睡觉早晚等去推测个人性格等，在使用相关服务过程中留下丰富的个人信息。

(5) 人脉关系。这个维度的信息反映个人用户好友的身份特征以及个人用户跟好友互动的程度，可以通过转账关系、校友关系等在一定程度上评判个人信用。

(四) 建立健全互联网金融征信体系

我国需要尽快建立健全互联网金融征信体系，为此，必须在以下几个方面有所发展和突破。

1. 加强宣传教育，提高国民信用意识

虽然我国社会信用体系建设取得了一定进展，但各种矛盾仍然突出，社会成员信用记录严重缺失，信用激励和惩戒机制尚待健全。相关机构和部门可以利用金融机构进社区、进高校、进农村，为居民、大学生和农民举办征信公益讲座、发放信用知识宣传册，在广播台、电视台和报纸上投放征信公益广告等形式宣传信用知识，对国民进行征信宣传教育，提高全民信用意识和诚信水平。

2. 尽快制定金融数据标准

互联网金融征信还是一片尚待开发的领域。征信的基础是数据，征信机构需要对基础数据进行信息挖掘和相关性处理，分析数据之间的关联性，进行信用评级。征信的结果是以信用分值或信用等级来体现的。当前，芝麻信用、腾讯信用和京东小白信用已经在互联网金融征信领域取得了相关经验。然而，它们在征信数据源、信用分值的计分依据、计算口径、分类标准和权重上各不相同。以上各征信机构之间的数据独立存在，数据碎片化，流动性较差。如若想顺利实现信用数据的互联互通，必须尽快制定金融数据的标准，努力开发好这一新兴领域。

3. 加快征信立法，保护消费者信息

使用征信是由独立的第三方征信机构收集消费者的信息，利用评级技术和评级模型，数量化成信用分值或信用等级，提供给信用使用者。当前，必须加快征信立法工作，制定相关法律法规，保障消费者的信息或者信用信息不被泄露。因为，消费者的信息和网上交易行为具有私密性，在互联网技术背景下，征信机构必须征得消费者的同意和许可，才能收集消费者的信息。信用分值或信用评估报告也必须经消费者授权才能提供。

4. 建立数据信息互联互通机制

我国互联网巨头（百度、腾讯、阿里巴巴、京东）都有自己的金融服务部门，这些金融服务部门利用各自的优势开展征信业务，建设自己的征信体系，为自己的公司和消费者服务。互联网巨头之间业务互有交叉，客户有重叠。但是，它们在征信数据的收集、信用评估技术和信用评估模型上各有特色，并不完全相同。它们各自独立开展征信业务，易于造成征信资源的浪费。为了建立健全互联网金融征信体系，需要建立互联网公司之间数据的互联互通，以发挥互联网征信的整体性效果。

5. 建立对征信机构的监督管理机制

征信机构必须保证原始数据的准确和完整，需要以客观中立的态度出具信用报告。毕竟，收集数据、开展评估、出具信用报告是征信机构的职责和义务。但是，四大互联网公司作为我国金融科技公司的龙头，凭借其产品线布局汇聚了海量数据，客观上可能会产生

数据垄断，排斥其他社会主体对相关金融科技数据的分享和使用，影响征信业的发展。相关征信监管部门需要防范大型金融公司垄断数据的风险，积极运用法律法规去规范监督征信机构的行为。

6. 加大金融科技的研发投入

信用评估技术和模型是互联网金融征信的核心。网络数据具有复杂、多维度、快速变化等特点，各征信机构必须创新开发适合互联网金融征信的评估技术和模型。在现有的计算机技术、大数据技术、云计算、区块链等技术的基础上，政府部门、征信机构和金融科技公司需要增加投资，开发新技术，创新信用评估技术和模型，以适应互联网金融征信发展的需要。

总之，从我国个人征信系统的情况来看，个人征信系统正朝着信息化、网络化的方向发展。大数据、云平台等技术的发展也直接促进了大数据个人征信体系的建设与发展。与传统的个人征信体系对比，互联网大数据征信系统虽然具有非常多的优势，但也存在不少问题。这是新兴的个人征信模式所必然面临的困难，也是未来要解决的问题。只有将传统征信与大数据征信结合起来，才能促进我国征信体系的健康发展。

做中学

登录自己的支付宝，查看自己的芝麻分和信用特权。

思考：与中国人民银行的征信系统相比，芝麻信用有哪些特点？

随堂测试

一、单项选择题

1. 美国的征信业始于（　　）年，第一家征信所是由纽约的一名纺织批发商刘易斯·塔潘所建立。

A. 1841　　B. 1860　　C. 1941　　D. 2001

2. 美国的征信业是典型的（　　），其征信业以商业性征信公司为主体，并由民间资本投资建立和经营。

A. 政府主导型模式　　B. 会员制模式

C. 市场主导型模式　　D. 政府监督型模式

3. 美国知名的三大个人征信机构是（　　）。

A. 安达信、益博睿、环联

B. 益博睿、施乐、艾克飞

C. 施乐、环联、艾克飞

D. 益博睿、艾克飞、环联

4. 《征信业管理条例》经 2012 年 12 月 26 日国务院第 228 次常务会议通过，自（　　）起施行。

A. 2013 年 1 月 15 日　　B. 2013 年 3 月 15 日

C. 2013 年 5 月 15 日　　D. 2013 年 7 月 15 日

5. 美国征信机构 TransUnion 是美国第（　　）大个人征信机构，为客户提供信用信息和信息管理服务。

A. 一　　B. 二　　C. 三　　D. 四

6. 环联的数据匹配技术能够整合多个数据源，连接多种信息，产生新的（　　），更好地评估风险和进行数据挖掘。

A. 数据集　　B. 数据源　　C. 节点　　D. 信用信息

7. 目前环联的大数据是以（　　）为主，基本不涉及社交网络、微博、论坛、互联网行为数据等非结构化数据。

A. 结构化数据　　B. 云计算数据　　C. 非结构化数据　　D. 区块链数据

8. 相对于美国和欧洲国家比较成熟的征信业，我国的征信业起步较晚，最早出现于 1932 年的（　　）。

A. 中国征信所　　B. 中国人民银行　　C. 联合征信所　　D. 中华征信所

9.（　　）是一家独立的第三方征信机构，是蚂蚁金服旗下的信用评估与管理机构，着眼于打造面向社会的信用服务体系。

A. 腾讯征信　　B. 蚂蚁花呗　　C. 芝麻信用　　D. 京东白条

二、多项选择题

1. 美国征信业的发展大体上经过了四个阶段，即（　　），现在已经形成了成熟的法律环境和产业链模式。

A. 快速发展期　　B. 法律完善期　　C. 并购整合期　　D. 成熟拓展期

2. 公认最具权威的世界三大信用评级机构是（　　）。

A. 标准普尔公司

B. 穆迪投资服务公司

C. 环联资讯征信公司

D. 惠誉国际信用评级有限公司

3. 美国个人征信产业链主要由（　　）环节组成。

A. 数据收集　　B. 数据标准化　　C. 数据处理　　D. 形成数据产品

4. 在完全市场化的征信行业中，政府只是通过立法、司法和执法活动进行协调，其本身也是征信公司的评级对象，这就保障了征信公司的（　　）。

A. 独立性　　B. 中立性　　C. 公正性　　D. 重要性

5. 大数据的商业价值实现的关键技术之一就是（　　）不同类型、不同来源的数据。

A. 匹配　　B. 连接　　C. 整合　　D. 分析

6. 为了充分释放征信大数据的价值，环联已经通过（　　）来研发复杂和灵活的分析和决策能力。

A. 开发新的分析技术　　B. 分析团队

C. 研发分析工具　　D. 大数据服务

7. 一般来说，真正能够从事征信业务的机构都是一些具有公信力的机构，因此，征信机构可以是（　　）。

A. 中央银行　　B. 商业银行

C. 农村合作银行　　D. 市场化的专业机构

8. 在金融创新和科技金融背景下，以下互联网公司中，有自己的征信机构的是（　　）。

A. 芝麻信用　　B. 腾讯信用　　C. 京东小白　　D. 财付通

三、判断题

1. 信用评级作为一种征信增值服务，不能对主权国家进行评级。（　）

2. 通常情况下，如果您的信用评分越高，说明您借款违约的可能性就越小，您也就越有可能获得贷款。（　）

3. 我国互联网行业整体向规范化和价值化方向发展，可以利用互联网进行征信宣传，开展诚信文化教育，提高全民信用意识和诚信水平。（　）

4. 芝麻信用体系包括芝麻信用评分、信用报告、反欺诈、行业关注名单等一系列信用产品，提供反欺诈信息验证服务、芝麻数据变量服务、负面信息披露、还款提醒等服务。（　）

项目十

金融科技与风险管理

金信网银大数据监测预警金融风险平台

学习目标

知识目标：

1. 认识金融科技的风险特征。
2. 了解金融科技在金融风险管理中的应用。
3. 理解金融科技风险管理的国际经验。
4. 掌握我国金融科技风险管理的发展趋势。

能力目标：

1. 能够在开展金融科技相关业务时识别出主要风险。
2. 能够在金融科技展业过程中对风险进行有效管控。

导入案例

金信网银大数据监测预警金融风险平台

【案例介绍】

在金融监管领域，针对当前互联网大环境下网络非法集资事件不断增多，犯罪手段越来越隐蔽化、多样化的不利情况，拓尔思旗下子公司金信网银打造了“大数据监测预警金融风险平台”。该平台以大数据、云计算为技术支撑，构建针对五大领域、十七个行业的分析模型，通过机构合规程度、网络投诉率、收益率、特征词命中率、传播力等五个维度的多项数据，综合分析计算监控对象非法集资风险相关度（即“冒烟指数”），实现了对非法集资的事前监测，有效防止较大非法集资事件的发生。

2017年年底，由金信网银提供技术支持，政企合作开发建设的“深圳市金融风险监测预警平台”正式上线发布。依托该平台，深圳市金融办开发了以“人”“资金”“业务”为主线的风险预警模型，首创“海豚指数”，对企业风险进行分级预警、分类处置，不断提升主动发现、提前预警金融风险的能力，实现对涉众金融风险的“打早打小”，切实保障广大群众和投资者的财产安全。

深圳市金融风险监测预警平台集“行业风险预警”“内外数据融合”“监管统计分析”“部门协同办公”于一体，解决了传统金融监管模式中存在的风险监测预警难、实施防范监管难、数据信息汇总难和企业情报获取难等难题。监测预警平台以大数据和云计算为技术支撑，建立了七大子系统，包括金融风险监测预警系统、舆情信息采集平台、线下数据采集平台、案件信息管理系统、举报线索管理系统、数据管理系统和金融风险建模系统，实时监测深圳市20余万家金融企业的风险情况，实现举报、预警、打击、处置的一体化全流程，指挥各部门联合防范、处置风险。

针对不同行业，监测平台分别设计P2P、股权投资、小额贷款、要素交易场所等各类新兴金融业态子系统，从“人员”“资金”“业务”三个方面建设“海豚指数”预警模型。“海豚指数”从合规性、收益率、传播力、负面投诉、特征词五个维度综合评估企业风险，取值介于0～100分，大于60分时，发出风险提示，建议约谈整改；大于80分时，发出高风险预警，建议移交线索，联合公安机关等部门协同处置。

此外，监测预警平台提供了一系列配套监管服务。一是重点企业风险排查服务，深度挖掘企业内在风险；二是搭建线下举报平台，发动群众检举揭发犯罪活动；三是健全互联网金融平台信用评级体系，实现“白名单”和“黑名单”的分类评级和监管治理。

【案例分析】

随着区块链、云计算、大数据、人工智能等金融科技的普及和成熟，金融科技应用已经成为行业趋势，在交易欺诈识别、精准营销、信贷风险评估、股价预测、智能投顾、风险定价等领域中，得到了广泛应用。金融科技在风险管理领域的应用，有利于及时发现风险，提高风险管理效率，节省人力成本，降低资源投入。未来金融科技领域的佼佼者，必定是那些能够高效满足监管要求、化被动为主动的企业。因此，无论是传统金融机构还是金融科技公司，都要增强风险意识、由内而外地打造合规经营的企业文化，同时善于运用监管科技，使风险管理的效益最大化。

任务一　认识金融科技的风险特征

近年来，金融科技风险事件不断出现，特别是依托金融科技而实施的非法集资和金融诈骗案件所暴露出来的问题更值得关注。普华永道发布的《2018年中国金融科技调查报告》显示，受访者普遍认为需要对金融科技进行适当的监管，尤其是要避免行业的野蛮发展和跨行业套利。这与过去几年的互联网乱象以及逐步暴露出来的恶性影响有关，也反映了加强金融科技风险管理既是众望所归，也是大势所趋。

金融科技并未消除传统金融行业的某些风险，并且金融科技的应用会带来一些新的风险，或使得原来的某些风险具有了新的特征。

一、风险的系统性和传递性加强

金融科技的运用使得金融机构、科技公司以及市场基础设施运营企业之间彼此渗透、彼此融合，增加了金融行业的复杂性以及各个平台之间的关联性，从而使得在单个平台发生的金融风险，很容易在业务的交叉性作用下传递至其他平台，增强了系统性风险。

金融科技的发展使金融业务得以突破地域限制和时间限制，多部门、多领域参与以及跨行业、跨领域金融产品相互交叉，形成了一个庞大、复杂的共生体系，一旦某一环节的风险突显，短时间内可能迅速演变为大规模的系统性风险，涉及多个领域和多个地区。

2013 年 4 月 23 日，美联社 Twitter 账号出现“白宫遭袭”的假新闻。在识别到“白宫遭袭”信息后，大量对冲基金的基于大数据的自动交易程序立即开始抛售股票，美国股市随之暴跌，给投资者带来了很大损失。

金融科技可能强化羊群效应以及市场共振，增强风险的波动及顺周期性。金融科技的应用使得金融市场参与者的行为更容易趋同，从而可能放大市场波动。以智能投顾为例，金融机构在运用智能平台为客户提供投资咨询建议时，如果采用相似的模型和参数，提供的投资建议容易趋同，就会助长市场同买同卖、同涨同跌的现象，加强市场的波动和共振。

二、基于技术安全的操作风险更具破坏性

操作风险是指由于不完善或有问题的内部操作过程、人员、系统或外部事件而导致的直接或间接损失的风险。金融科技的应用使得基于系统和技术安全的操作风险可能放大并更具破坏性。

金融科技业务的发展有赖于先进的平台设计和交易系统。因此，如果平台和系统存在缺陷，可能导致整个交易过程的瘫痪、客户金融资产被盗、客户交易信息被泄露等，从而影响整个金融市场的安全性。安全问题是金融科技所面临的重大问题，具体包括以下方面：

第一，平台的风险。在网络平台上，客户输入密钥或口令并通过网络传输时，有可能被黑客截获盗用，进行犯罪活动，使客户蒙受损失。比如：以太坊平台的 DAO（Decentralized Autonomous Organization，去中心化的自治组织）项目，是 ICO（Initial Coin Offering，首次币发行）史上最大的众筹项目，融资额高达 1.6 亿美元。DAO 项目被黑客攻击事件，显示出区块链技术在应用平台层面仍然存在安全漏洞。

第二，客户方面的风险。很多客户在进行网络金融交易时，安全意识不高，不及时查毒杀毒，轻信非法链接，导致自身信息泄露，金融资产被盗取。

第三，金融科技企业的风险。一些金融科技企业的风险管理机制存在严重缺陷，内控措施不严密，流程设计不严谨，容易发生操作风险。

三、数据风险与信息安全风险相互交织

数据的真实性与信息安全是金融科技发展的重要基础。随着金融科技的发展，数据服

务商可以轻易获得客户大量的私人信息。一旦数据服务商滥用信息，将会导致客户隐私泄露。更为严重的是，如果数据服务商将目标对准政府机构和大型金融机构，则可能泄露重要的国家金融信息，产生严重后果。2013 年，世界顶尖数据服务商彭博社承认，该公司记者使用彭博社的银行数据终端窥探用户信息，窥探对象不仅包括高盛等华尔街巨头，还涉及美联储、美国财政部等政府部门。

除了可能存在信息滥用风险之外，黑客入侵也是产生信息安全风险的重要因素。大数据在金融行业的广泛应用为黑客攻击金融业提供了更多机会。黑客可以利用大数据控制数以百万台计的傀儡机发起攻击，攻击的数量级远远超过传统的单点攻击。另外，由于数据的价值密度小，安全分析工具难以对价值点进行精准保护。隐藏在大数据中的黑客攻击可能误导安全监测，给金融业的网络安全管理带来困难。黑客入侵一旦成功，将对金融业造成巨大损失。2013 年圣诞节期间，美国零售巨头 Target 公司遭到黑客的数据入侵，高达 4 000 万张信用卡和借记卡数据被黑客窃取，发卡机构损失惨重。

另外，数据监听也将带来信息安全问题，甚至威胁到国家金融安全。2013 年爆发的“棱镜门”事件暴露出美国政府利用大数据技术从规模庞大的电话通信和网络信息中对其他国家民众和政要进行精准监听。“棱镜门”事件表明，大数据监听模式可用于窃取他国重要金融信息，威胁他国金融安全。根据 2012 年的统计数据，美国思科公司占据了我国金融行业数据中心设备市场 70%左右的份额，然而，思科公司在“棱镜门”事件中被怀疑参与了美国政府对我国的监控。因此，我国金融行业的大数据技术如果过度依赖国外厂商，将为数据监听和泄露埋下隐患，威胁我国金融安全。

四、监管套利风险更加突显

从金融实践来看，监管常常滞后于业务的发展。金融科技的应用不仅使传统金融在业务模式、技术手段、服务方式、运营流程等方面日新月异，而且还模糊了科技公司与金融机构的边界，为监管套利行为提供了滋生土壤。金融科技之所以受到互联网金融企业的追捧，一个重要的原因在于金融科技公司与互联网金融企业的监管模式不同。互联网金融企业需要接受金融监管部门的监管，而金融科技公司却不需要。因此，不少互联网金融公司纷纷转型为金融科技公司，难免存在监管套利之嫌。

金融科技产品大多以数字化形式存在，在技术上无法将其完全限制在一国境内。因此，金融科技监管需要国际协调和合作，避免金融科技产品和服务转移至监管薄弱的国家，实施国际监管套利。

金融科技业务所面临的监管有两个突出问题：第一个问题是法律法规的缺失。现阶段金融科技业务所适用的法律法规主要是对原有金融、商务适用的法律法规进行修订、引申后的一些规范性文件，关于金融科技所引发的新业态、新模式的规制还有很多处于法律空白或灰色地带。比如，电子交易合同除适用《民法典》之外，还应有专门的细则来规范，但目前主要还是受《民法典》的规制，现有法规只是对电子签名的效力进行了明确，但就电子交易合同模式下，合同主体的特定权利和义务以及风险防范措施并无明确和具体的规定。第二个问题是金融科技的法律适用仍具有一定的不确定性。比如，在现阶段，一旦发生网络金融交易的损失，其适用哪些法律法规、责任如何认定等，都存在争议，这就容易给金融犯罪分子以可乘之机，实施监管套利，逃避监管。以上问题如不尽快解决，将使得网络金融业务纠纷无法得到适当处理，无法为金融科技业务提供安全的发展环境。

做中学

4～6 名同学为一组，收集近五年金融科技发展过程中涌现出来的风险事件。每组整理一个国内案例和一个国外案例。

思考：金融科技的风险与传统金融业务的风险有哪些不同？金融科技最致命的风险是什么？

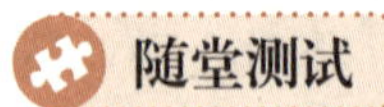

随堂测试

一、单项选择题

1. 金融科技的运用使得在单个平台发生的金融风险，容易在业务的交叉性作用下，传递至其他平台，增强了（　　）风险。

A. 非系统性　　B. 系统性　　C. 个人　　D. 个性化

2. 金融科技使得多部门、多领域参与以及跨行业、跨领域金融产品相互交叉，形成一个庞大复杂的（　　）体系。

A. 独立　　B. 复合　　C. 共生　　D. 循环

3. 金融科技的应用模糊了科技公司与金融机构的边界，为（　　）行为提供了滋生土壤。

A. 产品升级　　B. 科技升级　　C. 金融创新　　D. 监管套利

4. 金融科技的应用使传统金融在业务模式、技术手段、服务方式、（　　）等方面日新月异。

A. 服务手段　　B. 风险管理　　C. 运营流程　　D. 财务会计

5. 互联网金融企业需要接受（　　）部门的监管。

A. 教育行业　　B. 金融监管　　C. 人力资源　　D. 物流管理

二、多项选择题

1. 金融科技风险与传统金融业相比，具有的新的特征有（　　）。

A. 风险的系统性和传递性加强

B. 基于技术安全的操作风险更具破坏性

C. 数据风险与信息安全风险相互交织

D. 监管套利风险更加突显

2. 金融科技可能强化羊群效应以及市场共振，增强风险的（　　）。

A. 波动性　　B. 顺周期性　　C. 逆周期性　　D. 复杂性

3. 操作风险是指由于不完善或有问题的（　　）而导致的直接或间接损失的风险。

A. 内部操作过程　　B. 人员　　C. 系统　　D. 外部事件

4. 金融科技业务的发展有赖于先进的（　　）。

A. 平台设计　　B. 资产管理　　C. 交易系统　　D. 财务管理

5. 数据的（　　）是金融科技发展的重要基础。

A. 广泛性　　B. 多样性　　C. 真实性　　D. 信息安全

三、判断题

1. 金融科技可以完全消除传统金融行业的风险。（　）

2. 金融科技的应用可能会给金融行业带来一些新的风险。（　）

3. 金融机构在运用智能平台为客户提供投资咨询建议时，如果采用相似的模型和参数，提供的投资建议容易趋同，就会助长市场同买同卖、同涨同跌的现象。（　）

4. 金融科技的应用使得基于系统和技术安全的操作风险可能缩小并更具修复性。（　）

5. 如果平台和系统存在缺陷，可能导致整个交易过程瘫痪、客户金融资产被盗、客户交易信息被泄露等，从而影响整个金融市场的安全性。（　）

6. 很多用户在进行网络金融交易时安全意识不高、不及时查毒杀毒、轻信非法链接，从而导致自身信息泄露、金融资产被盗取。（　）

7. 随着金融科技的发展，数据服务商难以获得客户大量的私人信息。（　）

8. 大数据在金融行业的广泛应用同时为黑客攻击金融业提供了更多机会。（　）

9. 金融行业的大数据技术如果过度依赖国外厂商，将为数据监听和泄露埋下隐患，威胁国家金融安全。（　）

10. 金融科技产品大多以数字化形式存在，在技术上可以将其完全限制在一国境内。（　）

任务二　了解金融科技在金融风险管理中的应用

一、金融科技在市场风险管理中的应用

证券市场的违规行为，归纳起来，主要有以下几方面：一是交易主体的非规范性，即不具备资格的非合格投资者从事证券交易；二是交易行为的非规范性，如内幕交易、操纵市场、老鼠仓等，严重损害了中小投资者的利益；三是交易系统和交易工具的非规范性。这三类违规行为，第一类和第三类主要依赖制度来规范，第二类则可以应用金融科技来识别和管控。

交易行为的非规范性虽然表现形式五花八门，但最终都会反映到证券的交易价格、交易数量和交易时间这三个要素上。因此，可以利用大数据技术追本溯源，找到引发异常交易的源头，实时预警。

（一）异常交易行为的识别

异常交易行为主要反映在证券的交易价格、交易数量和交易时间这三个要素上。交易价格方面的异常主要体现在：以明显高于或低于市场价格的价格买入或卖出证券；交易价格明显偏离历史轨迹；交易价格在短时间内突然快速上升或下跌等。交易数量方面的异常

主要体现在：交易量突然放大；一段时间内连续买入或抛售某一证券等。交易时间方面的异常主要体现在：频繁在利好消息发布前买入或在利空消息发布前卖出；频繁在某机构买入前买入或在某机构卖出前卖出；频繁在收市前或开盘时买入或卖出等。

以上异常交易行为都可以利用大数据技术来识别，具体包括：基于统计学的方法、基于聚类的方法、基于关联的方法、基于密度的方法、基于人工神经网络的方法等，其关键是利用大数据技术发现不符合一般数据模型的离群点，即异常点。

（二）异常交易行为的追踪

识别到异常交易行为之后，必须对该交易行为进行追踪，以对其进一步分析。异常交易行为的追踪，重点在于分析相关账户、手机号码和交易 IP 地址的人格化属性，从而找到违规主体。

现阶段，银行账户和证券账户都实行实名制，银行账户记载了证券交易的资金流，证券账户记载了证券交易的交易记录，两者可以互相验证，通过对银行账户和证券账户信息的深度挖掘，可以找到违规线索。

目前，我国已从制度和技术两个层面实施了手机号码的实名制，使得通过手机号码追踪真实用户成为可能。

在交易 IP 地址方面，通过追踪发出指令的 IP 地址，可以找到具象化的行为主体，即使该行为主体利用他人账户化整为零进行交易，也可通过同一 IP 地址来找到行为主体。

因此，利用大数据技术，综合采集和分析证券账户、银行账户、手机号码和 IP 地址等信息和数据，有望追踪到实施异常交易的主体。

（三）违规交易行为的分析

鉴于违规交易行为主体通常会隐藏自己的行为和身份，需要利用大数据技术对交易行为进行复盘和分析，从而对行为主体进行“画像”。对市场主体行为进行分析，首先需要对市场主体进行聚类，由聚类所生成的簇是一组数据对象的集合。市场主体的聚类，主要应按照社交关系来度量相似度，如亲戚、同学、同事、朋友等关系，很多案例证明，市场主体的关联交易或内幕交易等常常通过上述社交关系来实现。

在聚类分析的基础上，还需分析市场主体的交易行为轨迹，以对主体进行更准确的画像。市场主体的行动轨迹主要包括：证券交易行为信息、手机通话通信信息、网约车、飞机、火车、酒店等，通过上述行动轨迹，可以勾勒出比较详细的用户画像，掌握该主体的日常社交对象、社交活动及其特点，从而有助于还原交易过程及交易细节，进而追踪到违规行为的源头。

二、金融科技在信用风险管理方面的应用

在消费金融资产支持证券（ABS）领域，由于消费金融资产信用信息不透明，投资人对底层资产“看不清、管不住”，难以准确衡量投资风险，常常导致优质的资产方无法对接到优秀的投资人，制约了整个市场的发展。

为了解决上述资产信用的信息不对称问题，中诚信征信作为首批获准开展个人征信业务的八家征信机构之一，自主研发出资产交易智能扫描平台（AXIS）：在资产端，可以为

主体信用不足但资产信用良好的资产方做到间接增信；在资金端，可以帮助投资者筛选优质投资标的，减少逆向选择风险。AXIS 运用大数据技术扫描每笔资产，并进行交叉检验和比对，使得消费金融 ABS 可用自身的信用资产质量来增信，从而改进了目前消费金融 ABS 主要依靠主体信用来增信的局面。

资产交易智能扫描平台具有以下四大功能。

1. 资产筛选

结合特定消费场景引入独立第三方信用评估，对资产进行智能化评估筛选，对单笔贷款的欺诈风险和信用风险进行智能化评估，帮助资产方和投资人从源头上把控资产信用情况，基于大数据和机器学习模型，在消费金融资产证券化领域打通个人信用和资产信用的关联。

2. 资产包信息披露

基于第三方大数据，自动化跟踪底层资产的信用风险，对资产包质量的变化情况进行跟踪监控，并且与其他资产包同期表现进行对比；在纵向（时间轴）和横向（其他资产包）两个维度对资产包质量的变化情况进行评估，逐笔分析展示资产包的风险并及时进行风险预警。

3. 现金流测算

基于中诚信征信的机器学习与现金流模型，对资产端和证券端的现金流进行预测。资产端基于转移矩阵的方法论，不仅能够预测是否违约，还能预测何时违约；证券端可以对市面上各种消费金融 ABS 交易结构进行现金流测算，用于 ABS 投资人的收益预测。

4. 定制化模型

基于大数据方法论，采用独立第三方的征信数据、申请数据、平台获取数据等，借助机器学习管理模型，结合不同的场景进行定制化的建模，做到具体问题具体分析。

如图 10－1 所示，资产交易智能扫描平台的机器学习模型采用了集成学习的框架，参考了传统银行信用卡评估以及美国征信局的评分建模理念，将互联网大数据和碎片化的个人信息数据应用于信用评估之中。一方面，利用机器学习等方法解析数以亿计用户的多维信息；另一方面，基于自主研发的动态数据规则引擎，有效将碎片化的互联网大数据应用于信用评估，并创造性地应用了多模型交叉校验技术，增强了数据的洞察力和准确性。

资产交易智能扫描平台的核心理念是“让资产更透明”，为信用资产的投资者提供更加全面的信息和容易使用的分析工具，帮助投资者评估当前的资产状况，预测未来的收益。AXIS 结合特定消费场景，引入独立第三方信用评估，基于大数据技术的个性化建模，对每笔融资的信用风险进行智能化评估，平台具有秒级处理千万笔资产信用评分结果的能力。在保护借款者隐私的前提下，投资者可以看到逐笔底层资产的脱敏数据，以及中诚信征信作为独立第三方提供的信用评分。投资者还可以使用 AXIS 的现金流分析工具计算投资收益并实施压力测试。借助于 AXIS，投资者可以根据中诚信征信统一的信用评估标准，快速筛选出符合自身风险偏好的信用资产进行投资。

三、金融科技在操作风险管理方面的应用

在操作风险管理方面，如何遵循现有法律法规，不越界、不违规，对于金融机构而言

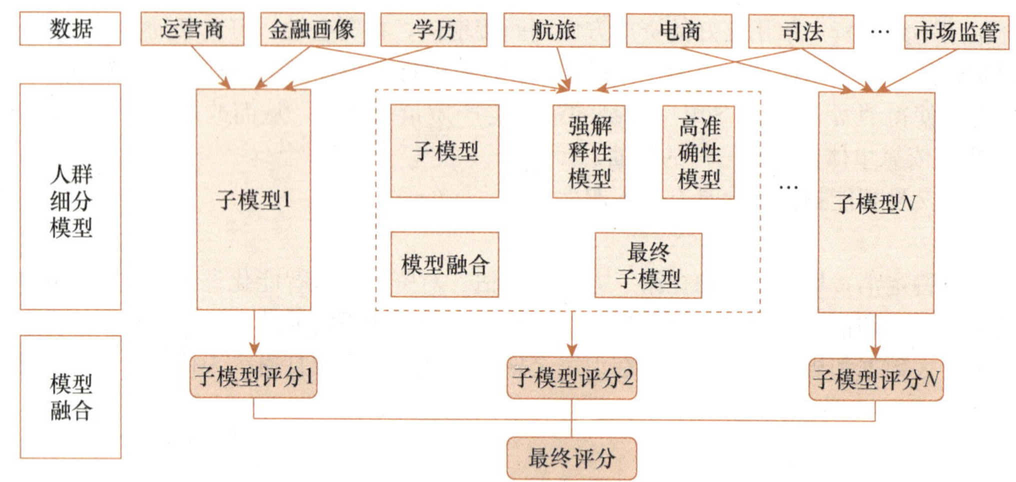

图 10－1　AXIS 平台的集成学习建模框架

是一个必须认真考量的重要问题。伴随着金融科技发展起来的监管科技将在金融机构的合规监管方面起到重要作用。

金融机构的合规管理目标至少包括以下两个方面：第一，理解新法规，将新法规的要求贯彻到企业经营的各环节，使企业尽快适应新法规；第二，通过合规审查、风险监测、稽核审计等手段确保企业持续满足法律法规的要求，机构运营和人员操作不越界、不逾矩。

监管科技可以为企业提供更有效、更经济的合规监管解决方案。全球知名会计咨询公司安永对监管科技解决方案进行了如下分类：

第一类，预防诈骗。这类解决方案对交易进行实时监控，以确定金融违规行为中的时差、问题和趋势。企业通过分析检查大量不同的数据点，以发现潜在威胁。预防性解决方案可以防患于未然，有效降低欺诈风险，还可以支持对合规决策的实时验证，降低决策失误风险。

第二类，监管合规自动化。通过监管科技平台，可以提供规则的即时查询和解释，可以构建一个统一的合规和操作风险监管框架，可以通过机器人执行日常合规审查和监测职能，可以通过智能顾问为客户提供合规咨询建议。

第三类，合规文化和职业道德宣导。监管科技能够为违规行为分析和行为驱动风险提供解决方案，预警潜在违规行为，并可以对合规文化的影响予以量化，找出影响合规文化的重要因子，有助于合规文化的落地。

第四类，预测性分析。监管科技能够分析并追溯违规案例的违规根源和行为动因，并预测金融市场和金融机构的潜在风险领域，有助于实施风险预警并改进企业运营水平。

金融监管相关法律法规多而繁杂，企业常常要专门开辟合规部门，耗费大量人力和物力来应对监管部门的合规要求，防范各种舞弊和欺诈事件的发生。监管科技的应用，可以促进日常合规活动的自动化，使用机器人顾问来执行合规专业人员的复杂活动，从而帮助企业摆脱为了满足合规目标而进行的繁重又耗时的活动，使组织运营更加高效和经济。

做中学

登录逸景互联网金融风险控制实训平台，选择任意一门互联网金融风险控制实验课程，并根据案例背景要求通过对个人及企业征信数据与风控模型规则的逐条对比分析，判断其在贷款中可能产生的风险。

步骤一：进入实验课程，学习风控模型规则与客户征信数据。

步骤二：进行客户贷款准入规则分析判断。

步骤三：进行贷款征信数据参数分析。

步骤四：得出最终贷款额度。

思考：银行及其他金融机构如何通过互联网金融风控模型对个人及企业进行贷款风险管理？

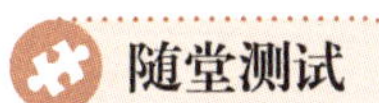

随堂测试

一、单项选择题

1. 监管科技可以为企业提供更有效、更（　　）的合规监管解决方案。

A. 复杂　　B. 经济　　C. 快速　　D. 科技

2. 监管科技平台可以提供法律法规的即时查询和（　　）。

A. 翻译　　B. 咨询　　C. 解释　　D. 纠错

3. （　　）的非规范性，指不具备资格的非合格投资者从事证券交易。

A. 交易行为　　B. 交易时间

C. 交易对象　　D. 交易主体

4. （　　）可以应用金融科技来识别和管控。

A. 交易主体的非规范性　　B. 交易对象的非规范性

C. 交易行为的非规范性　　D. 交易规则的非规范性

5. 市场主体的聚类分析，主要应按照（　　）来度量相似度。

A. 社交关系　　B. 资金关系

C. 资产关系　　D. 位置关系

二、多项选择题

1. 证券市场的违规行为，归纳起来，主要有（　　）等几个方面。

A. 交易主体的非规范性

B. 交易行为的非规范性

C. 交易系统和交易工具的非规范性

D. 证券市场制度的非规范性

2. 证券异常交易行为主要反映（　　）等几个方面。

A. 交易价格　　B. 交易数量　　C. 交易品种　　D. 交易时间

3. 交易价格方面的异常主要体现在（　　）等几个方面。

A. 交易量突然放大

B. 交易价格明显偏离历史轨迹

C. 以明显高于或低于市场价格的价格买入或卖出证券

D. 交易价格在短时间内突然快速上升或下跌等

4. 证券交易时间方面的异常主要体现在（　　）等几个方面。

A. 频繁在利好消息发布前买入或在利空消息发布前卖出

B. 频繁在某机构买入前买入或在某机构卖出前卖出

C. 频繁在收市前或开盘时买入或卖出

D. 交易价格明显偏离历史轨迹

5. 监管科技解决方案可进行如下分类：（　　）。

A. 预防诈骗

B. 监管合规自动化

C. 合规文化和职业道德宣导

D. 预测性分析

三、判断题

1. 交易行为的非规范性虽然表现形式五花八门，但最终都会反映到证券的交易价格、交易数量和交易时间这三个要素上。（　　）

2. 内幕交易、操纵市场、老鼠仓违法违规行为，严重损害了中小投资者的利益。（　　）

3. 异常交易行为可以利用大数据技术来识别，其关键是利用大数据技术发现符合一般数据模型的合群点。（　　）

4. 异常交易行为的追踪，重点在于分析相关账户、手机号码和交易 IP 地址的人格化属性，从而找到违规主体。（　　）

5. 目前，我国尚未实施手机号码的实名制，使得通过手机号码追踪真实用户还未成为可能。（　　）

6. 利用大数据技术，综合采集和分析证券账户、银行账户、手机号码和 IP 地址等信息和数据，有望追踪到实施异常交易的主体。（　　）

7. 预防性合规解决方案可以防患于未然，有效降低欺诈风险，还可以支持对合规决策的实时验证，降低决策失误风险。（　　）

8. 监管科技能够为违规行为分析和行为驱动风险提供解决方案，预警潜在违规行为，并可以对合规文化的影响予以量化，找出影响合规文化的重要因子，有助于合规文化的落地。（　　）

9. 监管科技的应用，可以使用机器人顾问来执行合规专业人员的复杂活动，从而帮助企业摆脱为了满足合规目标而进行的繁重又耗时的活动，使组织运营更加高效，但同时也大大增加了经营成本。（　　）

10. 在消费金融资产支持证券领域，由于消费金融资产信用信息不透明，投资人对底层资产“看不清、管不住”，常常导致优质的资产方无法对接到优秀的投资人，制约了整个市场的发展。（　　）

任务三 理解金融科技风险管理的国际经验

一、美国金融科技监管经验

（一）金融科技白皮书

2017 年 1 月，美国白宫发布了《金融科技白皮书》（*A Framework for FinTech*）。该白皮书提出了对金融服务业管理的六大目标和十项基本原则，构成政策制定者和监管者对金融科技日常监管中应遵循的政策框架。

1. 六大目标

（1）培育积极的金融服务创新和创业。

（2）推广安全、公平和实惠的融资渠道，尤其是为小企业提供融资便利。

（3）增强海内外普惠金融和财务健康，技术创新不仅能够降低跨境支付成本，还能增强安全性和透明度，并有利于阻止非法资金跨境流动。

（4）应对金融系统性风险，通过在风险监管上应用新技术，及时识别及管控系统性风险，增强金融稳定。

（5）深化金融监管框架，以跨界、跨层级的角度学习他国政府与金融科技企业的相处方式，与金融科技创新者合作，优化监管。

（6）保持国家竞争力，以保护消费者利益为先，继续引领创新，推动跨境合作，提供健康的投资环境，注重新技术对劳动力的影响。

2. 十项基本原则

对金融服务管理的十项基本原则如下：

（1）对金融生态系统给予广泛思考。传统金融机构和新兴金融科技企业都需要思考自身产品与服务对消费者、投资者和市场的增加值，以安全、透明和可持续的方式运作。

（2）将消费者放在首位。遵循所有与消费者保护相关的法律法规，提供安全、友好、透明和多样化的产品和服务。

（3）提供安全的普惠金融，保证财务健康。

（4）识别并规避技术上可能存在的偏差，保证消费者被公平对待。

（5）大力提升透明度。监管部门提升监管透明度，帮助行业理解政府政策导向，行业也应向消费者保持透明度。

（6）协调技术标准，努力实现行业整体最优的操作模式。

（7）始终贯彻网络安全、数据安全和隐私保护。

（8）提升金融基础设施的效用和效率。

（9）维护金融稳定性，提升风险管理意识。

（10）加强金融科技公司、金融机构以及政府之间的跨部门合作。

（二）提倡负责任的创新

2016 年 3 月，美国全国性持牌银行和联邦储蓄协会的监管方——货币监理局发布了《支持联邦银行系统负责任的创新白皮书》（以下简称“白皮书”）。“白皮书”中的“负责任的创新”是指“创新或改良金融产品、服务、流程，以符合成熟风险管理以及银行整体战略的方式，满足消费者、企业和社区不断变化的需求”。“白皮书”认为，银行和非银行机构可以通过“富有战略性和审慎”的合作获得双赢：银行可以获得非银行机构的创新技术，非银行机构可以获得银行的资金来源和海量的用户基础。

“白皮书”提出四条针对金融科技公司的金融创新评估原则，分别是：支持负责任的创新、鼓励普惠金融创新、通过有效的风险管理促进安全运营、鼓励将负责任的创新纳入战略规划。

“白皮书”还提到针对货币监理局自身的四条原则：培育支持负责任创新的企业文化、发挥自身经验和专长、通过官方宣传推进行业内对话、与其他监管方进行合作。

（三）金融创新的审批路径

2016 年 2 月，美国金融消费者权益保护局（Consumer Financial Protection Bureau，CFPB）发布了《CFPB 创新细则》，以促进对消费者有益的创新。该文件中的“无异议函”（Policy on No-Action Letters）规定了创新性金融产品和服务的审批路径。

“无异议函”的申请人须提供关于其创新产品和服务的说明，包括但不限于以下内容：一是产品和服务有别于市场上现有产品和服务的创新点；二是该产品和服务对消费者可能产生的有别于一般产品和服务的风险；三是能为消费者提供降低成本和减少风险的具体措施；四是能让消费者充分了解其产品和服务条款、产品特征、成本、价值和风险的信息披露具体安排。“无异议函”的出具是一种事前备案审批机制，它不适用于已经在市场上正式推出的产品的申请，也不接受只是停留在设想阶段的产品的申请。这一机制的确定，有助于使监管跟上创新节奏，防止创新野蛮生长，对以创新为名的违规行为和越界行为也能起到震慑和遏制作用。

（四）分业态监管

无论金融科技以何种形态出现，美国的监管部门都从金融科技的金融本质出发，将金融科技涉及的金融业务，按照其功能纳入现有的金融监管体系。

比如：2015 年，纽约州金融服务管理局（New York State Department of Financial Services，NYSDFS）推出“比特许可”监管政策，即虚拟货币活动商业许可证（Business License of Virtual Currency Activities）。该政策适用于发生在纽约的虚拟货币商业活动。该政策将以下活动认定为虚拟货币商业活动，要求这些活动事前必须获得许可：进行虚拟货币转账（除非转账目的是用于非金融用途且转账金额不多于一个虚拟货币的面额）；存储、扣留或控制他人的虚拟货币；将买卖虚拟货币当做生意；将交换虚拟货币当做生意；控制、管理、发行虚拟货币。但是，以下两类活动被排除在外：制造或传播与虚拟货币有关的软件本身；商家和客户只是利用虚拟货币买卖商品或服务。2015 年 9 月，首张比特许可发放给金融科技公司 Circle Internet Financial。

再如，2016 年 3 月，美国金融业监管局（Financial Industry Regulatory Authority，

FINRA）出台了《对数字化投顾使用的指导意见》（*Report on Digital Investment Advice*）。该文件中的数字化投顾是指在投资咨询服务中支持以下一项或多项核心功能的软件：资产配置、投资组合选择、交易执行、投资避税、投资组合分析，使用者则包括金融从业者和普通客户两类人群。

该文件并非正式法规，只是一种非强制性的指导意见，出台的目的是提示证券经纪商应遵循的合规要求，并分享数字化投顾在技术管理、创建投资组合及减少利益冲突方面的案例。2005 年，FINRA 颁布了《投资分析工具使用规章》（*Requirements for the Use of Investment Analysis Tools*），允许证券自营商将投资分析工具直接提供给投资者。此后，美国在线资产管理业务规模迅速增长。

总而言之，美国监管当局很重视对金融科技的监管，尤其注重保护消费者权益和控制投资风险。为避免打击金融科技创新的积极性，上述监管文件大多体现出监管当局的柔性监管理念。

二、英国金融科技监管经验

（一）集中适度监管

2013 年 4 月成立的金融行为监管局（Financial Conduct Authority，FCA）负责对金融科技创新进行集中监管，其主要监管思想是平衡创新与风险的关系，以达到适度监管的目的。

针对 P2P 与众筹业务，FCA 于 2014 年 3 月发布了专门监管办法，将 P2P 和 P2C 业务归为“借贷类众筹”，建立了以信息披露制度为核心的七项监管规制：借贷类众筹平台最低审慎资本标准、客户资金保护规则、合同解除权、信息报告制度、争端解决机制、平台倒闭后管理安排。FCA 将股权型众筹拓展为投资型众筹，从投资者身份、投资额度以及投资咨询要求等方面加强监管。对于网络银行和第三方支付，英国监管当局没有制定专门的法规，而是将其纳入原有监管规范之中，依据英国金融服务监管局（Financial Service Authority，FSA）2009 年颁布的《银行、支付和电子货币制度》实施日常监管。

（二）开展创新咨询，实施非正式引导

针对金融科技创新创业企业不熟悉金融监管规则的难题，FCA 于 2014 年 10 月推出项目革新计划（Project Innovate），该计划支持创新并注重保护消费者权益，建立了两个阶段的任务：一是提供政策咨询，帮助初创企业获得 FCA 的许可；二是从监管角度向创新创业企业提出合规建议，包括派出专家团队与企业探讨创新想法蕴含的商机，帮助企业了解应承担的合规责任，并探讨是否需要新制定或修订相关法律法规来支持金融科技创新。

项目革新计划明确了“非正式引导”的原则，企业不能以政策咨询的结果要求 FCA 作出政策承诺。这为 FCA 提供了富有弹性的监管空间，FCA 可借此掌握企业的商业模式，明确行业发展趋势，为制定政策做好准备。

（三）监管科技

FCA 鼓励金融机构运用监管科技来降低合规成本：第一，鼓励金融科技企业使用云平台、云技术等新科技，更加灵活、更加经济地达成合规要求；第二，鼓励金融机构采用系统嵌入式合规引擎、风险评估工具等新技术对客户身份进行识别，对客户行为进行检

测，履行反洗钱义务，防范金融犯罪；第三，利用大数据技术和软件集成工具，将企业财务与合规软件接入监管报告系统，减少人工数据输入，降低人工成本，提升工作效率和报告准确性；第四，利用可视化数据处理技术为金融科技企业提供便利、高效的监管建议，帮助企业了解合规要求，承担合规责任。

（四）监管沙箱

监管沙箱是一种针对金融科技的创新监管模式，由英国金融行为监管局于 2015 年 11 月最先提出。监管沙箱类似于我国的“试点改革”，是指监管当局构建的一个不受当下金融监管体制监管的“真实的、较小的安全市场空间”。在此市场空间之中，获准测试的公司不仅能对自身的金融科技创新产品进行试验性经营，而且还能对其金融创新产品和服务进行试错，以便及时发现产品缺陷及潜在风险，并在此基础上积极寻找更为成熟的解决方案。同时，监管当局也能借助于这项测试有效进行风险分析，预判金融科技创新产品和服务是否符合大面积市场推广的条件。如果无法进行大范围的实践推广，监管机构也会给出有关调整和改进建议。

FCA 监管沙箱包含大量企业数据和消费者真实反馈，金融科技企业可以利用监管沙箱所反映的市场和消费者情况，有针对性地完善产品和服务，降低合规风险。监管沙箱的测试时间一般为 3～6 个月。FCA 从五个方面判断金融科技企业是否适用监管沙箱测试：一是创新产品或服务应支持金融服务业发展；二是产品或服务的创新显著；三是创新直接为消费者创造价值；四是沙箱测试目标明确；五是企业创新和合规意愿强烈。申请获批后，FCA 要求企业提供完整的测试计划，包括测试时间表、确保测试成功的措施、测试要素、消费者保护、风险控制措施以及退出计划。

FCA 监管沙箱 2016 年 5 月正式开放申请，截至 2018 年 7 月，已经成功进行了四批沙箱测试，从 276 个测试申请中接受 99 个。申请参与测试的创新企业业务涵盖了基于区块链的支付服务、监管科技、反洗钱、生物数字识别以及了解你的客户（KYC）等几大新兴金融科技领域。FCA 在监管沙箱中给予创新企业两方面的帮助：第一，个别指导企业，解释适用其创新活动的法规，如企业达不到 FCA 要求但满足豁免条件，FCA 可在法律豁免权内提供暂时性豁免或修改特定法规；第二，对进入测试的产品和服务给出不采取执法行动保证，直到沙箱测试完成。

FCA 监管沙箱运行一年后，FCA 发布了一份报告，列出了沙箱对市场的整体影响。报告总结了沙箱的主要优点：沙箱有助于减少将创新想法推向市场的时间和成本，在第一批完成测试的公司中，约 90%的公司已经进入更广泛的产品市场推出程序；沙箱中的测试有助于促进创新者获得资金支持，在沙箱测试的第一批受测的公司中，至少有 40%在测试期间或之后收到投资；沙箱能够测试产品并将其引入市场，通过使用沙箱测试可以评估产品的商业可行性，以及消费者对定价策略、通信渠道、商业模式和技术本身的接受程度。

三、新加坡金融科技监管经验

（一）设立金融科技创新专门监管机构

2015 年 8 月，新加坡金融管理局成立金融科技与创新组织（FinTech & Innovation

Group，FTIG)，负责金融科技领域的政策发展与监管，为企业提供一站式服务，并由金融监管局首席金融科技官统筹负责。

2016 年 5 月，亚组基金会和新加坡金融管理局联合成立了一个金融科技办公室，负责处理各类金融科技相关事务。那些希望在新加坡开展金融科技服务的企业可以访问金融科技办公室的门户网站寻求建议，或者咨询政府拨款和支持计划之类的信息。金融管理局还引进更多的资金支持计划，为金融科技初创公司的发展提供条件，保障中小企业能够在安全的众筹平台上募集资金。

（二）试行沙箱监管

2016 年 6 月，新加坡金融管理局发布了《金融科技监管沙箱指南》，旨在为金融科技的发展创造一个安全的环境，以试验性的方式向市场推出金融创新产品和服务，使得金融科技初创企业获得更大的发展空间。沙箱制度希望在一个界限分明的时空环境中鼓励金融科技创新，具体表现在以下方面。

1. 沙箱评估标准

沙箱评估申请人需要具备以下标准：申请人进入沙箱后有意愿及能力在更大范围内实施金融科技解决方案；金融科技解决方案必须是技术创新，能为行业带来益处或解决重大问题。沙箱制度明确界定了沙箱的测试场景，并要求申请人基于时间表按时向金融管理局汇报测试进程。

2. 退出机制

沙箱测试时间在申请获批时已规定好。一旦测试到期，申请人须退出沙箱。如果需要申请延长沙箱测试期，申请人需要至少提前一个月向金融管理局提出申请。如果金融监管局和申请人对沙箱测试结果均感到满意，申请人在退出沙箱测试后也可以继续在更大范围内、更长期限内实施其创新方案。

3. 申请流程

申请包括两个阶段：最初申请阶段和后续评估阶段。在最初申请阶段，申请人提交申请书，内容包括申请人提议以及根据模板填写的各类表格和支持文件。金融管理局将在申请人提交申请后的 21 个工作日内通知申请人审批结果。在后续评估阶段，评估意见所需时间会因每个申请人情况的不同而有所差异。

（三）积极推动国际监管合作

新加坡金融监管当局十分重视国际监管合作。2016 年，新加坡金融管理局与瑞士金融市场监管局（Swiss Financial Market Supervisory Authority）达成一系列双边合作协议，为新加坡和瑞士双方金融科技行业的发展和监管提供了行动指南。新加坡和瑞士双方金融监管当局为金融科技企业提供了更多的商业发展和交流机会，同时，双方也在金融科技的新兴趋势以及监管创新方面进行积极的成果共享。此外，新加坡金融管理局也与英国和澳大利亚的金融监管机构签署了类似的双边合作协议，以加强金融科技监管的多边国际合作。

做中学

4~6 人为一组，对各国的沙箱监管模式开展研究，一个小组选取一个典型案例进行分析，内容包括：沙箱监管模式介绍、具体的使用方式、使用成效、对我国金融科技监管的启示。请做成 PPT 进行展示。

随堂测试

一、单项选择题

1. 美国监管所倡导的“负责任的创新”是指“创新或改良金融产品、服务、流程，以符合（　　）的方式，满足消费者、企业和社区不断变化的需求”。

A. 业务拓展　　B. 风险管理以及银行整体战略

C. 客户开发　　D. 尽快达成盈利目标

2. 美国金融消费者权益保护局发布《CFPB 创新细则》，以促进对消费者有益的创新。该文件规定，创新性金融产品和服务需要（　　）取得“无异议函”。

A. 事后　　B. 事中　　C. 事先　　D. 定期

3. 美国监管当局很重视对金融科技的监管，尤其注重消费者权益保护和（　　）。

A. 服务是否到位

B. 金融创新产品设计是否合理

C. 市场是否广泛接受该创新

D. 投资风险控制

4. 在英国，由（　　）负责对金融科技创新的集中监管。

A. 证监会　　B. 金融行为监管局

C. 消费者权益保护协会　　D. 中央银行

5. 新加坡金融管理局成立金融科技与创新组织负责金融科技领域的政策发展与监管，为企业提供一站式服务，并由金融监管局（　　）统筹负责。

A. 首席金融科技官　　B. 首席风险官

C. 合规总监　　D. 市场总监

二、多项选择题

1. 2017 年，美国发布的《金融科技白皮书》中提出了对金融服务业管理的六大目标，以下说法中正确的有（　　）。

A. 培育积极的金融服务创新和创业

B. 推广安全、公平和实惠的融资渠道

C. 增强海内外普惠金融和财务健康

D. 应对金融系统性风险

2. 2017 年 1 月，美国白宫发布的《金融科技白皮书》中提出了对金融服务业管理的十项基本原则。根据这些基本原则，以下说法中正确的有（　　）。

A. 将消费者放在首位

B. 提供安全的普惠金融，保证财务健康

C. 识别并规避技术上可能存在的偏差，保证消费者被公平对待

D. 大力提升透明度

3. 美国《支持联邦银行系统负责任的创新白皮书》提出四条针对金融科技公司的金

融创新评估原则。根据这些原则，以下说法中正确的有（　　）。

A. 支持积极的创新

B. 鼓励普惠金融创新

C. 通过有效的风险管理促进安全运营

D. 鼓励将负责任的创新纳入公司战略规划

4. 新加坡的沙箱监管制度包含（　　）等内容。

A. 沙箱评估标准　　B. 申请流程

C. 退出机制　　D. 创新效益预测

5. 在英国，FCA 将股权型众筹拓展为投资型众筹，从（　　）等方面加强监管。

A. 投资方式　　B. 投资者身份

C. 投资额度　　D. 投资咨询

三、判断题

1. 监管沙箱是一种针对金融科技的创新监管模式，由英国金融行为监管局（FCA）于 2015 年 11 月最先提出。（　　）

2. 2017 年 1 月，美国白宫发布了《金融科技白皮书》提出了对金融服务业管理的五大目标和四项基本原则。（　　）

3. 无论金融科技以何种形态出现，美国的监管部门都从金融科技的金融本质出发，将金融科技涉及的金融业务，按照其功能纳入现有金融监管体系。（　　）

4. 在美国，对创新产品和服务出具无异议函是一种事前备案审批机制，它不适用于已经在市场上正式推出的产品申请，但接受还停留在设想阶段的产品申请。（　　）

5. 在英国，针对 P2P 与众筹业务，FCA 于 2014 年 3 月发布了专门监管办法，将 P2P 和 P2C 业务归为“借贷类众筹”，建立了以信息披露制度为核心的五项监管规制。（　　）

6. 针对金融科技创新创业企业不熟悉金融监管规则的难题，英国 FCA 于 2014 年 10 月推出项目革新计划，该计划支持创新并注重保护消费者权益。（　　）

7. 英国 FCA 鼓励金融机构运用监管科技来降低合规成本。（　　）

8. 所谓“监管沙箱”，类似于我国的“试点改革”，是指监管当局构建的一个受当下金融监管体制监管的“真实的、较小的安全市场空间”。（　　）

9. 在英国，监管沙箱的测试时间一般为 6～9 个月。（　　）

10. 新加坡的沙箱申请包含两个阶段：最初申请阶段和后续评估阶段。（　　）

任务四　掌握我国金融科技风险管理的发展趋势

一、突破传统分业监管，以“行为监管”为导向

金融科技不断发展，呈现多元化和混业化的态势，业务模式日渐丰富，不仅模糊了传统金融的业务边界，而且还通过创新不断衍生出新的业务模式。金融科技对商业模式的重

塑，使得传统的以机构类型（银行、保险、证券、信托等）为区分的分业监管模式难以适应新的业态，而需要识别各类业务的“金融行为”本质，以“行为监管”为导向。

比如，2016 年 8 月，我国发布《网络借贷信息中介机构业务活动管理暂行办法》（以下简称《暂行办法》），标志着 P2P 网贷行业首部业务规范正式出台。《暂行办法》以金融行为监管为导向，强调投资者保护和信息披露，以负面清单的方式划定了 P2P 行业的边界红线，一共有十二条，被业内人士称为“十二禁”，包括禁止自融，禁止平台归集用户资金，禁止提供担保，禁止对项目进行期限拆分，禁止向非实名制用户宣传或推介融资项目，禁止发放贷款，禁止发售银行理财、券商资管、基金、保险或信托产品，禁止为投资股票市场的融资，禁止从事股权众筹，等等。

行为监管需要洞察金融科技业务创新本质，联合多个监管部门，针对创新活动的风险点采取有效的风险管控措施，对监管部门的监管智慧和跨部门合作能力均是不小的考验。

二、在一致性原则上实施差异化监管

金融科技创新日新月异，呈现不同的业态和经营模式，金融科技风险也具有多样性和传递性强的特点。因此，对金融科技风险的管理难以实施一刀切的监管模式，需要根据业务模式所展现出来的特点，进行差异化监管。同时，金融科技的监管也不能是一盘散沙，需要有一致的监管目标和原则，这样才能不被花样繁多的创新形式所迷惑，而是能够按照一以贯之的原则及时采取监管措施。

中国人民银行强调，金融科技企业要与持牌机构合作才能从事金融业务，明确了“技术是技术，金融是金融”的监管原则。因此，对于从事金融业务的，一律需要取得牌照，按照金融机构来监管；对于以提供技术解决方案为主业，为金融机构提供系统开发和技术支持的金融科技企业，则无须按照金融机构的标准来监管，监管部门更多从金融机构合作对象的适当性以及技术方案的安全性来监管，重点关注技术公司的资质、合作条件、技术解决方案的安全标准等。

三、积极发展并应用监管科技

监管科技可以使监管部门的技术系统连接到金融机构的后台系统，实时获取数据，运用云计算、数据可视化分析等技术，实时生成监管动态和报告，具体体现在以下方面：

一是监管资料的数字化，即将与监管相关的全部资料，如视频、音频、图片、文件、表格等进行数字化处理与存储。

二是预测编码（Predictive Coding），即将被监管对象的一系列非正常行为数字化标记后，视作一串离散信号，利用前面的信号预测下一个信号，对实际值和预测值的差进行编码，这适用于监管部门遇到缺损数据时，辅助判断是否要对监管对象予以关注。

三是模式分析与机器智能（Pattern Analysis and Machine Intelligence），即运用模式识别与智能化的研究成果来识别、抓取、分析监管对象的异常行为。

四是大数据分析，即运用大数据技术，消除监管者与监管对象之间的信息孤岛，侦测可疑金融交易行为，并进行追溯，找到违法违规者。

通过系统地构建基于云计算和大数据等技术的数字化监管体系，能够实现即时、动态和全方位的监管，减少人工失误，大大提升监管的效率和效果。

四、实行沙箱模式，平衡创新与监管

沙箱（Sandbox）被引入金融监管，旨在为金融创新提供安全的测试环境，允许金融创新在特定范围内测试，监管部门对测试过程评估后，决定是否给予正式的监管授权，允许该创新在沙箱之外予以推广。

监管沙箱是监管层对金融生态进行顶层设计的一门艺术，投射出应时而变的监管理念，通过一种真实但受限制的测试环境，使监管者参与了解创新，评估风险，决定是否推广创新，确定现有监管规则是否需要调整，其目的是在风险可控的前提下推动金融创新。

监管沙箱侧重于对消费者权益的保护，包括：更好的服务，更低的价格，更互惠的交易，增强便利性，帮助消费者识别和控制风险，推动创新，促进正当竞争，让消费者受益。因此，监管沙箱将金融监管者定位为：促进正当竞争，确保市场正常运行，监管金融行为，保护消费者权益，促进金融业稳健发展。这一定位使得监管者的角色和职能更加积极，不再是被动地应对风险，救火扑火，而是积极参与金融创新，促进创新的健康发展。

做中学

4～6 名学生为一组，选择一项金融科技业务（国内国外均可），查找有关法律法规及案例，总结监管部门对该项金融创新业务的监管政策和监管手段。

随堂测试

一、单项选择题

1. 监管沙箱侧重于对（　　）权益的保护，包括：更好的服务，更低的价格，更互惠的交易，增强便利性，帮助消费者识别和控制风险，推动创新，促进正当竞争，让消费者受益。

A. 监管者　　B. 消费者
C. 产品设计者　　D. 金融机构

2. 对于从事金融业务的，一律需要取得牌照，按照（　　）来监管。

A. 技术公司　　B. 中小企业
C. 金融机构　　D. 创新企业

3. 沙箱被引入金融监管，旨在为金融创新提供安全的测试环境，允许金融创新在（　　）测试。

A. 特定范围内　　B. 广泛范围内
C. 全部范围内　　D. 境外范围内

4. 监管科技可以使监管部门的技术系统连接到金融机构的（　　），实时获取数据。

A. 前台系统　　B. 中台系统
C. 量化交易系统　　D. 后台系统

5. 监管部门应在（　　）的前提下推动金融创新。

A. 风险杜绝　　B. 风险可控　　C. 风险规避　　D. 风险转移

二、多项选择题

1. 监管科技的运用具体体现在（　　）。

A. 监管资料的数字化　　B. 预测编码

C. 模式分析与机器智能　　D. 大数据分析

2. 按照传统分类，金融机构可分为（　　）等类型。

A. 证券公司　　B. 商业银行　　C. 保险公司　　D. 信托公司

3.《网络借贷信息中介机构业务活动管理暂行办法》以负面清单的方式划定了 P2P 行业的边界红线。以下属于 P2P 行业禁止行为的有（　　）。

A. 禁止平台归集用户资金

B. 禁止提供担保

C. 禁止对项目进行期限拆分

D. 禁止自融

4. 为金融机构提供系统开发和技术支持的金融科技企业无须按照金融机构的标准来监管，监管部门一般关注（　　）等方面。

A. 金融机构合作对象的适当性

B. 技术公司的资质

C. 资本条件

D. 技术解决方案的安全标准

5. 监管沙箱侧重于对消费者权益的保护，包括（　　）等方面。

A. 更好的服务

B. 更互惠的交易

C. 增强复杂性

D. 帮助消费者识别和控制风险

三、判断题

1. 监管沙箱是监管层对金融生态进行顶层设计的一门艺术，投射出应时而变的监管理念。（　　）

2. 沙箱被引入金融监管，旨在为金融创新提供安全的测试环境，允许金融创新在全体范围内测试。（　　）

3. 监管者的角色和职能不应只是被动地应对风险，救火扑火，而应积极参与金融创新，促进创新的健康发展。（　　）

4. 随着金融科技的发展，金融科技呈现多元化和分业化的发展态势，业务模式日渐丰富，不仅模糊了传统金融的业务边界，而且还通过创新不断衍生出新的业务模式。（　　）

5. 2016 年 8 月，我国发布《网络借贷信息中介机构业务活动管理暂行办法》，标志着 P2P 网贷行业首部业务规范正式出台。（　　）

6. 行为监管需要关注金融科技业务创新形式，联合多个监管部门，针对创新活动的风险点采取有效的风险管控措施。（　　）

7. 对金融科技风险的管理，难以实施一刀切的监管模式，需要根据业务模式所展现出来的特点，进行差异化监管。（　　）

8. 金融科技的监管不能是一盘散沙，需要有一致的监管目标和原则。（　　）

9. 我国人民银行强调，金融科技企业要与持牌机构合作才能从事金融业务，明确了“技术是技术，金融是金融”的监管原则。（　　）

10. 通过系统地构建基于云计算和大数据等技术的数字化监管体系，能够实现即时、动态和全方位的监管，减少人工失误，大大提升监管的效率和效果。（　　）

主要参考文献

［1］丁乔颖．云金融视域下互联网金融商业风险分析和预警机制构建［J］．商业经济研究，2017（16）：156-158.

［2］姚国章，吴春虎，余星．区块链驱动的金融业发展变革研究［J］．南京邮电大学学报（自然科学版），2016，36（5）：1-9.

［3］谢清河．区块链技术与金融业务创新问题研究［J］．金融发展研究，2017（5）：77-82.

［4］刘秀德，江琳，温莹，等．人工智能技术推动普惠金融发展策略研究［J］．无线互联科技，2020，17（2）：167-168.

［5］巴曙松，白海峰．金融科技的发展历程与核心技术应用场景探索［J］．清华金融评论，2016（11）：99-103.

［6］于斌，陈晓华．金融科技概论［M］．北京：人民邮电出版社，2017.

［7］李扬，孙国锋．中国金融科技发展报告：2018［R］．北京：社会科学文献出版社，2018.

［8］清华大学五道口金融学院中国保险与养老金研究中心．2018 全球保险科技报告［R］．北京：清华大学出版社，2018.

［9］朱进元，刘勇，魏丽．保险科技［M］．北京：中信出版社，2018.

［10］周延礼．保险科技的应用现状和未来展望［J］．清华金融评论，2017（12）：16-18.

［11］段文海，郭建伟．第三方支付业态发展方向及政策建议——基于深圳的调查研究．福建金融，2019（6）.

［12］何大勇，谭彦，陈本强，等．银行转型 2025［M］．北京：中信出版社，2017.

［13］张晓朴，姚勇．未来智能银行：金融科技与银行新生态［M］．北京：中信出版社，2018.

［14］李劲松，刘勇．智能投顾：开启财富管理新时代［M］．北京：机械工业出版社，2018.

［15］何平平，车云月．大数据金融与征信［M］．北京：清华大学出版社，2017.